スポーツ
文化論

編集　髙橋徹

JN118916

The cultural
theory of sports

 みらい

著者一覧

編　者

<ruby>髙橋徹<rt>たかはしとおる</rt></ruby>／岡山大学

執筆者（掲載順）

髙橋徹（前出）……………………………………………… 第 1 章

<ruby>山脇<rt>やまわき</rt></ruby>あゆみ／金沢学院大学 ……………………… 第 2 章

<ruby>波多腰克晃<rt>はたこしかつあき</rt></ruby>／日本体育大学 ……………………… 第 3 章

<ruby>瀬戸邦弘<rt>せとくにひろ</rt></ruby>／鳥取大学 ………………………………… 第 4 章

<ruby>佐藤雄哉<rt>さとうゆうや</rt></ruby>／国士舘大学……………………………… 第 5 章

<ruby>荒牧亜衣<rt>あらまきあい</rt></ruby>／武蔵大学 ………………………………… 第 6 章

<ruby>中澤雄飛<rt>なかざわゆうひ</rt></ruby>／帝京大学 ………………………………… 第 7 章

<ruby>行實鉄平<rt>ゆきざねてっぺい</rt></ruby>／久留米大学……………………………… 第 8 章

<ruby>大勝志津穂<rt>おおかつしづほ</rt></ruby>／愛知東邦大学 ……………………… 第 9 章

<ruby>内田満<rt>うちだみつる</rt></ruby>／九州共立大学…………………………… 第 10 章

<ruby>山本達三<rt>やまもとたつぞう</rt></ruby>／びわこ成蹊スポーツ大学……… 第 11 章

<ruby>大橋充典<rt>おおはしみつのり</rt></ruby>／久留米大学…………………………… 第 12 章

<ruby>陳慶光<rt>ちんけいこう</rt></ruby>／長崎国際大学…………………………… 第 13 章

はじめに

　スポーツは世界中の誰もが親しめる文化として、私たちの日々の生活の傍らに存在している。本書を手に取ったみなさんの中にも、毎日のようにスポーツを目にし、スポーツで汗を流している人も多くいると思う。しかし、みなさんはスポーツについてどれだけのことを知っているだろうか？　スポーツはなぜ世界中の人々が親しむことのできる文化として受け入れられているのだろうか？　もちろん、このような問いに向き合うことがなくともスポーツは魅力的であり、常に私たちを惹きつけてくれる。しかし、スポーツについて今まで以上に詳しく知ることができたなら、その魅力や面白さは何倍にも膨らむに違いない。

　今の時代、私たちは日本にいながらにして世界中のスポーツを目にすることができ、世界中の人々もまた日本で行われているスポーツに注目することもできる。そして、部活動やサークル活動、休日のレクリエーションなどを通して多くのスポーツを実際に体験することもできる。また一方では、スポーツがまちづくりやコミュニティ形成、あるいは健康増進方策や地域経済活性化など、多様な分野へと波及的に貢献できる可能性についても注目が集まるようになってきている。このようにスポーツは今なお現在進行形で発展し続けている文化なのである。

　文化の発展の背後には、その文化を支えている人々の存在がある。スポーツについて考えれば、さまざまな形でスポーツに携わっている読者のみなさんがその文化の担い手ということになる。そして、みなさんのような文化の担い手によって、スポーツはこれからもより一層豊かな文化として発展を遂げていくはずである。みなさんが本書をきっかけにしてさらに深くスポーツについて知りたいと思い、学びを進めることで、将来のスポーツ文化の発展に寄与する力を育むことにつながれば幸いである。

　最後になるが、本書の作成にあたっては多くの執筆者のご協力を頂いた。出版に至るまで多忙な中で執筆を進めて頂いた先生方には心より感謝申し上げる。また、本書の出版を打診してきただき、企画立案から共に作成を進めてきた株式会社みらいのみなさまにも感謝したい。多くのみなさまとともに本書を書き上げることができたことを大変光栄に思う。この場をお借りして厚く御礼を申し上げたい。

2022 年 2 月

編著者　髙橋徹

3

もくじ

はじめに

第1章　スポーツ文化の発展

1 スポーツとは何か ……………………………………………………………11
  1 スポーツという言葉が持つ3つの意味 ……………………………………11
  2 スポーツという言葉の語源的解釈と近代的解釈 ………………………12
  3 近代的解釈としてのスポーツの特徴 ……………………………………13
  4 スポーツの定義 ……………………………………………………………15

2 文化とは何か …………………………………………………………………16
  1 文化の概念 …………………………………………………………………16
  2 スポーツ分野からみた文化の定義 ………………………………………17
  3 文化の伝播 …………………………………………………………………19

3 スポーツ文化との多様なかかわり ……………………………………………20
  1 スポーツ文化との多様なかかわり方 ……………………………………20
  2 スポーツによる異文化理解と文化共生 …………………………………21
  3 スポーツ文化の継承と発展 ………………………………………………22
  [column] スポーツの美しさを観てみよう …………………………………25

第2章　スポーツの誕生

1 スポーツの起源 ………………………………………………………………27
  1 先史時代の生活 ……………………………………………………………27
  2 先史時代のスポーツ ………………………………………………………27

2 古代ギリシアのスポーツ ……………………………………………………28
  1 古代ギリシアの競技精神（美にして善＝カロカガティア）……………28
  2 古代オリンピック …………………………………………………………28
  3 競技種目と参加資格 ………………………………………………………30
  4 ヘライア祭 …………………………………………………………………31
  5 エケケイリア（聖なる休戦）……………………………………………31

3 古代ローマのスポーツ ………………………………………………………32
  1 ローマ市民とスポーツの関係 ……………………………………………32
  2 キルクス（競技場）やコロッセウム（闘技場）で行われたスポーツ …………33

4 中世ヨーロッパのスポーツ ……………………………………………… 34

　　１　騎士のスポーツ ……………………………………………………… 34

　　２　市民のスポーツ ……………………………………………………… 35

　　３　聖職者のスポーツ …………………………………………………… 35

　[column] 盛大で華やかな古代オリンピックの裏側 ………………………… 37

第3章　近代スポーツの世界への広がり

1 パブリック・スクールでのスポーツの奨励 …………………………… 39

　　１　ジェントルマンの育成 ……………………………………………… 39

　　２　アスレティズムと教育の結びつき ………………………………… 40

2 イギリスにおけるスポーツの組織化 …………………………………… 41

　　１　パブリックスクールでのルールの制定 …………………………… 41

　　２　スクール対抗戦 ……………………………………………………… 42

　　３　国内ルール …………………………………………………………… 42

　　４　競技団体の設立―フットボールからサッカー・ラグビーへ― … 43

3 近代スポーツの伝播と抵抗 ……………………………………………… 44

　　１　ドイツにおけるトゥルネン ………………………………………… 44

　　２　トゥルネンの抵抗 …………………………………………………… 45

　　３　ドイツ文化とイギリス文化の折衷論 ……………………………… 46

4 アメリカにおけるスポーツの発展 ……………………………………… 47

　　１　メンバー・チェンジの思想 ………………………………………… 47

　　２　カレッジスポーツの熱狂 …………………………………………… 48

　　３　人種差別とスポーツの歴史 ………………………………………… 49

　　４　３大スポーツの歴史 ………………………………………………… 50

　[column] コッホ先生と僕らの革命 ……………………………………………… 53

第4章　日本におけるスポーツの受容とその後の文化形成

1 近代日本文化としてのスポーツの誕生 ………………………………… 55

　　１　近代日本へのスポーツの移入と翻訳的適応 ……………………… 55

　　２　伝統に培われたクラブ観と日本文化としてのスポーツ ………… 56

2 社会とともに歩む伝統スポーツ ………………………………………… 59

　　１　メディアが育んだ日本のスポーツ文化 …………………………… 59

　　２　国際スポーツを頂点としないスポーツ文化 ……………………… 60

3 国際スポーツとインテグリティ ･････････････････････････････ 62
　　1 国際スポーツ空間に求められるインテグリティ ･･･････････ 62
　　2 ユートピアをめざし、ディストピア化が懸念されるスポーツ空間･･････ 63

　column スポーツ人類学とはどんな学問か ･････････････････････ 66

第**5**章　**武道とスポーツ**

1 武道はスポーツか ･･････････････････････････････････････ 69
　　1 武道とスポーツ ･････････････････････････････････････ 69
　　2 柔道と Judo ･･･････････････････････････････････････ 69

2 武道と教育 ･･･ 71
　　1 武術の近代化 ･･･････････････････････････････････････ 71
　　2 武道のイデオロギー化とスポーツ化 ･･･････････････････ 71

3 武道の現在と未来 ･･････････････････････････････････････ 73
　　1 世界の Budo ･･････････････････････････････････････ 73
　　2 新たな武道（Budo）の創造 ･････････････････････････ 74

　column 武道はスポーツか否か ･･････････････････････････････ 77

第**6**章　**オリンピックとスポーツ**

1 近代オリンピックの誕生 ･･･････････････････････････････ 79
　　1 近代オリンピックの創始者ピエール・ド・クーベルタン ･･･ 79
　　2 近代オリンピックの復興 ･････････････････････････････ 80

2 オリンピズムとオリンピック・ムーブメント ･･･････････････ 82
　　1 オリンピック憲章における国際オリンピック委員会の役割 ･･････ 82
　　2 オリンピズムの根本原則 ･････････････････････････････ 83
　　3 オリンピック・シンボルとその役割 ･･･････････････････ 84

3 オリンピック競技大会の歴史的変遷 ･････････････････････ 85
　　1 戦争により中止された大会 ･･･････････････････････････ 85
　　2 オリンピック競技大会の政治利用 ･････････････････････ 86
　　3 オリンピック競技大会の肥大化 ･･･････････････････････ 87

4 オリンピック競技大会の招致とレガシー ･････････････････ 89
　　1 オリンピック競技大会招致の仕組み ･･･････････････････ 89
　　2 国際オリンピック委員会が重視するレガシー ･･･････････ 90

　column 女性とオリンピック ･････････････････････････････････ 94

第7章 身体とスポーツ

1 身体というからだの見方 ······················· 97
1 さまざまな身体観の紹介 ·········· 97
2 身体論の紹介 ··················· 98

2 身体文化とスポーツ ····················· 100
1 身体文化の定義 ················· 100
2 身体文化とスポーツの関係 ········· 101

3 科学技術の発達とスポーツ選手の身体 ······· 102
1 用具の発達による身体能力の拡張 ····· 102
2 ドーピングと身体 ··············· 103

column 「身体」が教えてくれる人間の面白さ ····· 106

第8章 アダプテッド・スポーツ

1 アダプテッド・スポーツとは何か ··········· 109
1 アダプテッド・スポーツの概念 ······· 109
2 アダプテッド・スポーツの可能性 ····· 110

2 障害者を取り巻くスポーツ環境 ············· 112
1 障害者スポーツの推進 ············ 112
2 障害者スポーツの環境整備 ········· 113

3 パラリンピックの誕生と理念 ·············· 114
1 パラリンピックの歴史 ············ 114
2 パラリンピックの理念 ············ 115

4 障害者に拓かれたスポーツ環境の構築 ······· 116
1 アスリートを支えるスポーツ環境 ····· 116
2 身近な地域におけるスポーツ環境 ····· 117

column スポーツという「不便益」文化について考えてみた ····· 120

第9章 ジェンダーとスポーツ

1 ジェンダーとは何か ····················· 123
1 ジェンダーの概念と変遷 ··········· 123
2 ジェンダーにかかわる用語 ········· 124
3 近代スポーツの発展とジェンダー ····· 125

2 ジェンダーが形成される要因 ─────────── 126
  1 社会 ───────────────────────── 126
  2 学校教育 ─────────────────── 127
  3 部活動 ─────────────────── 128

3 なぜ、スポーツの世界でジェンダーが問題となるのか ── 130
  1 スポーツにおける平等の問題 ───────── 130
  2 スポーツにおける公正の問題 ───────── 130
  3 スポーツにおける男性中心主義 ─────── 131
  4 スポーツ組織の構造 ──────────── 131

4 スポーツにおけるジェンダー平等に向けて ────── 132
  1 スポーツ関連組織の取り組み ───────── 132
  2 指導者の取り組み ───────────── 133
  3 人々の意識改革 ────────────── 133
  column スポーツとジェンダーが直面する社会的課題 ── 136

第10章　生涯スポーツ社会の実現

1 生涯スポーツの俯瞰 ─────────────── 139
  1 日本における生涯スポーツ政策成立までの流れ ── 139
  2 生涯スポーツの考え方 ──────────── 141

2 生涯スポーツにかかわる政策―スポーツ基本法― ── 142
  1 スポーツ振興法とスポーツ振興基本計画 ──── 142
  2 スポーツ基本法とスポーツ基本計画 ────── 143

3 総合型地域スポーツクラブ ──────────── 144
  1 総合型地域スポーツクラブとは ─────── 144
  2 総合型地域スポーツクラブのマネジメント ── 145
  3 総合型地域スポーツクラブの実際 ────── 146
  column 私の履歴書：スポーツを仕事に ─────── 149

第11章　経済とスポーツ

1 スポーツのもつ経済効果 ──────────── 151
  1 スポーツの商品化と経済効果 ───────── 151
  2 日本におけるスポーツ関連産業の動向 ──── 152

2 スポーツ市場の動向 ─────────────── 154
  1 スポーツ市場とスポーツ需要の特性 ────── 154
  2 するスポーツ市場の動向 ─────────── 155
  3 みるスポーツ市場の動向 ─────────── 157

3 スポーツ・スポンサーシップ ··· 159
   1 スポーツプロダクトを用いたブランドイメージ・ロイヤルティの向上 ·········· 159
   2 トップアスリートとのエンドースメント契約 ····························· 160
  column 自転車ブーム再来 ·· 163

第12章　メディアとスポーツ

1 メディアとスポーツの依存関係 ·· 165
   1 メディアの発展とスポーツの現在 ····································· 165
   2 スポーツ報道の初期 ··· 166
   3 新聞社主催のスポーツイベントと系列関係 ····························· 166
   4 ラジオ放送の登場と政治利用 ··· 168
   5 テレビ放映と先端技術 ··· 169

2 スポーツを利用したメディアの戦略 ·· 169
   1 スポーツを放映する仕組み ··· 169
   2 放映権料の高騰がもたらす影響 ······································· 171
   3 メディアに描かれるスポーツのストーリー ····························· 174
   4 先端技術とスポーツのこれから ······································· 175
  column メディアの読み解きとスポーツ ·· 179

第13章　スポーツツーリズム

1 スポーツツーリズムとは何か ·· 181
   1 スポーツツーリズムの背景 ··· 181
   2 スポーツツーリズムの定義と種類 ····································· 183

2 国家戦略としてのスポーツツーリズム ·· 184
   1 スポーツツーリズムの推進 ··· 184
   2 訪日外国人向けコンテンツとしてのスポーツ ··························· 185
   3 スポーツツーリズムによる地方創生 ··································· 187

3 スポーツツーリズムの現状と将来 ··· 188
   1 スポーツツーリズムの事例 ··· 188
   2 スポーツツーリズムの課題と将来 ····································· 190
  column コロナ渦でも立ち止まらない！　マラソン×地域活性化 ·················· 193

学びの確認　解答 ··· 194
さくいん ··· 197

スポーツ文化の発展

なぜこの章を学ぶのですか？

スポーツ文化は私たちにとって身近な存在ですが、何気なく使っている「スポーツ」や「文化」という言葉について、その意味を正確に説明できる人は少ないのではないでしょうか。私たち一人一人がスポーツ文化を支える存在だからこそ、まずはその言葉の意味や成り立ちを理解しておくことが重要です。

第 1 章の学びのポイントは何ですか？

この章では「スポーツ」と「文化」、それぞれの言葉の成り立ちやその言葉の意味について紹介しています。この 2 つの言葉は、これ以降の章の中でも多々用いられていますので、まずはその言葉を正確に理解しましょう。その上で、文化としてのスポーツの特徴についても理解を深めるようにしましょう。

考えてみよう

① 文化という言葉を聞いてスポーツ以外に思いつくものをいくつか挙げてみて、それらとスポーツとの違いを考えてみましょう。

② これまでにあなたはスポーツとどのようにかかわってきましたか？　思い出してみましょう。

1 スポーツとは何か

　「スポーツ」という言葉は、使用される場面によってもさまざまな意味内容で用いられているが、その定義を大きく分類すると、語源的解釈と近代的解釈に分けることができる。今現在、私たちが使用する「スポーツ」という言葉は近代的解釈によるものが多く、それは遊戯性、組織性、競争性、身体性の4つの構成要素を備えた活動として定義できる。

1 スポーツという言葉がもつ3つの意味

　「スポーツ」という言葉は日頃からよく耳にするにもかかわらず、私たちが改めてスポーツとは何かを考える機会は少ないかもしれない。スポーツ文化についての議論を始めるにあたり、本節ではまず、スポーツとはそもそも何かを考えてみたい。

　スポーツに関する用語を整理した『最新スポーツ科学事典』によれば、一般的にスポーツという言葉は大きく分けて3つの意味で使用されているといわれる[1]。1つ目は、スポーツという言葉がルールに基づいて身体的能力を競い合う遊びを組織化、制度化したものの総称であるという意味である。これはスポーツの定義として後述するように、遊戯性、競争性、組織性、身体性という4つの要素から説明されるスポーツの概念的な捉え方といえる。

　2つ目は、健康の保持増進や爽快感などを求めて行われる身体活動のことを指してスポーツと呼ぶ場合である。例えば、ウォーキングやジョギングなどのように、スポーツの定義上では明確な概念分類が困難であっても、身体活動全般ではスポーツと呼ばれることがある。

　3つ目は、知的な戦略能力を競い合う遊びを指してスポーツと呼ぶ場合である。例えば、チェスや将棋を頭脳のスポーツと呼ぶことがあるように、歴史的に見ると産業革命以前のイギリスではチェスもスポーツの一つとして捉えられており、現在でもそのような認識は一部で残っている。ただし、このスポーツの捉え方は、現代においては特殊な使われ方であるため一般的ではない。

　このようにスポーツという言葉は、その言葉を使用する際の状況や使用者本人の認識によっても意味内容が異なる場合がある。したがって、一義的に定義することが難しく、論者ごとにさまざまな解釈が存在しているというのが実情である。しかし、そのような課題を含みつつも、スポーツを明確に定義しようという試みがこれまでに数多くの研究者によって取り組まれてき

た。まずは、スポーツという言葉がどのような経緯で生まれたのか、その語源を見てみたい。

2 スポーツという言葉の語源的解釈と近代的解釈

（1）スポーツという言葉の語源

　「スポーツ」という言葉が日本において一般的に使われるようになったのは大正時代以降といわれている [2]。明治時代の初め、すでにベースボールやフットボールなどの欧米生まれのスポーツ種目は日本に移入されていたが、それらは当初、「スポーツ」と呼ばれることはなく「遊戯」あるいは「運動」の名で呼ばれていた。その後、大正時代に入ると、英語の「sport」をカタカナ読みした「スポーツ」「スポート」「スポオツ」などのカタカナ表記が使われ始め、次第に「スポーツ」という言葉が普及していったのである [3]。

　一方で、「sport」という英単語にもその語源が存在する。「sport」の語源については諸説あることを前置きした上で、一般的には古代ローマ時代のラテン語「deportare」（運ぶ、運び去る）に由来するとされている。その原義である「運ぶ、運び去る」は、「ある状態から他の状態への転換」をも意味し、ここから「気分転換をする」あるいは「気晴らしをする」という意味に変化を遂げたのである。その後、「deportare」は古代フランス語の「deporter」「desporter」に引き継がれ、古代フランス語から中世英語の「deport」「dessport」へと伝えられた後、「sport」という言葉が使われるようになったのである [4]。

（2）マッキントッシュによるスポーツの語源的解釈

　スポーツの語源からスポーツの定義を規定しようとした人物がイギリスのスポーツ研究者マッキントッシュ（P. C. McIntosh）である。マッキントッシュはスポーツが多くの点で人間の生活に影響を与えていることから、それを定義づけることは困難であると釈明しつつも、言葉の語源に立ち返ることでスポーツを解釈することを試みている。

　フランス語の語源では、人生の悲しいあるいは深刻な面からのどのような気分転換をもスポーツと呼んでいる。それは山に登ることから恋をすることまでの、また自動車競走から悪ふざけをすることまでの活動を一切網羅している。名詞としてのスポーツという語は、男、女、ゲーム、気晴らし、狩猟（chase および hunt）、闘争、冗談、あるいはまた植物の変種す

ら指している[5]。

　マッキントッシュにならい、スポーツを語源から解釈するならば、それは仕事などの真面目なことを忘れ、日常を離れて何かに没頭する中で、気晴らしをすることや遊び戯れることを意味していると理解することができる[6]。
　しかし、今現在、スポーツという言葉を聞いて気晴らしや遊び戯れることまでもイメージするだろうか？　おそらく多くの人にとって、そうした活動はスポーツとは異なる活動として認識するのが一般的であるだろう。つまり、スポーツという言葉は時代とともにその捉え方が変化してきており、そしてこれからも変化する可能性を有しているのである。

（3）スポーツという言葉の近代的解釈

　時代とともに言葉のもつ意味が変化するというスポーツの特徴を踏まえて、現在のスポーツの捉え方と語源的な意味でのスポーツの捉え方は区別して考えることが望ましいとする議論がある。それは、スポーツという言葉の意味をその語源にまで立ち返って考察することと、競争的な身体的活動の側面が強調された現在のスポーツについて考察することとを区別すべきという主張であり、前者はスポーツの語源的解釈、後者はスポーツの近代的解釈と呼ばれている[7]。
　つまり、語源的解釈に従えば、人間の活動の極めて広い範囲までもスポーツとして捉えることができる一方で、それとは反対に近代的解釈に従えば、オリンピック競技大会などで行われる競技種目としてのみスポーツを捉えることもできるのである。この語源的解釈と近代的解釈という考え方は、スポーツという言葉の意味を理解する上でとても重要な観点である。

3　近代的解釈としてのスポーツの特徴

（1）ジレによるスポーツの定義

　近代的解釈としてのスポーツの定義としては、フランスのスポーツ研究者であるジレ（B. Gillet）が示した定義が著名である。この定義は数多く存在するスポーツの定義の中でも最も基本的な考え方の一つである。

　　一つの運動をスポーツとして認めるために、われわれは三つの要素、即ち、遊戯、闘争、およびはげしい肉体活動を要求する[8]。

つまりジレは、スポーツが本来的にもつ気晴らしや遊びなどの遊戯の性格と併せて、「闘争」と「はげしい肉体活動」を追加したのである。なお、この「闘争」は対戦相手との闘いだけでなく、時間や距離、自然環境、自分自身との闘いをも意味している。そして、スポーツでは「はげしい肉体活動」が求められるために、他の遊戯的活動からは区別されるというのがジレの主張である。

　さて、「遊戯」「闘争」「はげしい肉体活動」という3つの要素から説明されるジレの定義には一つの問題点がある。それは、スポーツの中には「はげしい肉体活動」を伴わない種目も存在しているという点である。例えば、アーチェリーでは的を目がけて矢を射る際に、日常生活での水準以上に心拍数を整え、身体の微細な動きをも制御することが求められるため、それは「はげしい肉体活動」とは正反対の活動となる。このように、ジレの考えにならえば多くのスポーツを定義づけることができるものの、全てのスポーツを定義づけるまでには至らないという問題点もある。

（2）グットマンが示した近代スポーツの特徴

＊1
文献により、「グートマン」の表記の場合もある。

　アメリカのスポーツ史研究者であるグットマン（A. Guttmann）＊1 は、マッキントッシュやジレとは異なる独自の観点からスポーツを考察し、その特徴を明らかにしている。グットマンが着目したのは、スポーツを定義づける際に最も重要な要素とされる遊びである。彼は「遊び」「ゲーム」「競技」「スポーツ」という4つの要素の関係性を明確に規定することを通して、スポーツの特徴を示している[9]。

図 1-1 　スポーツの特徴

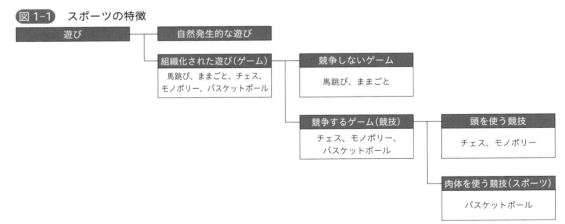

出典：A. グートマン（清水哲男訳）『スポーツと現代アメリカ』TBS ブリタニカ　1981 年　p.19 より著者作成

　グットマンは遊びを非実用的でそれ自身のために追及される肉体的、精神的な活動であると規定した上で、遊びを「①自然発生的な遊び」と「②組織

化された遊び（ゲーム）」とに分ける。そして、「②組織化された遊び（ゲーム）」を「③競争しないゲーム」と「④競争するゲーム（競技）」とに分けた上で、「④競争するゲーム（競技）」はさらに、「⑤頭を使う競技」と「⑥肉体を使う競技（スポーツ）」とに分けられるとしている。

　グットマンによれば、「②ゲーム」には、馬跳び、ままごと、チェス、モノポリー*2、バスケットボールなどが含まれるとされる。そして、そのうちの④「競技」に当たるのが、チェス、モノポリー、バスケットボールであり、さらにその3つのうち、⑥の「スポーツ」に該当するのがバスケットボールなのである。

　グットマンの考察をまとめるならば、スポーツは肉体を用いながら競争する組織化された遊びという特徴をもっていることになる。このスポーツの特徴は、語源的解釈によって捉えられるようなスポーツとは異なり、まさに近代以降のスポーツの特徴を端的に捉えたものである。

＊2　モノポリー
20世紀初頭にアメリカで生まれたボードゲームの一つ。盤上に描かれた会社や不動産を売買するゲーム。

4　スポーツの定義

　ここまではマッキントッシュ、ジレ、グットマンという、スポーツの意味を考える上での代表的な3名の議論を紹介してきた。ここでは、彼らの議論を踏まえた形で提示された2つのスポーツの定義を見てみたい。

　まず樋口聡によれば、スポーツは日常とは異なる意味連関をもつ特殊な情況の中で（遊戯性）、人為的な規則に基づき（組織性）、他人との競争や自然との対決を含んだ（競争性）、身体的活動（身体性）であると定義される[10]。

　次に近藤良享は、スポーツの定義には多くの諸説があるとしながらも、遊戯性、組織性、競争性、身体性の4つの構成要素を備えた活動がスポーツであると述べている[11]。

　これらの定義によれば、スポーツの4つの構成要素のうちの遊戯性とは、スポーツが日常生活とは異なる非日常の時間、空間の中で行われる活動ということを意味している。組織性とは、制度性とも表現できるものであり、スポーツが成立するためにはルールの明確性や絶対性によって支えられなければならないことを意味している。3つ目の競争性は、スポーツでは必然的に競い合いが生じることを意味している。なお、この競争には人と人、チームとチーム、人やチームと自然といった競争の形も含まれる。最後の身体性とは、スポーツには身体的に熟練することや卓越した技能を身につけるという性質が伴っていることを意味している。それは、スポーツを語源的に解釈し

た際にその範疇に含まれてくるチェスやトランプと近代スポーツとを区別するための基準でもある。

この遊戯性、組織性、競争性、身体性というスポーツの4つの構成要素は、スポーツと他の活動領域との区別を鮮明にする上での観点にもなる。つまり、あらゆる人間の活動の中でも、この4つの要素を備えた活動こそがスポーツとして認められる活動なのである。

本節のここまでの議論をまとめるならば、今現在、私たちがスポーツという言葉を聞いてイメージするのは近代的解釈によるスポーツであり、それは遊戯性、組織性、競争性、身体性の4つの構成要素を備えた活動ということができる。それは語源的解釈によるスポーツの姿とは区別されるものなのである。

2 文化とは何か

文化という言葉の意味を考える際には、タイラーによる定義が参照されることが多い。その定義を見ると、スポーツも文化の一つとして理解することができるが、スポーツを文化として理解する考え方は比較的新しいものである。文化は国や民族などの社会集団の間で伝播する中で、ローカル性とグローバル性という2つの性質をもちながら発展を遂げてきている。

1 文化の概念

「文化」もまたスポーツと同様に世の中にあふれている言葉であるにもかかわらず、その言葉の意味を深く考えた経験は少ないかもしれない。スポーツ文化を考えるために、本節ではスポーツに続き、文化とはそもそも何かを考えてみたい。しかし、ここで文化について考える上で大きな課題となるのが、文化という言葉もまた各分野において広狭さまざまに解釈されているという問題である。そのような文化という言葉の詳細な定義を試みる上で伝統的に参照されてきたのが、イギリスの文化人類学者であるタイラー（E. B. Tylor）が示した定義である。次の一文は文化を考える上で最も著名な定義の一つとされている。

知識・信仰・芸術・法律・習俗・その他、社会の一員としての人の得る能力と習慣とを含む複雑な全体である[12]。

　タイラーが示したこの定義は文化についての基本的な考え方として広く認識されているが、彼がこの定義を発表したのは 1873（明治 6）年のことである。19 世紀当時には交通網や電信技術の発達により、世界規模での経済活動が本格的に拡大し、タイラーの住むイギリスはその中心地の一つであった。当時、経済活動を通して世界がつながったことにより、各地の人々の生活や価値観、風習などが実に多様性に満ちたものであることが一般的にも知れ渡り、文化の違いに対する関心も高まったとされる。タイラーが文化を定義した背景には、世界各地での交流が盛んになり、自らの文化と他の文化との違いを意識せざるを得なくなった当時の社会状況が反映されていると考えることができる。

　次に、日本語として使われている文化という言葉の意味を辞書から引いてみよう。

　　人間が自然に手を加えて形成してきた物心両面の成果。衣食住をはじめ科学・技術・学問・芸術・道徳・宗教・政治など生活形成の様式と内容とを含む [13]。

　　その人間集団の構成員に共通の価値観を反映した、物心両面にわたる活動の様式（の総体）。また、それによって創り出されたもの [14]。

　この辞書的な定義は、タイラーの定義を内包しているものとして読み解くこともできるし、また反対にタイラーの定義が辞書的定義をも内包していると読むこともできる。いずれにしろ文化という言葉には、人間の日常的な行為や、人為的につくり上げてきたあらゆる物や制度が内包されていることが分かる。そして、文化にはある社会集団の中で共有されている価値観が反映されているのである。例えば、日本語という言葉は日本という社会集団の中で共有されている文化であるし、その他にも年賀状やお中元、お歳暮を贈り合うという風習なども集団内での文化であり、お辞儀などの日常的な所作もまた文化として理解することができるのである。

2 スポーツ分野から見た文化の定義

（1）スポーツと文化の区別

　ここまでに紹介した文化の概念を見ると、文化とは非常に広範な意味をもつ言葉であり、スポーツもまた文化の一つとして理解することができる。

ところが、日本においてはスポーツが芸術などの他の文化活動と区別されて認識される場合がある。その一例として、学校での部活動における運動部と文化部の区別が挙げられる。学校での部活動やクラブ活動は大別して、スポーツ関係の組織が運動部と呼ばれる一方で、音楽や美術などに関連する組織は総称して文化部と呼ばれるという慣習がある。この場合の文化とは、音楽、絵画、演劇などの諸活動を文化活動として捉えているのである。このような例は他でも見ることができ、例えば文部科学省内でもスポーツ庁と文化庁とが別組織として存在しているように、日本においてはスポーツと他の文化活動とを区別して認識するような風潮が見られるのである。

　この理由の一つとして、他の文化活動が知的で上品な感性的な営みとして捉えられるのに対して、スポーツはある種粗暴で暴力的な反知性的な営みとして捉えられていることを指摘する議論もある[15]。運動部と文化部という区別はその状況を端的に表現している事象と考えることもできるのである。

（2）文化としてのスポーツ

　わが国でスポーツを文化として把握しようとする取り組みは、1980 年代以降になってようやく本格化したといわれている[16]。つまり、スポーツを言語、学問、宗教、芸術、制度、生活様式などと同じく人為的所産であり、文化の一形態として認識することは、実のところ比較的新しい考え方なのである。

　スポーツを文化の一つとして把握する議論のきっかけには、1975（昭和50）年に開催された欧州スポーツ関係閣僚会議において採択された「ヨーロッパみんなのスポーツ憲章」がある[17]。ここでは、スポーツに内在する価値（ルール、戦術・技術、マナーなど）が、人間にとって豊かで充実した生活を営むのに不可欠な教育上意義のある文化的な特性であることが承認されたのである。

　他方、日本においてこれと同時期の 1970（昭和 45）年に発行された『体育科学事典』には、スポーツと文化との関係が次のように述べられている。

　　広く人間の行動様式のすべてを含むものであり、したがって、科学、芸術、宗教ばかりでなく、慣習、制度、娯楽までをも含む広い概念であり、この広義の解釈からすれば、スポーツもまさに人の作り出した文化そのものであり、それは、各民族、国家で独特のものを作り上げていると同時に、国際交流によって、他民族、他国のスポーツがそれぞれの国に紹介、導入されて、その国の文化に融合している[18]。

　この一文からは文化の意味を広義に捉えることによって、そこにスポーツも含められることが主張されている。

　現在ではスポーツを文化の一つとして認識することに特段の違和感を覚えることはないかもしれないが、私たちがそのような認識をもつことのできる背景には、ここで紹介したようなスポーツを文化の一つとして捉えようとしてきた概念整理の努力があったのである。

3 文化の伝播

（1）文化のグローバル性とローカル性

　先に紹介した文化の概念を見ても分かるように、文化とは元来、国や地域、民族といった社会集団ごとに独自のものであり、それはそれぞれの社会集団の中で過去から現在へと継承されてきたものである。しかし、現代社会のように世界中をつなぐ交通網が発展し、情報通信技術（以下「ICT」）を通したネットワークが張りめぐらされた世界の中では、もはや文化とは特定の社会集団内だけで完結するものではなくなり、他の社会集団へと伝播していくものとなっている。そして、他の社会集団からの新たな文化を受け入れることによって、自らがもつ既存の文化との融合や対立が生じ、それがまた新たな文化を生み出すという状況が生まれている。

　したがって、文化というのは自らの国や地域の独自性というローカルな性質を有すると同時に、それが他の国や地域との交流へとつながるという意味でグローバルな性質も有するものとなっている。そして、このような文化のもつ性質をスポーツは象徴しているのである。

（2）スポーツ文化の伝播

　さまざまな種目があるスポーツであるが、一つ一つの種目がそれぞれの国や地域、民族の文化を象徴する一面をもつと同時に、世界との交流へと開かれた一面ももっている。例えば、日本において人気のスポーツである野球は、明治時代に伝来したアメリカ生まれのスポーツであり、それが日本の文化と融合することで現在の野球界の盛況へとつながっている。もともとはアメリカの一部地域でのみ行われていたローカルなゲームにすぎなかったものが、後にアメリカ全土へと伝播し、今やアメリカ人の男らしさ、集団アイデンティティ、コミュニティの探求のための理想的な背景とも考えられるほどになっているのである [19]。そして、日本はもちろんのこと、東アジアや北中米の国や地域を中心に広がり、世界中で多くの愛好者を生むほどになっている。

＊3
嘉納治五郎（1860-1938）の功績については第5章を参照のこと。

　もちろん日本から海外へと伝播したスポーツもある。例えば、柔道は日本独自の精神性を内包しつつ、日本から世界へと伝播することで各地に愛好者を生み、Judo の呼び名でスポーツとして親しまれている。嘉納治五郎[＊3]によって生み出された日本のローカルな文化であった柔道は、日本国内にとどまらず世界へと広がり、今やブラジル、フランスの競技人口は日本を上回るほどになっている。そこでは日本の文化的特性と各地の文化とが融合し、新たなスポーツ文化として生み出された Judo が受け入れられているのである。

　このように文化とは、人と人、民族と民族、国と国などをつなぎながら、少しずつ変化を遂げつつも継承され発展していく性質をもっているのである。

3 スポーツ文化との多様なかかわり

　スポーツとのかかわり方は「する」「みる」「ささえる」「しる（しらべる）」という4つの視点から捉えられる。そのようにスポーツには多様な形でかかわることができ、スポーツを通して異文化と自文化の双方への理解を深め、文化共生を実現することもできる。私たちはスポーツ文化を楽しみつつも、スポーツへの知見を深め、スポーツ文化の発展と継承という役割も担っている。

1 スポーツ文化との多様なかかわり方

　「スポーツ」という言葉は、今や世界中のどこでも誰にでも伝わる共通語として使用されている。スポーツ文化がこれほどまでに世界中に広がり、親しまれている背景には、その文化とのかかわり方の多様さが挙げられる。スポーツへのかかわり方は、スポーツを「する」ことだけに限ったものではなく、スポーツを「みる」こと、スポーツを「ささえる」こと、そしてスポーツを「しる（しらべる）」こともまた、重要なかかわり方である。

　例えば、スポーツを「みる」という場合、私たちはスタジアムに直接足を運び試合を観戦することもできるし、テレビやインターネットなどのさまざまなメディアを通して目にすることもできる。特にメディアを通してのスポーツ観戦は、1964（昭和39）年に開催された東京オリンピックにて衛星生中継によるテレビ放送が開始されて以降、ICT の発達とともに加速度的にそのバリエーションを増やしてきたといわれている[20]。

　次にスポーツを「ささえる」というかかわり方については、スポーツイベ

ントへのボランティア参加や、スポーツ指導への貢献・協力などによるかかわり方が代表的である。またそれに加え、特定のチームや選手をサポーターとして応援したり、支援したりする活動も「ささえる」というかかわり方として理解できるものである。

　最後のスポーツを「しる（しらべる）」というかかわり方は、一見するとなじみが薄いかもしれないが、今の時代は SNS やインターネットの情報検索サイトへのアクセスが容易にできることもあり、実はこのかかわり方が急速に広がってきている。例えば、自分が応援しているプロ野球チームの試合結果を情報検索サイトのニュース欄で閲覧したり、SNS でフォローしているチームや選手の情報を目にするなど、スポーツを「しる（しらべる）」という行為を私たちは日常的に行っているのである。

　なお、ここで紹介した「する」「みる」「ささえる」「しる（しらべる）」という表現は、スポーツとのかかわり方の一面を端的に言い表しているにすぎない。なぜなら、現代社会においてスポーツは特定のかかわり方に限定された文化ではなくなり、多様なかかわり方の可能性を有しているからである。

　また、年齢や性別はもちろんのこと、障害の有無などにも関係なく、スポーツは誰もがどのような方法でもかかわることができ、楽しむことのできるという特性をもつ文化としても発展を遂げてきているのである。

2 スポーツによる異文化理解と文化共生

　先に述べたように文化とは、民族や国を超えて継承され発展していく性質をもっている。しかし、一部では他の文化と混じり合うことなく、その土地土地の固有性を体現しながら継承されてきた文化も存在する。スポーツ文化の中でも、特定の国や地域、民族の間で守り継がれてきたエスニック・スポーツ*4 などはそのような文化の典型といえる。

　エスニック・スポーツの一例としては、オランダの「フィーエルヤッペン」*5 やスコットランドの「ケイバー投げ」*6、中国発祥で東アジアを中心に行われている「チェンツー」*7、また日本の「流鏑馬」*8 などもその一つとされている。これらのエスニック・スポーツは程度の差こそあれ、民族のアイデンティティやエスニシティ*9 を醸成するのに役立っている。特に少数民族にあっては、その民族の存在をアピールする手段として利用されている側面もある。

　一方でエスニック・スポーツとは反対に、オリンピックや世界選手権などが開催され、メディアを通して世界中の人々が観戦し、多くの競技者や愛好

*4　エスニック・スポーツ
特定の地域・民族・社会に限って行われ、大なり小なりその土地の民俗文化に根ざしたスポーツのこと。

*5　フィーエルヤッペン
オランダのフリースランド州で約 250 年前から行われている伝統的なスポーツ。町の中を縦横に走る運河を、棒を使って跳び越える競技。

*6　ケイバー投げ
丸太投げ競技。ケイバーとはゲール語で丸太を指し、競技は切り倒した木の幹を谷間や川に投げ橋を架ける方法として始まったともいわれる。丸太は直径 10 ～ 20cm、長さ 4.5 ～ 7m、重さ 70kg 程度のものが用いられる。

*7　チェンツー
羽を蹴る中国の遊び。1 人で行ったり、2 人で行う他、近年ではバレーボールやバドミントンの影響で、ネットを挟んでチームが対戦する形式も行われる。

*8　流鏑馬
馬上から的に矢を射る騎射の一種で、一定の間隔に立てられた 3 枚の板的に疾駆する馬上から次々と鏑矢を射て、当てる古式競技。同様の競技は日本に限らず、アジアにも広く分布する。

*9　エスニシティ
言語や社会的価値観、信仰、宗教、食習慣、慣習などの文化的特性を共有する集団における所属意識のこと。

者が存在するスポーツは国際スポーツとも呼ばれる。国際スポーツの発展により、今や世界中の人々は言語、宗教、人種、政治などの違いを超えて交流することができるようにもなっている。

　このように、私たちは国際スポーツを通して文化の異なる人々と交流するとともに、さまざまなエスニック・スポーツを知ることにより異なる文化への理解と関心を深めることができる。また、自分たちが継承してきたエスニック・スポーツは、自らの文化をより深く理解することにも役立っている。スポーツとのかかわり方へのアクセスのしやすさ、および民族や国を超えて継承され発展していくという文化の性質が相まって、スポーツは今や、自他双方の文化への理解を深めるためのメディア（媒体）としての役割を担う可能性も有し、ひいては文化共生を実現する働きにも一役買っているのである。

3 スポーツ文化の継承と発展

　私たちが今、多くのスポーツに親しむことができているのは、スポーツが文化として人類の長い歴史の中で継承され発展してきたからに他ならない。そして今、スポーツとかかわっている私たちもまた、次の世代へとスポーツを継承していく役割を担っている存在でもある。

　しかし、世代を超えて受け継がれてきたスポーツ文化には、良い側面だけでなくさまざまな問題も付随している。例えば、経済的な影響があまりにも拡大してしまったスポーツ関連市場の存在、国家によるスポーツの政治利用、アスリートによるドーピングの問題や勝利至上主義的思考の蔓延、スポーツ関連組織のコンプライアンス問題、スポーツ指導場面でのハラスメントや暴力など、今やスポーツは数多くの社会問題を抱えている。また、ゴルフ場やスキー場の開発などは自然環境の破壊につながる可能性を指摘され、地球全体での資源不足が叫ばれる中でのスポーツ関連施設の建設に必要な資材確保や、スポーツ関連商品の生産の増加なども、スポーツ文化の継承と発展の背後に付随する問題として直視しなければならない。

　スポーツとは本来、価値的に中立な存在であるため、ここで挙げたような問題を最初から内包している文化というわけではない[21]。スポーツを文化として継承してきた私たち人類は、スポーツそれ自体を楽しむことを何よりも重要な価値としてきたはずである。しかし、スポーツが誰にとってもかかわりやすい文化であるからこそ、社会の動向の中で政治的にも経済的にも何らかの形でスポーツが利用され、スポーツそれ自体を楽しむという本来の価値が歪められてしまうこともある。もちろん、スポーツを利用することの全

てが悪いということはなく、例えば、子どもの教育のためにスポーツを利用することや、国民の健康の維持向上のためにスポーツを利用するというのは、むしろ推奨されるべきスポーツの価値であろう。

　スポーツ文化の継承者でもある私たち一人一人は、このような問題に対しまずは自覚的でなければならない。そして、スポーツとのかかわり方をさまざまな形で楽しみつつも、スポーツに対する知見を深め、これらの問題への解決策を模索していくことが、スポーツ文化の発展と次の世代への継承のためには必要になるのである。

引用文献

１）日本体育学会監『最新スポーツ科学事典』平凡社　2006 年　p.448

２）木下秀明『日本体育史研究序説―明治期における「体育」の概念形成に関する史的研究―』不昧堂出版　1971 年　p.259

３）久保正秋『体育・スポーツの哲学的見方』東海大学出版会　2010 年　p.5

４）楠戸一彦『ドイツ中世スポーツ史研究入門』溪水社　2013 年　p.58

５）P.C. マッキントッシュ（石川旦他訳）『スポーツと社会』不昧堂書店　1970 年　p.18

６）阿部悟郎『体育哲学―プロトレプティコス―』不昧堂出版　2018 年　p.99

７）樋口聡『スポーツの美学―スポーツの美の哲学的探究―』不昧堂出版　1987 年　pp.17-18

８）B. ジレ（近藤等訳）『スポーツの歴史』白水社　1952 年　p.17

９）A. グートマン（清水哲男訳）『スポーツと現代アメリカ』TBS ブリタニカ　1981 年　pp.7-29

10）前掲書 7）　p.31

11）近藤良享『スポーツ倫理』不昧堂出版　2012 年　pp.25-26

12）E.B. タイラー（比屋根安定訳）『原始文化―神話・哲学・宗教・言語・芸能・風習に関する研究―』誠信書房　1962 年　p.1

13）新村出編『広辞苑　第七版』岩波書店　2018 年　p.2613

14）山田忠雄・倉持保男・上野善道他編『新明解国語辞典　第八版』三省堂　2020 年　p.1396

15）井上俊・菊幸一編著『よくわかるスポーツ文化論』ミネルヴァ書房　2012 年　p.3

16）前掲書 1）　p.508

17）前掲書 1）　p.515

18）猪飼道夫・江橋慎四郎・飯塚鉄雄他編『体育科学事典』第一法規出版　1970 年　p.275

19）A. トムリンソン（阿部生雄他監訳）『スポーツの世界地図』丸善出版　2012 年　pp.34-35

20）後藤光将編著『オリンピック・パラリンピックを学ぶ』岩波書店　2020 年　pp.165-167

21）前掲書 12）　pp.28-29

学びの確認

（　　）に入る言葉を考えてみよう

①スポーツという言葉は主に3つの意味で使用されている。1つ目は（　　　　　　　　　　　　　　　　　　）を組織化・制度化したものの総称、2つ目は健康の保持増進などを求めて行われる（　　　　　　　　）、3つ目は（　　　　　　　　　　）である。

②スポーツという言葉を捉える際に語源にまで立ち返って捉えることをスポーツの（　　　　　　　　　）と呼び、反対に競争的な身体的活動の側面が強調された現在のスポーツについて捉えることをスポーツの（　　　　　　　　）と呼ぶ。

③ジレが示したスポーツの定義によれば、スポーツは（　　　　　）（　　　　　）（　　　　　　　　）の3つの要素から説明されるが、この定義の問題点として、スポーツの中にはこの3要素のうちの（　　　　　　　　　　）を伴わない種目も存在している点を挙げることができる。

④スポーツと他の活動との区別を鮮明にする上での、スポーツの4つの構成要素とは、（　　　　　）（　　　　　）（　　　　　）（　　　　　　）である。

⑤スポーツを文化の一つとして把握する議論のきっかけには、1975年に欧州スポーツ関係閣僚会議において採択された（　　　　　　　　　　　　　　）があった。

⑥特定の国や地域、民族の間で守り継がれてきたスポーツ文化は（　　　　　　　　）と呼ばれる。一方で、世界中に多くの競技者や愛好者が存在するスポーツは（　　　　　　　　）とも呼ばれる。

⑦スポーツには異文化と自文化の双方への理解を深める側面があることから、（　　　　　　　　）を実現する働きも有している。

スポーツの美しさを観てみよう

岡山大学／髙橋　徹

　この本を執筆している 2021 年の夏、当初開催予定であった 2020 年から 1 年間延期されていた東京 2020 大会が開催されました。開催にあたりさまざまな問題が噴出したことは、メディアを通して知っている方も多いかと思いますが、一方で大会が始まってからは選手のパフォーマンスを観るためにテレビにくぎ付けになった方も多かったのではないかと思います。

　さて、今回の大会での選手のプレーの数々を皆さんはどのように観ていたでしょうか？　金メダルをめざして勝ち負けを競い合う様子に一喜一憂していたでしょうか？　一人一人の選手が背負うヒューマンヒストリーに感動していたでしょうか？　競技の専門家としてトップ選手のプレーを分析していた方も、まるで家族のように応援していた方もいるかもしれません。このように、選手のプレーを観るという行為には人それぞれに多様な形があります。このコラムでは、そのようなスポーツの観方の一つとして、プレーの "美しさ" に着目するという少し変わった観方を紹介したいと思います。

　私は普段、大学の教育学部で主に小学校・中学校の教員養成に携わり、講義科目の「体育原理」と「体育史」、実技科目の「器械運動」などを担当するかたわら、体操競技部とチアリーディング部の顧問を務めています。体操競技もチアリーディング競技も演技の出来栄えを競う採点競技ですが、このようなスポーツに日頃から携わっているからか、他のスポーツ種目のプレーの中にも美しさを見つけ出すことができるということに気がつきます。もちろんスポーツ選手はどの種目であっても、常人では考えられないようなパフォーマンスを試合中に発揮しています。そして、それを観た私たちはプレーの一つ一つに驚嘆するわけですが、ふとそのプレーの中に美しさを感じる瞬間があるわけです。

　例えば、今回の大会でも、体操で金メダルを獲得した橋本大輝選手の鉄棒の演技で着地が止まった瞬間や、空手の形競技で金メダルを獲得した喜友名諒選手の演武での所作、柔道選手が一本勝ちを収める瞬間の技の繰り出し、陸上競技の短距離走で横並びの選手たちがコーナーを走り抜ける様子など、たくさんのプレーの中に美しさを感じることができました。

　また、オリンピック・パラリンピックに限らず、日頃テレビで目にするスポーツの中にも、その美しさは存在していると思います。野球選手が守備で見せる二遊間の球捌き、フットボールチームが見せる幾何学模様を描くかのようなパス回し、テニス選手のラリーの攻防後のドロップショットによる空間の静寂など、スポーツを観ている時のふとした瞬間、私たちはプレーの中の美しさに魅了されているのです。

　もちろん、採点競技以外の種目では、プレーの美しさに本来的な競技上の価値はありません。野球選手がどれだけ美しいバッティングフォームを身につけたとしても、バットがボールに当たらなければ意味がありませんし、陸上競技選手がどれだけ美しいフォームで走っても、記録が平凡であれば意味はないわけです。むしろ、多少フォームが不細工でもヒットやホームランを量産する野球選手や、記録を常に更新し続ける陸上競技選手の方がその競技では良い選手と評価されるでしょう。ですが、好成績を残す選手ほど、そのプレーの一つ一つに美しさが伴っている場合も多いように思います。良いプレーは美しいプレーでもあるのかもしれません。

　スポーツを観ていると、とかく勝ち負けという結果にのみ目が行きがちですが、勝敗が決するまでのプレーの中にもスポーツを観る面白さが潜んでいると思います。スポーツのプレーに美しさを感じたことのある方はもちろん、そのようなことを気にしたことがなかった方も、これからはスポーツのプレーの美しさを観て楽しんでみてはいかがでしょうか。スポーツとのかかわりが今まで以上に豊かになりますよ。

スポーツの誕生

なぜこの章を学ぶのですか？

　人類の長い歴史の中で、スポーツは常に時代の変化とともにありました。現代スポーツは、さまざまな時代の変化を経て形成されてきたのです。スポーツの歴史を学ぶことは、スポーツ文化の「現在」を知ることであり、「未来」を考える手がかりを得ることなのです。

第 2 章の学びのポイントは何ですか？

　人間は、一体いつからスポーツを始めたのでしょうか。驚くべきことに、スポーツの始まりは、古代文明よりも前、先史時代にさかのぼるといわれています。実は、スポーツは人間にとって最初の文明であるといわれるほどに、長い歴史を刻んできたのです。この第 2 章では、スポーツの起源を紐解いていきます。

＼　考えてみよう　／

① 人間がスポーツを始めたのは一体いつ頃だろう？

② オリンピックって一体いつどうして始まったのだろう？

1 スポーツの起源

　先史時代に描かれた壁画や岩絵から、当時の人間がさまざまなスポーツに興じていた様子をうかがい知ることができる。歩く、走る、跳ぶ、投げるだけでなく、2 人組の取っ組み合いや物の投げ合いなど、現代スポーツの原型となるスポーツの始まりが描かれているのである。

1 先史時代の生活

　文明が形成される以前の先史時代[*1]の生活と聞くと、どのような生活をイメージするだろうか。厳しい自然環境の中で、衣類は到底暑さや寒さをしのぎ切れるものではなく、食事をするためには危険を伴う狩りが必須、そして住まいは木や葉でつくられた簡素なものというような、衣食住もままならない生活を思い浮かべはしないだろうか。ところが近年、先史時代の人々の生活の多くは余暇であったことが研究によって明らかにされた。当時、狩猟や採集に充てられていた時間は 1 日平均 3 時間程度にすぎず、危険な狩りよりも安全な植物採集が多かった。狩猟採集に費やす 3 時間以外は余暇だったことが分かったのである。つまり、先史時代は生活の多くの時間を自由に過ごすことができたと考えられる。

　先史時代の初めから人間(ホモ・サピエンス)は、長く小集団で転々と移動しながら野営生活を営んでいた。しかし、先史時代の末頃になると、生活が一定地域に定着するようになり、農耕・牧畜を伴うものとなっていった。先史時代に誕生したスポーツの形態や意義も、このような生活スタイルの変化とともに活発で闘争的なものから儀礼的・遊戯的なものへ変化したのである。

＊1　先史時代
考古学上の時代区分の一つ。人類が登場して以来、文献的史料によって歴史が解明できる時代になるまでを指す。日本では主に旧石器時代・縄文時代に当たる[1]。

2 先史時代のスポーツ

　私たちの祖先は、このような生活の中で、陸上競技、格闘技、球技などの現代スポーツの原型となるスポーツを生み出した。ただし、当時のスポーツは、現代スポーツの原型とはいえ、複雑なルールの下に行われる競技スポーツではなかった。そこでは、狩りをしたり、木の実を採ったり、魚を捕ったりする労働と密接に結びつき、走る・跳ぶ・投げる・登る・懸垂等の基本運動が生み出され、十分な余暇時間をもっていた祖先たちは、これらの運動を

遊びとしても行った。その後、一定地域に定住し、労働形態に変化がもたらされると、球技のような集団スポーツも発展していった。

　また、当時のスポーツは人々の生活に深く根づき、儀礼的な意味をもつものも多かった。未知なる力への不安に対するためにさまざまな儀式を行ったのである。このように、スポーツの誕生を紐解いていくと、先史時代のスポーツには「労働」「遊びと闘争」「儀礼」といった起源を見ることができる。

2 古代ギリシアのスポーツ

　長い先史時代を経て、人間は古代においてギリシアを中心に、簡易なルールに従ったスポーツを行うようになる。起源をたどればオリンピックの始まりも古代ギリシアなのである。当時のスポーツは、現代スポーツの原型となっている。

1 古代ギリシアの競技精神（美にして善＝カロカガティア）

　現代のアスリートたちがめざす理想像とは何だろう。競技によって異なるであろうが、力強くしなやかで引き締まった身体、勝利へのたゆまぬ努力、他者への賞賛などが思い浮かぶだろう。古代ギリシア時代にも現代のアスリートと共通する競技精神を見ることができる。古代ギリシアの競技精神の理想像は「カロカガティア」[*2] と呼ばれる。これは、身体的にも道徳的にも優れていること、すなわち「美にして善」を意味している。ミュロン作のディスコボロス（円盤投げ）やポリュクレイトス作のドリュフォロス（槍をもつ青年）などに代表される作品は、当時のギリシアで理想とされた調和的人間像を表現したものである。

　また、古代ギリシアでは、さまざまなスポーツ祭典が実施されるようになり、それらの祭典は、時代とともに競技者のプロ化、見世物化を伴っていった。それでも、「カロカガティア」は、競技者の理想像として位置づけられており、「カロカガティア」が根づいたスポーツ祭典として最も有名で最も盛大であったのが古代オリンピックである。

2 古代オリンピック

　今や世界中のアスリートが夢見る舞台となった現在のオリンピックは、

＊2　カロカガティア
ギリシア語の、「美」(kalos)にして、「かつ」(kai)、「善」(agathos)なること[2]。

ディスコボロス（円盤投げ）

ミュロン「ディスコボロス（円盤投げ）」ローマ国立博物館　Wikimedia Commons

1896 年に始まったが、その前身が古代オリンピックである。古代オリンピックとは、古代ギリシアで始まったスポーツ競技祭を指す。では、そのスポーツ競技祭とはどのようなものだったのだろうか。

　古代ギリシア人は、自分の身体と精神をもって、理想的なあり方、生き方を求めた歴史上初めての人々であった。古代ギリシア人は、その中で熱狂的なまでにスポーツに興じていたのである。やがてこの古代ギリシア人のスポーツへの強い愛好心は紀元前 776 年の開催を第 1 回とする古代オリンピアの競技祭典に受け継がれることになるが、これが、古代オリンピックの始まりである。

　その後、紀元前 6 世紀に入ると、ギリシア中のポリス（都市国家）がこぞって独自の競技祭を組織するようになった。詳細な年代には諸説あるものの、紀元前 589 年頃にはイストミアのポセイドン祭が、紀元前 586 年頃にはピュティアのアポロン祭が、紀元前 573 年頃にはネメアのゼウス祭が、紀元前 566 年頃にはパンアテナイのアテネ祭が行われるようになった。古代オリンピアの競技祭典は中でも別格に盛大であったそうだが、これに加えて古代ギリシアにおいて特に有名であったイストミア、ネメア、ピュティアの競技祭は四大競技祭と呼ばれている。

　古代オリンピックは、紀元前 776 年から 393 年にローマ皇帝がキリスト教以外の異教の儀式を禁止するまで、4 年に 1 回、一度も欠かさず開催された。実に 1200 年近くも続いたのである。オリンピア競技祭から次の競技祭までの 4 年間を 1 周期とするギリシアの暦はオリンピアードと呼ばれ、現代のオリンピックはこれに基づいて開催されている。

表 2-1　古代ギリシア四大競技祭

名称	都市	主神	葉冠
オリンピア競技祭	オリンピア	ゼウス	オリーブ
イストミア競技祭	イストモス	ポセイドン	松の葉
ピュティア競技祭	デルフォイ	アポロン	月桂樹
ネメア競技祭	ネメア	ゼウス	セロリ

3　競技種目と参加資格

　実施競技は当初、192.7m の直線コースを走るスタディオン走やこのコースを 1 往復するディアウロス走、同じく複数回往復するドリコス走などの走競技であった。やがてレスリング、ボクシング、パンクラティオンといった格闘技や戦車競走、競馬といった馬の競技などが加わっていった 表 2-2。

　表 2-2 には古代オリンピックで実施されていた主な競技種目を示しているが、この他にも水泳やボートなど多彩な種目が行われていた。しかし、表からも分かるように、古代オリンピックの競技として球技は行われていなかった。もちろん、古代ギリシアにボールゲームが存在しなかったというわけではなく、ホッケーに似た道具を扱うスポーツも行われていたが、古代オリンピックの主な競技は、徒競走、跳躍、投競技、格闘技など、力を象徴する種目だったのである。

　オリンピア競技祭が男性のみの祭典であったことは有名である。女性は、

表 2-2　古代オリンピックで実施されていた主な競技

	種目名	内容
裸体競技※	スタディオン走	スタディオン（競技場）192.7m の競走
	ディアウロス走	スタディオン 1 往復の競走
	ドリコス走	複数回スタディオンを往復する長距離走
	ペンタスロン	スタディオン走、跳躍、円盤投げ、槍投げ、レスリングの 5 種目
	レスリング	相手を 3 度投げた者が勝利
	ボクシング	一方が負けを認めるまで戦う
	パンクラティオン	レスリングとボクシングを組み合わせた格闘技
	武装競走	盾を持って走る競走
馬術競技	戦車競走	4 頭立てと 2 頭立ての 2 種類。競馬場を 8 〜 12 周回って競う
	競馬	競馬場 6 周の速さを競う成長馬の競走。牝馬や仔馬による競走も行われた

※：全裸競技：古代オリンピックでは、競技者が全裸でパフォーマンスをすることが多かった。フェアにスポーツの勝敗を決めるため、裸になることで、出自や貧富貴賎を分からなくしたのだといわれている。

参加どころか観戦さえも認められてはいなかった。競技に参加できるのは、ギリシア人の血を引く自由民の男性だけで、女性や奴隷、外国人の参加は禁じられていたのである。

古の壺絵に描かれた中距離走の選手たち

https://www.u-tokyo.ac.jp/focus/ja/features/z1304_00061.html

4 ヘライア祭

　古代オリンピックは男性のみの競技祭であったが、女性のみの競技祭も小規模ながら実施されていた。それがゼウスの妃とされる女神ヘラに捧げられたヘライア祭である。ヘライア祭は、未婚の少女のみが競技への参加を許されていたが、運営者も既婚女性 16 名で構成されており、徹底して女性のみで執り行われる競技祭であった。競技はオリンピックで使われた競技場で行われたが、実施された競技は短距離走のみであった。古代オリンピックと同様に、4 年に 1 度（オリンピックとオリンピックの間）開催された。

5 エケケイリア（聖なる休戦）

　古代オリンピックの競技祭に向けて選手や観客が自国を出発してから帰国するまでの約 3 か月間、全ての軍事攻撃および裁判や死刑をも禁止する制度をエケケイリア（聖なる休戦）と呼ぶ。1200 年の長きにわたって古代オリンピックの開催を支え続けた制度である。

　オリンピックに伴う聖なる休戦は、古代の極めて重要な伝統だった。ギリシア全土は、絶えず戦闘を繰り返していたにもかかわらず、5 日間の祭典の期間だけは全ギリシア人が争いをやめたのである。なお、この休戦制度は、守られないこともあったものの古代オリンピックを支える重要な制度であ

り、現代のオリンピックの平和思想へと受け継がれている。

3 古代ローマのスポーツ

　393年ローマ皇帝テオドシウスがキリスト教以外の儀式を全て禁止したことによって古代オリンピックが終焉を迎えた。古代オリンピックというスポーツの一大祭典が終わったのち、ローマ人は競技とともに娯楽に興じた。巨大な円形のキルクス（競技場）やコロッセウム（闘技場）が建築され、するだけでなく観る競技が人々の生活に根づいていった。

1 ローマ市民とスポーツの関係

　ローマ帝国は紀元前3世紀頃にイタリア半島を支配し、紀元前2世紀にはギリシアをも支配下に置いた。ローマ帝国はギリシア人をまとめるために、支配後も古代オリンピックの開催を認めていた。しかし、古代ギリシアのスポーツは、優れた競技者であり戦士である証を求めて男性が競技に参加したものであったが、ローマ人はそのような理想をもち合わせてはいなかった。そのため、ギリシア人が自身の誇りをかけて闘った古代オリンピック本来の性格は薄れ、賞金目当てのプロ競技者も多く流入することとなった。その後、393年にテオドシウス帝がキリスト教以外の異教徒による祭典を全て禁止したことで、古代オリンピックはついに終焉を迎えたのである。

　その一方で、ローマ人はキルクス（競技場）で行われる戦車競走やコロッセウム（闘技場）で行われる剣闘試合や野獣狩りに関心を向けていった。ローマ人たちの多くは、戦争になると兵士として駆り出されたが、この兵士としての戦闘訓練だけがローマ人にとっての身体運動であったため、ギリシアのようにスポーツ訓練によって肉体や精神を鍛えることに興味をもたなかった。また、その後の長きにわたる戦乱の中で、兵士の中心はローマ人から職業軍人（傭兵）に代わり、一般の人々はますます自身の身体鍛錬よりも、観ることに興味を傾けていった。このような時代背景もあり、ローマ帝国時代を通して、大勢の人々がキルクスやコロッセウムに足を運び、競技を観戦して熱狂していたのである。

2 キルクス（競技場）やコロッセウム（闘技場）で行われたスポーツ

（1）キルクス

　キルクスとは、古代ローマ人にとって最も人気のある娯楽施設の一つであった。キルクスは英語のサーカスの語源で、観る競技（娯楽）の意味である。キルクスで行われた戦車競走は観戦する者にとっては絶大な人気スポーツであったが、競技者にとっては馬に引かせた戦車が非常に速い速度で競技場を駆け回る、死を賭したスピード競技であった。

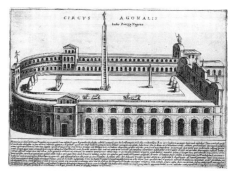

ドミティアヌス競技場（ローマ時代の陸上競技場の想像図）

Giacomo Lauro, 1610. Houghton Library

（2）コロッセウム

　コロッセウムは、高さ 52m、長径 188m、短径 156m の広さを有し、4万 5,000 人分の観客席と 5,000 人分の立見席が備えられた有名な巨大建造物である。この中では主に、剣闘競技、野獣狩りがショーとして行われ、剣闘競技では競技者が命がけで生き残るために闘い続け、相手を討ち果たすことが常に求められた。戦車競技も含め、これらの競技に参加したのは一般的なローマ市民ではなく、戦争での捕虜、奴隷、罪人たちであった。コロッセウムでは、たった 1 日の間に 5,000 頭もの猛獣が殺され、大量の剣闘士の血が流されることもあったという。

　なお、これを主催していたのはローマ皇帝で、観戦するローマ市民はこの血生臭いショーに熱狂し、残忍さを気にかけなかったといわれている。

4 中世ヨーロッパのスポーツ

中世ヨーロッパの社会は、祈る人（聖職者）、戦う人（王・貴族・騎士）、耕す人（農民・市民）に代表される封建制度を基盤とする階級社会であった。そのため、それぞれの階級で独自の生活が営まれ、文化が形成され、その中でスポーツが発展していった。このような中世ヨーロッパ社会は近代スポーツの温床となっていった。

1 騎士のスポーツ

騎士とは、12世紀頃の中世ヨーロッパに登場した職業的戦士のことであり、甲冑に身を固め、長槍と剣を装備し、騎馬していた。騎士たちは、真剣勝負の他に種々の騎馬競技を実施しており、特に有名なものがトーナメントとジューストである。トーナメントとは集団騎馬勝ち抜き戦のことであり、ジューストとは武器を長槍に限定して一騎討ちで相手を馬から突き落とす競技である。

また、ブフルトと呼ばれる武装した騎士が行う騎馬演武もあった。騎馬競技は参加資格の審査が厳しく、4代に渡って貴族であることを証明しなければならなかった。

この他にも、騎士たちは騎士教育の一環として水泳、競走、跳躍、乗馬、剣術などさまざまなスポーツをたしなんだ。

2 市民のスポーツ

中世ヨーロッパの市民は、農業や商業を営むかたわら、限られた時間と空間を利用して運動によって活動欲求を満たしていた。中世ヨーロッパは比較的平和な時代であったが、市民たちはいざ戦争が起こった時の備えとしても、スポーツを行っていた。例えば、陣地の占領を防ぐための攻防、弓矢や弩を狙い撃つことなどは実用の域を離れ、スポーツ化して実施されていたのである。とりわけ、レスリングやフェンシングなどは計画的・段階的な訓練が行われるようになり、用具が開発され、専用の練習場まで設けられた。

その他にも、中世の時代にはさまざまなボールゲームが生み出された。球戯館で行われたテニスを始め、フットボール、ホッケー、ゴルフなど多種多様な球戯を中世の市民は楽しんだ。なかでもフットボールは人気のスポーツ

となり、市民のあまりの熱狂ぶりに、国王からたびたび禁止令が出されたほどであった。

3　聖職者のスポーツ

　ローマ教皇を頂点とする教会は、スポーツへの過剰な熱狂を抑止する役割を果たしていたが、その一方でスポーツに没頭する聖職者も存在した。貴族出身の高位聖職者の中には、トーナメントやジューストなど騎士のスポーツに参加する者も多かった。その他にも、ボールゲームや格闘などに没頭する聖職者も後を絶たず、聖職者のスポーツへの没頭は、たびたび禁止令をもたらした。

　中世のスポーツは、先に紹介したように厳しい階級社会の中で積極的に行われ、やがて近代スポーツが生まれる温床となった。階級ごとに発達した独特なスポーツは、時代とともに伝播し、異なった社会間の文化の交流として重要な機能を果たした。そうしてスポーツは組織化、体系化されながら近代スポーツへと継承されていくのである。

引用文献

１）新村出編『広辞苑第七版』岩波書店　2018 年
２）ブリタニカ・ジャパン株式会社『ブリタニカ国際大百科事典小項目版』（LogoVista 電子辞典シリーズ）

参考文献

渡部憲一『人間とスポーツの歴史』高菅出版　2003 年
Ｔ. ペロテット（矢羽野薫訳）『古代オリンピック　全裸の祭典』河出書房新社　2020 年
成田十次郎編著『スポーツと教育の歴史』不昧堂出版　1988 年
新井博編著『新版　スポーツの歴史と文化』道和書院　2019 年

（　　）に入る言葉を考えてみよう

①スポーツの誕生は（　　　　　　）時代にさかのぼる。狩猟採集や狩りなどの
（　　　　　　）、十分な余暇時間を活用した（　　　　　　）、未知なる力へ対抗する
ための（　　　　　　）が現代のスポーツの礎となっている。

②現代のオリンピックの前身である古代オリンピックは、ギリシアの
（　　　　　　）の地で始まった。ギリシア人は、戦士としての名誉のために闘い、
多くのポリスで独自のスポーツ競技祭が開かれるまでになった。最も盛大であった
（　　　　　　）に加えて、ピュティア、イストミア、デルフォイで開催された
祭典を（　　　　　　）と呼んでいる。

③古代オリンピックは、競技祭開催期間中、いかなる軍事攻撃をも禁止した
（　　　　　　）と呼ばれる制度があった。

④古代ローマのスポーツの特徴は、（　　　　　　）ことにローマ人が熱狂した点である。
（　　　　　　）で行われた戦車競技や（　　　　　　）で行われた剣闘競技
に人々は夢中になった。

盛大で華やかな古代オリンピックの裏側

金沢学院大学／山脇　あゆみ

選手たちの華やかな一面ばかりが強調される古代オリンピックであるが、いつの時代も競技会を開催するには選手だけでなく、運営者や観客など多くの人が動員される。古代オリンピックの華やかな舞台の裏側を少しだけのぞいてみよう。

オリンピックが近づくと、オリンピアでは祭典開催のために会場の清掃と競技や催し物の準備が進められる。運営者たちは、割り当てられた分担に従って会場をセッティングし、催しに必要な道具が不足していないかどうかを確認する。こういったオリンピックの準備が始まる頃には、観客も集まり始める。競技が行われるスタディオンの観客収容人数は4万〜4万5,000人。これだけの人々が、荷物を手にして一気にオリンピアに押し寄せてくるのである。多くの人で活気づくのももちろんであるが、混乱が生まれるのも想像に難くない。

競技場近くに住むごく一部の人以外、大部分の人々は祭典期間中、寝泊りする場所が必要である。だがしかし、古代オリンピアには一般の人が宿泊できる施設がなかった。そのため、観客は自分で寝場所を確保しなければならなかったのである。より良い宿営地を確保するために、観客たちは祭典期間よりもかなり早く、我先にと会場へ到着する。そうして、持参したテントを広げ、生贄として捧げる動物を檻に入れ、祭典期間中の陣地を確保する。開会式の前日までには、観客の宿営地はかなり広域に及んでいたはずだ。

競技祭の開催に合わせて、4万人以上もの人々がひしめく中、宿営場は無法地帯と化す。宿営場ではあちらこちらで酔っ払いが場所取りの小競り合いを繰り広げたそうだ。ほとんどの者が野外で自炊するため、煙の幕で宿営場一帯が覆いつくされていたという。カオス（混沌）という言葉がギリシアから生まれたのもこの情景を想像すれば不思議ではない。

競技祭で繰り広げられる競技は興奮の連続であり、観客は大いに盛り上がったが、会場の環境は日を追うごとに悪化していく一方だった。生贄として捧げられた動物の骨は会場に設置されたごみ箱に捨てられ、真夏の暑い時期であったことも影響して強い異臭を放った。不衛生な環境で発熱や下痢を訴える人も続出し、大量のハエが飛び交った。最低限の衛生設備さえなかったオリンピック競技祭の裏側は、劣悪な環境との闘いだったのである。祭典が終わってもまだ戦いは終わらない。4万人以上もの人が一斉に帰途につくのである。何日も会場で足止めを食らう人もいたそうだ。

それでも観客の多さから分かるように、古代オリンピックは非常に盛り上がった。今も昔も、スポーツを愛するファンはどんな苦労もいとわない。この精神こそが古代から現代まで変わらず引き継がれているものだろう。

オリンピア遺跡　スタディオン
出典：桜井万里子・橋場弦編『古代オリンピック』岩波書店 2004年　p.107

近代スポーツの世界への広がり

なぜこの章を学ぶのですか？

　スポーツという文化がどのような経緯で世界に広まったのか学ぶことは、現代のスポーツの"あたりまえ"を見つめ直し、新しいスポーツ文化を創造するきっかけとなります。それを踏まえて、これからのスポーツと人間との関わり方も考えてみましょう。

第3章の学びのポイントは何ですか？

　スポーツの普及・発展は紆余曲折を経て世界に広まりました。どのような経緯があったのか、とくに集団間の論争、複数の地域間の意見の相違に注目しながら、スポーツの世界への広がりについて学びましょう。

考えてみよう

① 身近にあるスポーツがどのように普及・発展してきたのか、その際、どのような人々がどのように関わってきたのか考えてみよう。

② 今後スポーツはどのような発展を遂げ、どのように普及していくのか考えてみよう。

1　パブリック・スクールでのスポーツの奨励

　イギリスのパブリック・スクールでは、それまでのジェントルマンとは異なり、上流階級と新興階級の双方の能力が一体化された新しい「エリート」の養成が進められた。この過程においてアスレティシズムと教育が結び付き、のちにイギリス生まれのスポーツが世界に伝播していくことにつながった。

　スポーツは、今や世界中の人々の間で共有される文化となり、オリンピックや世界選手権、ワールドカップなどでは世界中の人々が同じスポーツに熱狂し、ともにスポーツを楽しむことができる。また、小学校から大学までの学校生活の中にもスポーツは深く根づき、体育の授業や課外活動を通じて、私たちは学校に通う中で常日頃からスポーツに触れ合うことが当たり前になっている。それではなぜ、スポーツはここまで世界中の人々の生活の中に文化として根づくことができたのだろうか。本章では古代や中世を通じてヨーロッパを中心に行われていたスポーツが世界へと伝播していった背景について、スポーツを世界へと広めるきっかけを作ったイギリス、ドイツ、アメリカのスポーツの歴史に着目してみたい。イギリスのスポーツは、人間教育との結びつき、および確立されたルールの制定という点でスポーツ文化の発展の契機となり、ドイツでは、スポーツ文化の受容に対する葛藤とトゥルネンという独自の運動文化の隆盛が見られ、そしてアメリカでは、勝利を追求するための合理性を象徴するスポーツ文化が花開くことになった。

1　ジェントルマンの育成

　イギリスにおけるスポーツの発展を語る上で、パブリック・スクールで行われていたスポーツを通した人格陶冶教育は欠かすことのできない要点である。パブリック・スクールとはイングランドで私立学校を指す言葉である[*1]。通常、私立学校はインディペンデンス・スクールと呼ばれているが、その中でも伝統ある名門校がパブリック・スクールと呼ばれている。ここでの教育を通してめざされていたのは、人々から尊敬されるようなジェントルマンの育成である[*2]。

　元来、ジェントルマンという言葉は 16 世紀以来のイギリスの支配階層のことを意味しており、生産的労働に従事しない有閑階級の人々のことを指していた。かつては村に数人いたジェントリ階層の人々がジェントルマンと呼

＊1
パブリック・スクールと呼ばれる学校の中では 1382 年創立のウィンチェスター校が最も古く、次いで 1440 年にイートン校が創立された。その後 16 世紀から 17 世紀初頭にかけて複数校創立されていった。上記 2 校に加え、セント・ポールズ校、シュルーズベリー校、ウェスト・ミンスター校、マーチャント・テーラーズ校、ラグビー校、ハロー校、チャーター・ハウス校は優れた学校として、いわゆる「ザ・ナイン」と呼称されている。

＊2
初期のパブリック・スクールは「貧しい人にも学問を」という理念により寄付が集められ教育が行われていた。一方、上流階級の子息の教育は、自らが雇った家庭教師に任せるのが普通であった。したがって学校は、孤児院・養老院と並んで、上流階級が慈善事業の一つとして貧しい人々のために建てる施設となっていた。「パブリック」という呼称は、公教育のない時代に設立された公的な性格をもった機関であったことを意味している。

ばれ、無給で治安判事、行政、司法、警察の役割を担い、村人から尊敬を集めていた。しかし、18世紀から19世紀の間にジェントリ階層は徐々に変化することになる。当時の社会の中で新たに誕生した新興階級（聖職者、弁護士、医師、陸海軍士官、銀行家、産業資本家、大学教授、パブリック・スクールの教師）と呼ばれる人々が、人生の成功のゴールとしてジェントルマンをめざすようになったからである。

　そのような社会の変化に伴い、パブリック・スクールには古くからのプライドが高い上流階級の若者と、探究心をもった新興階級、いわゆる上層中産階級（アッパーミドル）の若者が入学するようになった。結果としてパブリック・スクールという教育の場では、16世紀当時の元来のジェントルマンとは異なり、上流階級と新興階級の双方の能力が一体化された「ジェントルマン」という名の新しい「エリート」の養成が進められていくことになった。

2　アスレティシズムと教育との結びつき

　パブリック・スクールにおいて、どのようにエリートが養成されていたのかを理解する上で重要になるのが「アスレティシズム」と教育との結びつきである。

　アスレティシズムとは端的にいうと、競技スポーツを礼賛する考え方である。当時、それまでは粗野な運動というイメージが強かったスポーツ、特にチームスポーツの中に、中産階級にとって必要な勇気、忍耐力、穏やかさ、冷静さ、自制心、公正、名誉、他人の成功を妬まずに認めることといった道徳的価値が見出されるという認識の変化が起こった。このようなスポーツに対する認識の変化とともに、パブリック・スクールではアスレティシズムという思想が人格形成のための有効な教育手段と見なされるようになり、スポーツと人格教育とが結びついていくことになる。

　なお、特にスポーツと教育とが結びついていく一つの重要な契機として挙げられるのが、パブリック・スクールの伝統校の一つであるラグビー校の校長を務めていたアーノルド（T. Arnold）によって行われた人格陶冶教育である。彼の教育理念は、「クリスチャン・ジェントルマン」の育成にあったとされ[3]、賭け事や飲酒に明け暮れる者も多くいた当時の学生に対して、人格陶冶教育を宗教教育として行ったことが知られている[4]。そして1850年から1860年頃になると、アーノルドの影響を受けた生徒たちが大学を経てパブリック・スクールに教師として赴任するようになり、彼らを通して教育にスポーツが有効であるという考えが浸透していくことになったのである。

＊3
T.ヒューズ『トム・ブラウンの学校生活』主人公のトム・ブラウンや、トムの尊敬する上級生ブルックのような人物が、人々の求める「新しいジェントルマンの理想像」とされていた。そして、その理想像は「筋骨たくましいキリスト教徒」(muscular christian)と名づけられた。

＊4
アーノルドによる宗教教育はキリスト教義を説き聞かせるという形ではなく、校内で学生が犯した非道徳的行為を実例として取り上げた倫理道徳講話という形で若者たちと向かい合っていた。礼拝堂の壇上で話をするアーノルドの姿は威厳と熱意に満ちあふれていたとされ、その熱意たるや、彼の目でじっと見据えられた際にはいかなるやんちゃ坊主も目を逸らすわけにはいかず、その恐ろしさは次回の講話の時まで消えないほどであったとされる。

　なお、上層中産階級（アッパーミドル）の若者が入学するようになったパ
ブリック・スクールでは、生徒の中にも野心的でプライドが高い者が増え、
時には軍隊が鎮圧に出動するような暴動が起こるようにもなっていた。この
事態を解決するにあたり、教師たちはそれまで学生が課外活動として行って
いたスポーツに注目することになる。アスレティシズムという思想の登場に
より、スポーツの実践が単に学校における共同生活上の安全弁として役に立
つだけではなく、卒業後に軍事、行政、経営上で活躍するエリートの資質を
育てるためにも有益であるとみなされたのである。結果として、このような
スポーツを通したアスレティシズムの思想とその実践を身につけた卒業生が
誕生することにより、イギリスの植民地支配の要請とも連動しながら、イギ
リス生まれのスポーツが世界に伝播していくことになったのである。

2　イギリスにおけるスポーツの組織化

　スポーツという文化の組織化はルールの発案・変更の経緯とともに伺うことができる。「独
自のルール」から「共通のルール」へ。その過程において、フットボールはサッカーとラグビー
という別のスポーツへ発展を遂げた。

1　パブリック・スクールでのルールの制定

　1850 年代に入るとパブリック・スクールにおいてスポーツが盛んに行わ
れるようになり、先にも紹介した通り、教育の重要な柱の一つとして積極的
に推奨されるようになった。特にクリケット、フットボール（サッカーとラ
グビーの両方を意味する）、ファイブス*5 などのボールゲームや、ボート、
陸上競技、水泳、格闘技などの個人競技が盛んに行われていたとされる。し
かし、それらは固定されたルールに基づいて行われていたものではなかった。
　例えば、フットボールは、それぞれの地方によっても異っており、特に農
村部のフットボールと都市部のフットボールとの間には文化的な違いが見ら
れた。農村部のフットボールではその原点にその土地の風俗・習慣を共有し、
それらを維持しようという土着的な心情があり、そこでは共同体固有の暗黙
の規制が働いていたため、ルールを明文化する必要がなかったとされる。一
方で、都市部には広域から故郷を異にする人々が寄り集まったため、そこで
繰り広げられるフットボールには共通の基盤がなく、極めて暴力的であった
といわれている。したがって、都市部のフットボールではお互いに納得でき

＊5　ファイブス
三方あるいは四方を壁
に囲まれたコートで、
両手に革の手袋をは
め、ゴルフ大のボール
を壁に打ちあい、得点
を競う競技である。
19 世紀中頃から 20
世紀初頭にかけて、パ
ブリック・スクールで
はイートン方式、ラグ
ビー方式、ウィンチェ
スター方式として独自
のルールに基づいて行
われていた。

るルールを取り決める必要があった。

　パブリック・スクールのフットボールはというと、農村型と都市型の中間に位置づくものであった。出身地の異なる生徒が次々に入れ替わるという点では都市的な面をもっていたものの、スクール内の上級生から下級生へと伝達される独自ルール（暗黙の規制）が伝統として培われるという点では農村的でもあったため、個々のパブリック・スクールの中ではルールが明文化される必要はなかった。しかし、後にスポーツが教育の一分野として公認され、さらには他流試合が行われるようになるにつれ、あらかじめルールを確立しておくことが求められるようになっていった。

2　スクール対抗戦

　学校間での共通ルールがつくりだされる以前のスポーツは、グラウンドの広さや付近の建造物や立木などの条件によって、各学校独自のルールの下で行われていた。しかし、自校内でのルールは自分たちで相談しつつ、そのつど変更すればよいのに対し、他校との対抗試合となるとそれが容易ではなかった。そのため、まずは2校間だけに通用する「調整ルール」の下で競技が行われていくことなる。

　例えばクリケットの場合、1760年にイートン校対ウィンチェスター校のスクールマッチが開催され、1794年にチャーター・ハウス校対ウェスト・ミンスター校戦、1796年にイートン校対ウェスト・ミンスター校戦、1805年にはイートン校対ハロー校戦が行われた。またボートレースは、イートン校対ウェスト・ミンスター校との間で1818年から断続的に開催されるようになった。これは、イートン校やウェスト・ミンスター校がテムズ川に近接した恵まれた環境に立地していたことによる。

　一方でフットボールは、パブリック・スクール各校が独自のルールに固執した時代が長かったために、他の競技と比べ組織化が遅れることになった。後述するが、フットボールの場合は、各パブリック・スクールを卒業した生徒がケンブリッジ大学で「共通ルール」を取り決め、やがてパブリック・スクールに浸透していくという経過をたどることになった。

3　国内ルール

　2校間だけに通用する「調整ルール」が定められるようになると、特定の

学校間でフットボールの試合が定期的に開催されるようになり、やがて定期戦が軌道に乗り始めることで「固定ルール」が誕生し、次第に「地方ルール」「国内ルール」の順にルールの適用範囲が拡大していくこととなった。例えば、テニスは 1877 年に第 1 回ウィンブルドン大会を開催するにあたって、いわゆるウィンブルドン・ルールが公表され、このルールに基づいて大会が運営された。これがその後「固定ルール」となってイギリス全土に広まり、若干の訂正を加えて「国内ルール」として承認されたのである。

　また、ルールの統一に伴い、コートの広さ、ネットの高さ、ボールの大きさや弾性なども同じ規格となっていった。このように、各スポーツではルール統一と用器具の規格化は同時に進行していった。

4　競技団体の設立─フットボールからサッカー・ラグビーへ─

　ルールの統一によって定期的な全国大会の開催やその管理・運営が可能になっただけでなく、ルールの固定化をめざす新たな競技団体が設立されることにもなった。ここでは同じフットボールでありながらも、別のスポーツへと発展を遂げたサッカーとラグビー、それぞれの団体が設立された経緯とその背景を確認する。

　前述したように、オックスフォード大学やケンブリッジ大学の学生の多くはパブリック・スクール出身であり、その彼らによってフットボールのルールが成文化されていった。しかし、出身校の違いがフットボールに対する認識の相違を生じさせたことにより、サッカーとラグビーが別々の発展を遂げていく一つの契機となっていくことになる。

　まずはサッカーから見てみよう。1848 年、ケンブリッジ大学において在学するイートン校、ハロー校、ラグビー校、シュルーズベリー校出身の学生と大学の代表者からなる委員会が結成され、11 項目からなる「ケンブリッジ・ルール」という共通ルールが策定された。しかしながら、このルールはイートン校、ハロー校、シュルーズベリー校の考えを基礎とした、いわば妥協ルールであった。ラグビー校のフットボールの特徴である「ハッキング」[*6]と「ボールを手で持って走る行為」が禁止されたのである。なお、この妥協案にラグビー校出身の委員が同意した（せざるを得なかった）のは、当時大学内のラグビー校出身者が少なく、代表者の中でも孤立していたことが原因と考えられている[1)]。その後、1863 年になると、ロンドンの 11 のクラブと学校による会議が開催され、「フットボール・アソシエーション」（以下「FA」）が結成された。これがサッカー（アソシエーション・フットボール）

＊6　ハッキング
ラグビーのルールの 1 つで、意図的に相手のプレーヤーの足をすくったり、脛を蹴る行為のこと。

の始まりである。

　次にラグビーについて見ていく。前述の会議では、当初、ラグビー校とラグビー校式フットボールを採用していた学校が中心を占めていたが、やがてイートン校やハロー校などの最上位校が会議に参加し、議論をリードするようになり、ラグビー校式は次第に劣勢となっていった[2]。とはいえ、当時ラグビー校のルールでプレーする集団は多く、そのような集団では、ルールを気にすることなくラグビー校のフットボールが実施されていた。ここでのルールは、1848 年に策定された「ケンブリッジ・ルール」とは別の独自ルールにあたる。このような背景もあり、やがてラグビー校式派は FA を脱退し、1871 年にラグビー・ユニオン（RU）を結成することになる。

　さて、このようなサッカーとラグビーの競技団体の設立は単なる住み分けとして捉えることはできない。例えば、ケンブリッジ大学で行われたフットボールではイートン校出身者とラグビー校出身者の全面的な意見の対立があり、その後の OB による覇権争いも、後にサッカーとラグビーがそれぞれの道を歩む原因の一つであったとされる。イギリスの歴史社会学者であるダニング（E. Dunning）やエリアス（N. Elias）の研究では、その背景を既成階級（イートン校出身者の大半）と新興階級（ラグビー校出身者が大半）の争いの一部として捉えることができるという指摘もある[3]。

3　近代スポーツの伝播と抵抗

　近代スポーツがイギリスで産声を上げ、世界に伝播した時、最も抵抗したのは、ドイツにおけるトゥルネンと呼ばれる活動の提唱者たちであった。現在ではドイツで最も人気のあるスポーツはサッカーであるが、19 世紀後半、イギリスから伝播してきた外来の文化であるサッカーに抵抗したドイツのトゥルネンの歴史がある。

1　ドイツにおけるトゥルネン

　19 世紀初頭、ドイツの庶民の間では、そもそもスポーツという概念がなく、そのかわりに、ドイツでは「トゥルネン（Turnen）」という体操を中心とした運動が親しまれていた[*7]。そのため、当時のドイツではイギリスから伝播してきた外来の文化であるスポーツが積極的に受け入れられることはなかった。スポーツの伝播にあたり、そこには両国間の文化的な葛藤が生じることになったのである。

＊7
トゥルネンは、体操以外にも陸上競技、水泳、球技種目なども実施されていたためドイツでは各種運動の総称としてとらえられていた。

　イギリス・フランスの近代化に後れを取ったドイツでは、ナポレオン軍のドイツ支配によって、ようやく王権からの解放が果たされた。かくしてドイツの近代化は、「祖国の統一」と「ナポレオン軍からの解放」という２つの大きな課題を抱えることになった。このような歴史的背景の下にトゥルネンが登場してくる。トゥルネンの考案者ヤーン（F. L. Jahn）は、当時多くの若者を惹きつけるカリスマ的存在でもあった。ヤーンは単にトゥルネンを指導するだけではなく、トゥルネンを行う際の愛国歌謡と讃美歌の斉唱や、松明行列の実施、聖火の点灯といった空間設計なども行っていた。そうして民衆を惹きつけたトゥルネンの活動はやがて大衆運動へと発展していった。

　トゥルネンをする人はトゥルナーと呼ばれた。やがて彼らは仲間を集め、同盟をつくり、ドイツ全国に組織化されていく。そして、イギリスから伝播してきたスポーツに対し、「ドイツの最大のライヴァルから送られた肌に合わない輸入品」[4]であるとして「真っ向から非難する姿勢」をとった。その後、この両者の争いは 1880 年代末から激化し第 1 次世界大戦まで続いた。

2 トゥルネンの抵抗

　ドイツ固有の文化であるトゥルネンと、イギリスから伝播した外来文化であるスポーツによる覇権争いは、「トゥルネン＝スポーツ抗争」と呼ばれる。イギリスから伝播したスポーツには非ドイツ的な側面があるとトゥルナー（トゥルネンをする人）は批判しており、それが対立の要因となった。

　トゥルネンの擁護者ノイエンドルフ（E. Neuendorff）は、「一面性」「全力投入」「闘争意志」の３点を「非ドイツ的」な要素としてスポーツを捉えていた。「一面性」とはトゥルネンの「多面性」に対置されたスポーツ批判の常用語であり、走・跳・投などに専門分化した陸上競技が身体諸器官の部分的肥大と萎縮とを進行させる、という非難の意味が含まれている。次に「全力投入」については「やりすぎ」ともいわれ、スポーツにおいて、健康状態を無視して疲労困憊するまで全精力を投入する傾向を指し、バランスのとれた体づくりを目標とするトゥルネンに対置された。そして、最後に指摘した「闘争意志」は、「いかなる状況下でも他人より秀でた成績で身体運動を行おうとする意志」と定義され、「競争」形式をとるスポーツと、「国民同胞の同族意識、同権意識を育てる」トゥルネンとを対比するために用いられた。

　なお、抗争はあったものの、トゥルナーの会員の間でもスポーツが行われることもあり、それはとりわけ若者の間で人気を博した。そこでトゥルナーの団体の中には、スポーツの実施が行き過ぎでない限り容認するという立場

に立つ団体も登場したが、多くの団体はスポーツとは異なる非競争的な集団体操を中心としたトゥルネンを軸に活動を続けていた。このように、トゥルナーはあくまでも自分たちのやり方を選ぶことによって、スポーツを受け入れることなく組織を保持していたのである。

あらゆる競技の勝利者の様子が描かれているが、上段のトゥルネン以外の勝利者は不健康でバランスの悪い体つきをしたスポーツ選手として描かれている

アンチ・スポーツとしての風刺画

3 ドイツ文化とイギリス文化の折衷論

　他方、スポーツ側を代表するディーム（C. Diem）によるトゥルネン批判の中心は「非競争性」を指摘する程度にとどまり、むしろ、ドイツ文化とイギリス文化の折衷論を支持していた。ディームはトゥルネンとスポーツを「二つの道」と表現しており、それらは結局のところ「一つの道」へ連なるのだという折衷論を展開していたのである。これを現代風に言い表すとしたら、ディームはスポーツを「競技スポーツ」、トゥルネンを「生涯スポーツ」として捉えていたと考えることができる。その上でディームは、競技スポーツを実践する際の注意点として「競争主義・記録主義の緩和」の必要性を説いている。ディームは、ドイツの文化であるトゥルネンを擁護する人々と議論を重ねることによって、「ドイツらしさ」をスポーツに取り入れようと試みたのである。

　なお、ドイツのスポーツクラブは一般に「スポーツフェアアイン（Sportverein）」、トゥルネンのクラブは「トゥルンフェアアイン（Turnverein）」と呼ばれる。その後の名称が「スポーツ」に統一されていく経緯からしても、一見、ドイツ固有の文化であるトゥルネンは、イギリス的なスポーツへと吸収されてしまったかに見える。しかしドイツのスポーツの中に、トゥルネンの痕跡が強烈に刻印されることで、ドイツ独自のスポーツクラブが形成されていくことになったのである。

4 アメリカにおけるスポーツの発展

　　イギリスにおけるスポーツの萌芽を飛躍的に発展させたのはアメリカである。勝利至上主義的性格から生まれたメンバーチェンジルール、ベースボールやアメリカンフットボール等の新たなスポーツへの転換など、アメリカのスポーツ文化が世界に大きく影響を与えた。

1 メンバー・チェンジの思想

　数多くあるスポーツの中にはメンバー・チェンジが認められているものがある。個人種目や対人種目のように不可能なものもあるが、団体種目、中でもボール・ゲームは、チェンジが認められているものが多い。チェンジが認められているベースボール、バレーボール、バスケットボール、アメリカン・フットボールなどがアメリカ生まれのスポーツであるのに対し、原則としてメンバー・チェンジを認めていないサッカー、ラグビー、ホッケーなどはイギリス生まれのスポーツである[5]。

　なお、この原則とは、例えばラグビーでは「プレーヤーは原則として、交代することはできない」とした上で、「ただし、次の場合を除く」という条項があり、条件つきで認めている。またメンバー・チェンジが行われているように見えるサッカーでも「公式試合の場合はそれに関与する国際協会または各国協会の許可があった場合に限る」と限定されている。

　このように、アメリカ生まれのスポーツとイギリス生まれのスポーツという区分で見ると、そこにはそれぞれの国民性、および時代や社会からの影響があると考えられる。端的に表現すれば、アメリカ生まれのスポーツは勝利至上主義的性格をもっているのに対し、イギリス生まれのスポーツは勝利よりも社交の精神を重視するという観点に立っていると考えることができる。

2 カレッジスポーツの熱狂

　アメリカの大学では課外活動にスポーツを行う習慣があり、そこから大学対抗競技戦が人気を博していくことになった。特に19世紀末にはアメリカンフットボール、ベースボール、陸上競技、漕艇、いわゆる「ビッグ・フォー」の種目がメジャースポーツとなっていた。

　なお、アメリカの大学対抗戦では、イギリスで培われたアスレティシズムの感覚よりも勝利への執着が大きいとされる。当時、この傾向が強まりすぎたことで、学生が戸や看板を壊し、火をつけて騒ぐという暴挙に出るなど、勝利のためには粗暴な行為も辞さぬ、さらには手段を選ばぬ合理的な態度が問題視されていた。また19世紀末以降、多くの名門大学の学長が嘆いたとされるのは、大学進学志望の若者が大学を選ぶ要件として、その大学のスポーツ（主にアメリカンフットボール）が一定の水準を保っていることが不可欠になっていたという状況である。

　なお、このような状況にあったアメリカの大学スポーツは、次のような諸問題をエスカレートさせたと指摘される。すなわち、①学生の学業への心を乱すこと、②競技をしない者を軽視するという問題、③アカデミックでない大学の宣伝の方法を一般化させた問題、④卓越した競技者（似非学生）への誤った評価、⑤尊敬すべき指導者よりも競技のエキスパートであるコーチの雇用、⑥大学における法外な競技関連出費などである。

　一方で大学対抗競技の擁護論ももちろん存在し、そこではスポーツを通じて自制心や公平さを教える機会になること、友情の絆が深められること、大学への忠誠が促進されることなどが主張された。

　こうした状況下、対策の一つとして1882年に教授団競技委員会（faculty athletic committee）が結成された。これまで学生、卒業生に任されていた運営・管理に大学が関与・指導を加えることによって、学生の暴徒を抑え、統制することを目的としたものである。この委員会では、①プロ選手と競技をしないこと、②試合は原則土日のみとすること、③競技者の健康診断を義務とすること、④コーチの任命に最終的に当該委員会が介入することなどが取り決められた。こうした背景にはイギリスのアスレティシズムの復権、およびアマチュアリズムに基づいた大学スポーツの発展への願いが込められていた。

3 人種差別とスポーツの歴史

　アメリカのスポーツを理解する上で、人種差別の歴史や人種間の関係性は無視することのできない重要な問題であるが、ここではムラート（混血）に焦点を当ててみたいと思う。

　1860 年代以降、白人と黒人のムラートの中から、いくつもの競技で活躍するアスリートが出現した。例えば、黒人として初のメジャーリーガーになったモーゼス・F・ウォーカー、アメリカンフットボールで全米大学選抜に初めて選ばれたウィリアム・H・ルイス、1904 年セントルイスオリンピックで銅メダルを獲得し、黒人初のメダリストになったジョージ・C・ポージなどは皆ムラートだった。

　しかし、1896 年の連邦最高裁の「プレッシー対ファーガソン」裁判によって、人種分離体制を合法とする判決が下されたことで、ベースボールでは1880 年代後半にウォーカーが競技から締め出され、ボクシングではトミー・バーンズを破って黒人初の王者となったジャック・ジョンソンが、1912 年に連邦法違反で逮捕されるという事態が起きた。

　だがその一方で、1920 年にはループ・フォスターが黒人ベースボールリーグの設立を呼びかけたことで、8 チームからなるニグロナショナルリーグが立ち上げられた。またバスケットボールでは、スポーツ性とコメディの両方を併せもった黒人巡業チームのハーレム・グローブトロッタースの名が世に広まっていった。その後もオリンピック大会での活躍などにより、黒人アスリートの存在感は高められていくことになる。

　そのような状況の中で 1968 年メキシコオリンピック大会の 200m 短距離走の 1 位、3 位に輝いたトミー・スミスとジョン・カーロスは人種差別に抗議して黒い手袋で拳を掲げ、靴を履かず、黒い靴下で表彰台に上がり差別に対する無言の抗議を行った。また、ボクシングのヘビー級王者モハメド・アリはベトナム戦争の兵役を拒否したため、1967 年に王座とボクサーライセンスが剥奪されるという事態も起こった。

　このようにアメリカのスポーツ界では人種差別が行われていたという歴史が見られるものの、多くの黒人選手がスポーツの歴史に名を残すほどの活躍をしてきたという事実もある。なお、メディア報道などを通してスポーツ界における黒人選手の競技力の優越性は一般的な認識となっているが、最近では優れた黒人選手を輩出する地域に偏りがあることも分かってきている。つまり、優れた運動能力の要因は人種にあるのではなく、ある地理的、文化的条件の下での歴史的な過程を経ることにより秀でた運動能力を獲得してきた

こと、つまり遺伝と環境の相互作用に要因があると考えられるようになっている[9]。スポーツにおける人種間の関係性の問題を引き起こす要因の一つとして、それぞれの人種に対する遺伝的能力への嫉妬や誤解があるが、実はそのような認識が誤りであることが明らかになってきているのである。

4 ３大スポーツの歴史

(1) ベースボール

　ベースボールは、クリケットの青少年用の簡易ゲームであるラウンドダーズと呼ばれるイギリスの子どもの遊戯にその起源をもつともいわれる。そして、ダイヤモンド型の内野や９人制での競技など、今日のベースボールの出発点となる規則を整備したとされるのが、1840年代にニッカボッカー・ベースボール・クラブの創始者であるカートライト（A. J. Cartwright）とその仲間たちである。

　1850年代以降のアメリカではクリケットとベースボールの両方が行われていたが、次第に両者の違いが比較されるようになった。特にベースボールはクリケットよりもゲームの構造を機能的に合理化し、スピーディーに行われ、さらに勝つための工夫がなされた。例えば、19世紀当時、クリケットは１試合に数日を費やしていたが、ベースボールは２時間程度に設定され、また勝利への追求が盗塁、スライディング、ダブルプレーやトリプルプレーを出現させ、変化球の投法や犠牲バントが行われるようになった。

　このように、ベースボールはクリケットに比べて、多くのルールや技術、戦術が考案されるなど、まさに急進的に産業が発展した19世紀末のアメリカ社会を映し出していたスポーツの象徴であるといえる。そして、中流階級のジェントルマンだけでなく、民族的少数派や、移民労働者など社会下層の人々の心をも捉え、「ナショナル・パスタイム（国技）」の名声をほしいままにしたのである[7][8]。また、サッカーの誕生を「ケンブリッジ・ルール」が策定された1848年とするならば、ベースボールはサッカーに先駆けて「民衆のスポーツ」として産声を上げたことになる。

(2) アメリカンフットボール

　アメリカンフットボールは、イギリスから伝わったサッカーとラグビーを土台に、ハーバード大学、イェール大学、プリンストン大学をはじめとするアメリカ北東部のエリートカレッジの学生たちが考案し、1870年代に交流と改良を重ねてつくり上げた競技である。カレッジスポーツとしては、レガッ

＊8
男性中心にその普及を見せる中、女性チームの結成も見逃せない。すでに1880年代に女子ベースボールチームにスポンサー企業がつき、短命ながらセミプロ選手も登場していた。

タやベースボールに先行を許したものの、1880年代には、すでに人気ナンバーワンの地位を確保していた[8]。

　アメリカンフットボールのルールや作戦は、テイラー（F. W. Taylor）が提唱した科学的管理法や、軍隊の訓練・戦略・戦術とも親和性が極めて高く、まさに世紀転換期という新たな時代の産物だった。

（3）バスケットボール

　バスケットボールは、1891年、カナダ生まれの教師ネイスミス（J. Naismith）によって考案された。ネイスミスは上司のギューリック（L. Gulick）から、①冬に屋内で行え、②学生たちが十分に体を動かすことができ、③お金がかからず、④安全な球技をつくれないかと問われ、試行錯誤の末にバスケットボールを考案したとされている。その後、YMCA[*9]のネットワークやプレーグラウンド運動、体育普及運動などの社会運動によって全国各都市の労働者、エスニックマイノリティー、移民など下層社会のコミュニティに広まっていった。やがて、初等・中等学校にも導入され、それによって次第に社会の上層部へも支持を拡大させていったスポーツでもある[9]。

＊9　YMCA
キリスト教青年協会：Young Men's Christian Associationの略称。1844年ロンドンに創設された。アメリカでは19世紀中頃に組織され、なかでも、ギューリックは体育・スポーツを競技・競争としてではなく、全人的発達の一環として普及・発展に貢献した。

引用文献

1 ）E．ダニング・K．シャド（大西鉄之祐他訳）『ラグビーとイギリス人―ラグビーフットボール発達の社会学的研究―』ベースボール・マガジン社　1983年　p.126
2 ）坂上康博・中房敏朗・石井昌幸他編著『スポーツの世界史』一色出版　2018年　pp.70-71
3 ）前掲書1）　p.156
4 ）A．グットマン（谷川稔他訳）『スポーツと帝国―近代スポーツと文化帝国主義―』昭和堂　1997年　p.167
5 ）中村敏雄『スポーツの風土―日英米比較スポーツ文化―』大修館書店　1981年　p.74
6 ）前掲書2）　pp.281-282
7 ）前掲書2）　pp.271-272
8 ）前掲書2）　p.271
9 ）前掲書2）　p.273

参 考 文 献

伊道元道『英国パブリック・スクール物語』丸善　1993年
E．ダニング・K．シャド（著大西鉄之祐他訳）『ラグビーとイギリス人―ラグビーフットボール発達の社会学的研究―』ベースボール・マガジン社　1983年
坂上康博・中房敏朗・石井昌幸他編著『スポーツの世界史』一色出版　2018年

学びの確認

（　）に入る言葉を考えてみよう

①パブリック・スクールのなかでも特に、ウィンチェスター校、イートン校、セント・ポールズ校、シュルーズベリー校、ウェスト・ミンスター校、マーチャント・テーラーズ校、（　　　　　　　　）校、ハロー校、チャーター・ハウス校は優れた学校として、いわゆる「ザ・ナイン」と呼称されている。スポーツを通じた（　　　　　　　　）の思想とその実践を身につけた卒業生によって、イギリスの（　　　　　　　　）の要請とも連動しながら、スポーツが世界に伝播していった。

②他校との他流試合のために、まずは2校間だけに通用する（　　　　　　　　）が定められた。テニスは1877年に第1回ウィンブルドン大会を開催するにあたって、いわゆるウィンブルドン・ルールが公表され、このルールに基づいて大会が運営された。これが（　　　　　　　　）となってイギリス全土に広まった。

③（　　　　　　　　）とは体操を中心とした運動であり、その他にも陸上競技、水泳、球技種目なども実施されていたため各種運動の総称としてとらえられている。トゥルネン考案者（　　　　　　　　）は、当時多くの若者を惹きつけるカリスマ的存在だった。ドイツ固有の文化であるトゥルネンとイギリスから伝播した外来文化であるスポーツによる覇権争いは（　　　　　　　　）と呼ばれる。ディームは、競技スポーツを実践する際の注意点として（　　　　　　）・（　　　　　　）の必要性を説いている。

④アメリカ生まれのスポーツとイギリス生まれのスポーツという区分でみると、そこにはそれぞれの国民性や時代や社会の影響のあることが考えられる。アメリカ生まれのスポーツは（　　　　　　　　）的性格をもっており、イギリス生まれのスポーツは勝利よりも（　　　　　　　　）を重視するという観点から考えられている。

⑤19世紀末はアメリカンフットボール、ベースボール、陸上競技、漕艇、いわゆる（　　　　　　　　）の種目がメジャー・スポーツとなっていた。また、近代という時代に黒人は差別されていたが、1860年代以降、白人と黒人の（　　　　　　　　）の中から、いくつもの競技で活躍するアスリートが出現した。

コッホ先生と僕らの革命

日本体育大学／波多腰　克晃

―スポーツを通じて革命は起こせるのか。

19世紀末、強烈な反イギリス感情が高まるドイツ第二帝政期、イギリスで生まれたサッカーは"反社会的なもの"とされていた。そうした中でドイツのブラウンシュヴァイク市のマルチノ－カタリニウム学校に英語教師が赴任する。その名はコンラート・コッホ（K. Koch）。生徒たちはイギリス（英語）に強い偏見をもっていた。そこでコッホは英語に興味を持たせるためにサッカー用語から英語を学ぶ授業を展開する。また、サッカーを通してフェアプレーの精神やチームプレーの大切さを教えていく。次第に生徒たちはサッカーに夢中になり、クラスの仲間意識が高まる。しかしながら、コッホのやり方に対して、規律を重んじる他の教師や親たちはコッホのやり方に強い不満をもち、サッカーの禁止を決定する。さらにはコッホを排除する動きも高まることになっていく。そうした状況においてコッホ先生と生徒はどのようにサッカーを楽しみ、実施していくのか、映画の見所となっている。

映画の中でコッホ先生はイギリスのサッカーを広めた唯一の人物のように描かれているが史実は若干異なる。コッホとともにイギリスのフットボールやクリケットを推進していた人物にアウグスト・ヘルマン（A.Hermann）がいる。ヘルマンもまた、トゥルネンを中心とした体育の授業を強く批判していた人物だった。また、バスケットボールをドイツの地に導入し、その他にも女性の身体運動の発展に貢献した。

しかしながら、このような教師は当時少数派だったと言わざるを得ない。改革を求めて立ち上がったものの、必ずしもすべてが変革できたわけでもないのである。19世紀末にみられたドイツのトゥルネンとイギリスのスポーツとの文化摩擦（論争）の決着はその後、20世紀初頭にイギリスのスポーツがドイツの地において爆発的な人気を博すヴァイマル共和国の時代を待たなければならなかった。

なお、この作品は2013年ヨコハマ・フットボール映画祭で最優秀監督賞を受賞している。

カール・プランク『無作法な足癖―潰れたボールとイギリスの病―』1898年
Planck, K, *Fußlümmerei, Über Stauchballspiel und englische Krankheit*, W.Kohlhammer, 1898.

『コッホ先生と僕らの革命』
¥1,257（税込）　発売・販売元：ギャガ
©2011 DEUTSCHFILM / CUCKOO CLOCK ENTERTAINMENT / SENATOR FILM PRODUKTION

第4章 日本におけるスポーツの受容とその後の文化形成

なぜこの章を学ぶのですか？

スポーツとは社会に活力を与えるものといわれますが、その存在は強調されさらに大きなものになりつつあり、例えば東京2020大会の開催是非など、社会全体がスポーツという現象に左右されることも多いです。この章ではスポーツと社会や文化の関係を日本の事例を通して勉強してみましょう。

第4章の学びのポイントは何ですか？

スポーツの社会における「存在理由」とは何でしょうか。地域文化としてのスポーツ、世界をつなぐ国際スポーツとそれはさまざまな様相を呈しながら現代社会に存在しています。スポーツに求められる価値や、その存在意義とは何か考えましょう。

考えてみよう

① オリンピックは平和の祭典と呼ばれますが、現代のオリンピックに求められる社会的な役割とは何でしょうか。具体的に3つ要素を挙げて考えてみましょう。

② 本章を学ぶ前に、国際スポーツ文化を支える視座と日本でつくられたスポーツ文化の違いについて具体的に例を挙げながら考えてみましょう。

1 近代日本文化としてのスポーツの誕生

　近代化を経た日本には他の文化と同様にスポーツが社会に移入してきた。スポーツは異文化として日本にもたらされたが、同時にまた日本独自の身体文化にもなっていった。

1 近代日本へのスポーツの移入と翻訳的適応

（1）画一的な国民とその身体をつくるための役割　学校体育と運動部

　明治期を迎えた日本は、近代国家建設のためのさまざまな課題に直面していた。そんな状況下で、この時期は日本の歴史上初めて国家が国民の「身体」づくりに直接介入した時期ともいえる。例えば1872（明治5）年の「学制」、1873（同6）年の「徴兵令」などは列強に抗し、また近代国家としての生産性を高めるため、画一的で優秀な知的能力と身体を兼ね備えた国民の養成のために他ならず、特に身体づくりに関して、学校空間における身体教育は重要な役目を担っていく。そこでは、個々人の体力強化のみならず、集団における行動実践が求められ、運動やスポーツはそれらの能力を習得するための重要な手段として用いられることになる。

　さて、時を同じく学校空間に生まれたスポーツ空間・運動部にも、もちろん、これらのニーズが求められたが、運動部はもう一つ別の社会的役割を担っていた。それは、外来文化であるスポーツの受容空間としての機能であり、すなわち、運動部とは「文化の受容・翻訳機関」だったのである。

　ところで、外来文化が他国に移入する場合、受け入れ側では、既得の概念の中でそれを認識（読み替える）することを試みる。人間とは自身の所属する文化の中でしか物事を理解できず、文化人類学ではこのプロセスを「翻訳的適応」[1]と呼称する。当然、スポーツの受容過程もこのプロセスの中にあり、欧米諸国から伝わった身体文化は日本の文化文脈の中で、その意味を変容させながら社会に溶け込んでいった。結果として、外来文化スポーツは、新たな日本文化として成立してきたのである。

（2）外来文化の受容と脱構築されたスポーツ

　例えばベースボールはアメリカから、ラグビーやボートはイギリスからというように、明治期に欧米からさまざまなスポーツが日本社会にもたらされたが、その多くは学校空間を介して日本社会に紹介されていった。その受容過程で中心的役割を果たしたのが運動部といえよう。運動部はそれらの受容

＊1　翻訳的適応
人間は異文化に出会った時に、自分の所属する文化に存在するものやこと（理解できる枠組み）に置き換えて理解・受容する。

空間であったのと同時に、意味や価値の翻訳・解釈の場として機能し、日本社会に新たな日本身体文化としてのスポーツをもたらしたのである。

　例えば、ベースボールは坂上康博が「武士的野球論」と指摘するように、その受容過程において、ベースボールが求められた意味や価値から脱構築がなされ、日本ではアメリカのそれには存在しない「精神修養」や「道」など、新たに日本の伝統的価値が付与され、独自の文化として発展していくこととなった。つまり、現在、われわれはベースボールと野球とを安易にイコールの関係として翻訳するが、厳密にいえば、野球は日本社会に移入される過程で、すでにベースボールとは異なる存在へ変質しており、野球とは、明治期にわが国

六大学野球優勝パレード

で生まれたスポーツ文化なのである。つまり、運動部とは欧米のスポーツを単に受容し再生産する場ではなく、スポーツを日本文化に翻訳的適応させ、新たな日本文化を構築する場なのである。

2 伝統に培われたクラブ観と日本文化としてのスポーツ

（1）スポーツ空間を通して継承される価値

　第2次世界大戦の敗戦により、わが国では社会の至る所で大きな文化変容が求められることになった。当然、学校教育もその例に漏れず、欧米の掲げる「自由」という旗の下に新たな教育が標榜・実践され、身体教育も大きな価値の転換を求められたのである。ところが興味深いことに、同じ空間に存在した運動部では、それまでの価値の多くを残存させることになる。それは、運動部自体が学校教育の中で（ある意味）周辺に位置することや、部活動の復興に際し戦地から復員した学生が主体となったことなど、さまざまに要因があろう。何はともあれ結果として、伝統とともにあるクラブ観が再生産されるようになったのである。社会が急速にリベラルに塗り替えられる中で、スポーツそのものはスポーツ科学を基軸にリベラルな価値の中、日本社会での位置を変えていった。一方で、運動部という空間では、近代化以降、構築されてきた価値が継承され続けることになる。つまり、運動部空間とは国際スポーツを実践しながらも、その中心には近代日本で構築されてきた独自の「スポーツへの眼差し」が継承され、それを守る空間になったのである。

（2）理外の理としての日本のスポーツ文化

「理外の理」[※2] という言葉をご存じだろうか。「合理性、理解、理不尽」等の言葉には「理」という語が含まれているが、これらは往々にして欧米よりもたらされた価値である。それらは、エビデンスによる客観性を重視し、また自由主義市民社会の価値を反映するものともいえる。そして、現代に至り、国際的という

応援団長

指標の中心に位置するものともいえるだろう。さて、その一方でわが国にも（当然）独自の理が存在するが、われわれが受け継ぐ日本の理とは、近代以前から育まれ近代以降に文化変容を重ねながら醸成された理（ことわり）となる。運動部がいつも中心に据えてきたのは、まさにこの理といえよう。

傍目から観れば、彼らは国際スポーツを実践する集団となるが、その中心にはいつもこの「理外の理」が存在し、むしろ、その価値を再生産するためにスポーツを利用しているともいえるかもしれない。そのために、運動部空間では文化継承と構成員の育成が中心的な課題となり、そこには、通過儀礼的要素が多く存在し、独自のしきたりや練習方法が求められることになる。そして、それらを通して文化化・社会化が実践され「部活の理」ともいえる独自の価値を修める集団となるのであり、応援団の文化などはまさにこの典型例ともいえるだろう。したがって、長き伝統を有する運動部によく見られる「合理的でない」とも揶揄される練習や人間関係の多くは、「日本の理」を獲得するためのある意味"合理的行動"であり、欧米の理に基づく合理性の外側にある、日本独自の価値であることも理解しておく必要があろう。

（3）公的な"シェルター"に護られる応援団文化

一方で、近年は社会の趨勢の中で、応援団を代表とする「部活の理」は現代感覚とそぐわず、それらを継承する事自体が難しくなっているともいえる。そのために、彼らの中には現在と共生する新しい試みを考案する者も現れた。応援団の「組織化」はその例である。組織化自体は大学などでこれまでにも確認できる

香川県高等学校応援フェスティバル

が、昨今は高校応援団にも波及していれる。例えば埼玉、群馬、静岡、富山、山梨、香川などで「応援連盟」が組織化され、「連盟祭」を軸に連携し活動

※2　理外の理
現在、一般的に語られる合理性とは、欧米の価値に基づくものとなろう。一方で、そもそも「理（ことわり）」とはさまざまな文化とその価値体系の中で、それぞれに独自の基準として存在しているものでもあり、ひとつの基準に収斂されるべきものでないともいえる。ここでいう「理外の理」とは近代を経て形成された日本独自の理を表わす。

を活発・活性化させている。香川県では 2014（平成 26）年に香川県高等学校応援連盟が発足し、毎年二月に連盟加盟校による「応援フェスティバル」が行われている。当連盟の目的は言うまでもなくその価値を社会に浸透させることだが、興味深いところは文化継承の実践だけでなく、高松市や香川県といった公的な枠組みとも協力関係を築くなど、自身を社会で「護られるべきもの」に位置づけた点である。また、彼らは香川県高等学校文化連盟に「応援」の専門部を立ち上げ、応援を「体育」という枠から「文化」という枠組みへ移行させる試みを行っており興味深い。このように、「時代錯誤」などと否定的に扱われることが多い応援団は、現代社会との関係の中で「護られるべき伝統」へとその立場をシフトする事に成功しつつある。

香川県高等学校文化連盟研修風景

（4）メディアに包摂され、新たな価値を獲得する応援団

　独自の価値や独特な行動様式を継承する応援団は、これまでさまざまなメディアのコンテンツとして常に注目されてきたのはご存知の通りである。ところで、近年は応援団文化と現代的価値との相違がこれまで以上に顕著になってきたため、現代の若者には「時代錯誤」的感覚すら飛び超えて、応援団は一つの「異文化」として映っているようである。そして同時に、メディアで描かれる応援団世界はさまざまにデフォルメされ、結果として実際のイメージとは異なる新たな応援団像を生み出しているともいえる。例えば、古くは『嗚呼！！花の応援団』、最近では『アゲイン!!』な

久保ミツロウ『アゲイン!!』（第 1 巻）　講談社 2011 年

ど漫画やアニメーション、その実写版が社会で人気を博してきた。これら作品の多くでは、昔気質の世界に身を置き戸惑いながらも、自分と現代社会を見つめる若者の姿がユーモラスに、そして時に爽やかに描かれてきた。ところで、興味深いことに、その結果としてこれら「二次元の応援団像」に憧れて、実際の応援団に入団する者が増えてきているのである。つまり、現実の応援団空間に二次元で生成されたイメージが求め／持ち込まれ、新たな応援団像が生成され始めているともいえるのである。そのために、二次元における応援団世界は簡単に「フィクション」と片づけられるものではなくなり、三次元世界に影響を及ぼす不思議な存在といえるのである。

2 社会とともに歩む伝統スポーツ

日本の伝統スポーツともいわれる駅伝は、実はその歴史にマスメディア、特にテレビの影響が大きく、スポーツ文化の成り立ちを考える際に興味深い事例となる。

1 メディアが育んだ日本のスポーツ文化

（1）駅伝という伝統スポーツの誕生

　現在、大学駅伝には一般的に「三大駅伝」と呼ばれる 3 つの主要な大会が存在し、これらを軸に大学長距離界は一年間の活動を展開しているといってよいだろう。ここでいう三大駅伝とは出雲全日本大学選抜駅伝競走（出雲駅伝）、秩父宮賜盃全日本大学駅伝対校選手権大会（全日本大学駅伝（伊勢路））、そして、

出雲駅伝

東京箱根間往復大学駅伝競走（箱根駅伝）となる。その中でも箱根駅伝が特に注目され、選手や関係者はもとより多く国民も関心を寄せる国民的一大イベントとなっている。そのために、高校生ランナーは箱根駅伝に出場することを夢見、また、駅伝強豪大学では「箱根」に勝つために優秀な選手をスカウトすることに忙しい。

　さて、一方で疑問も残る。オリンピックの価値が異常な高まりを見せ、オリンピック種目か否かがスポーツの価値に大きく影響する昨今、そもそもオリンピック種目でない、いわばマイナー種目の駅伝がなぜこれほど注目されるのか、少し不思議な現象にも映るが、実はそこにはテレビというメディアが駅伝を、テレビコンテンツとしてつくり上げてきた経緯が確認できるのである。つまり、駅伝とはテレビにつくられた伝統スポーツといえ、そのありようはたいへん興味深いところである。

（2）マスコミが育んだ伝統スポーツ文化

　箱根駅伝（という番組）は、スポーツ中継を超えた正月を代表する娯楽番組といえる。そこでは単に競技の実況中継が行われるのではなく、その歩みや歴史的背景などをうまく取り込んだ「重層的スポーツ空間」として番組が構成されており興味深いところである。この番組には「箱根駅伝今昔物語」

なるコーナーがあり人気を博している。このコーナーは長い歴史を有する箱根駅伝を支えてきた人々に焦点を当てて、箱根駅伝の歴史的重層性を伝えながら、その文化性を紹介するものである。実は、このコーナーに象徴されるように箱根駅伝（という番組）は「過去と現在をつなぐバーチャル空間」として巧みに構築

夏の甲子園

され、「箱根駅伝」が疑似的伝統空間の中で再構築される仕組みなのである。結果として、国際スポーツ文脈ではない、日本独自の箱根駅伝文化が花開き、伝統スポーツ文化が創出されたのである。

　さて、箱根駅伝のように、われわれが熱をもって応援するスポーツ大会には、実はマスメディアの影響が確認されるものが多い。箱根駅伝は読売新聞（日本テレビ）であることはいうまでもないが、例えば夏の甲子園や全日本大学駅伝は朝日新聞（テレビ朝日）、春のセンバツは毎日新聞（TBS）、出雲駅伝や春高バレーは産経新聞（フジテレビ）といったように、その背景にはいつもマスメディアが存在し、彼らの商業活動と密接に結びつくことにより、それらの文化性が構築・醸成されてきた点はたいへん興味深い。一方で、それらスポーツイベントもただ利用されるだけではなく、マスコミがつくった枠組みを巧みに利用しながら自文化を社会に表象してきたのである。

2 国際スポーツを頂点としないスポーツ文化

（1）国際スポーツの伝播とその土着化

　スポーツ人類学では地域に根ざしたスポーツをエスニック・スポーツと称する。詳述すれば、エスニック・スポーツは地域の文化文脈に紐づくコンペティション：競争を指し、地域アイデンティティと密接に結びつくものとなる。その研究視点の一つに「土着化」*3 というモノサシがある。例えば、イングランド起源のサッカーは、南アメリカ諸国に受容される際に地域の価値に読み替えられ、独自の南アメリカサッカーへと変容してきた。ヨーロッパではフェアプレーが是であるサッカーにおいて、南アメリカでは"ずるがしこさ（マリーシア）"にも新たな価値が付与されるようになった。つまり、スポーツとは世界基準のルールとともに土着の価値を獲得しながら広がっていくものなのである。そして、結果としてそれ自体が一つの文化として地域を表象し得るものになる。

＊3　土着化
ある文化が他の地域に伝播してその地域の文化と混同しながら、その土地の文化の一部へと変質し、定着していくこと。

　このように考えると駅伝にはそもそも日本社会で求められる価値がその中心にあり、国際スポーツとして輸入されてきたその他の陸上競技とは異なる価値体系にあると考えた方が理解しやすいかもしれない。ところで、陸上競技をそもそもイギリスの大学スポーツ文化に紐づくものと位置づけるならば、そのキャリアは大学で完結するものになる。日本においても競技者の多くが大学でキャリアを終えるが、それは自然なことといえ、有力校の長距離選手の多くが競技人生の集大成として箱根駅伝をめざすことは特段不思議なことではないだろう。したがって、メディアで当たり前のように語られる「箱根からオリンピックへ」いう物語は、もしかすると、国際スポーツありきのモノサシ、もしくは、将来のコンテンツを期待するテレビ側の思惑なのかもしれないと感じるところでもある。例えば、箱根駅伝を境に引退する選手を「箱根燃え尽き症候群」[*4] などと表現すること自体、オリンピックに紐づく一元的な思考によるものかもしれないのだ。

（2）オリンピックとスポーツの価値の一元化傾向

　たしかに、箱根駅伝は一説にその起源が金栗四三による「世界に通じる長距離ランナーの育成」であったとされ、そのため、「オリンピックの登竜門」とも呼ばれていることを考慮するならば、箱根駅伝が国際スポーツに紐づいていたという主張は

箱根駅伝

否定できないのかもしれない。だがその一方で、箱根駅伝自体の存在感が大きくなりすぎたために、さまざまな物議がもたらされたことは興味深いところであろう。例えば、箱根駅伝に勝つために「箱根ディスタンス」と呼ばれる 20km を得意とする選手が多数生み出され、箱根駅伝自体の価値の高まりと反比例するようにマラソンとの関係の中でその価値が問いただされることにもなってきた。さて、では全ての長距離種目はオリンピックに資するものである必要があるだろうか。これまでお話ししてきたように箱根駅伝とは明治期以降つくられた日本の運動部文化であり、近代日本で育まれた日本独自のスポーツ文化である。そもそも駅伝という競技自体はオリンピック種目ではなく、つまりは一元化された国際スポーツの価値体系には属さないものである。夏の甲子園も然り、国際スポーツの世界大会に紐づかないスポーツ大会は日本には当然のことながら多く存在し、日本人の眼差しに育まれ、それと共鳴しながら独自の価値観を生成してきたのである。

　このように考えると、オリンピックに代表される国際スポーツ文化文脈に

*4　箱根燃え尽き症候群
「箱根駅伝をめざし、それに出場する事」により陸上人生の目標を達成してしまい、その後の競技成績が伸び悩んでしまう、もしくは将来を嘱望される優秀な選手が箱根駅伝（大学の競走部）を境に競技人生を終えてしまうような様を指す言葉。

紐づかないローカルなスポーツ文化が世界中には無数に存在しており、多様なスポーツのもつ価値が世界の多様性を表象しているのである。

3 国際スポーツとインテグリティ

スポーツは自由で平等な空間、何より平和を象徴するものとして存在するといわれる。一方で、それらの価値を希求するがゆえに実社会との間で大きなねじれが出てきているのは気がかりな状況であり、日本社会でも同様である。

1 国際スポーツ空間に求められるインテグリティ

（1）リンガフランカとしての国際スポーツ

国際スポーツとは、そもそもそのスポーツが生まれ、育まれた地域の文化文脈を離れて「ルール」を紐帯として世界中で営まれるスポーツに変容したものを指す。すなわちルールという約束事により結ばれる一つの世界文化ともいえるかもしれな

オリンピック会場

い。そのために、オリンピックやワールドカップなどの国際スポーツの世界大会は、宗教や人種をはじめ、あらゆる違いを超えた空間となり、結果、国際スポーツは、世界の"国際共通語（リンガフランカ）"としての役割を担うと指摘されるのである。また、近年、このボーダーレス空間では、選手の個々が国を超えて認められ、求められる場ともなり、スポーツを中心とする新しい国際秩序が形成されることに期待が込められるようにもなってきた。さて、国際スポーツという概念は、すでに上記のように単に国を超えて競い合う媒体や機会を指すにとどまらない。そこは、現代社会が理想とし、また希求する「自由、平等、安全、平和」等の普遍価値の実現が夢見られ「世界を平和に統合できる空間」として期待されるにまで至った。ところで、これらのビジョンに基づく眼差しは、昨今過度に高まりを見せ、国際スポーツ空間に現実社会では達成できない課題を達成できる一つの"理想郷"と位置づける傾向にもあり、興味深いところといえる。

（2）インテグリティを求められるアスリートたち

国際スポーツ空間ではこの崇高な
理想を実現するために、全ての構成
員に「インテグリティ」[*5] が求めら
れ、彼らには多くの制約が課される
ことにもなった。つまり、この「理
想郷（ユートピア）」の住人になる
ためには、その世界観を守るために

＊５　インテグリティ
高潔性や無謬性を指
し、特に近年国際社会
で志向されることが強
くなってきている概
念。

理想的人間でなければならないのである。そのために、彼らの一挙手一投足
は常に世間の注目下に置かれ、いうならば、われわれは各々が監視し監視さ
れ続ける存在となったのである。

近年、日本社会でもスポーツが成熟した社会の重要な価値であり、人々に
スポーツに関する権利が与えられる必要性が叫ばれるようになった。例えば、
スポーツ基本法のように、スポーツを行う者とその権利を守るための法整備
が推進され、それらはスポーツ世界のフェアプレーやスポーツマンシップな
どの理念を法の下で貫徹させる役割を果たし、透明性・公平・公正等が保証
されるようになったのである。ところで、法による保証の発生は、逆にそれ
を扱う人間の責任を明確にするともいえる。そして、その責任とはスポーツ
という存在が理想化されればされるほど大きくなり、それにかかわる人間に
とって大きな課題となってきた。つまり、スポーツという欧米社会の求める
ユートピアとしてスポーツにその役割を求めれば求めるほど、そこにいる
人々の責任は増し、ある意味、窮屈になっていくともいえるのである。

2 ユートピアをめざし、ディストピア化が懸念されるスポーツ空間

（1）スポーツユートピア幻想と国際スポーツ

オリンピックは、現代社会において
実現できない「夢」を達成できる、ま
さに"スポーツユートピア"[*6] として、
都合よく位置づけられているともいえ
る。そのためスポーツは決して「侵害
されるべきでないもの」としての社会
的地位を手に入れた。スポーツ空間は

オリンピックのシンボルマーク

＊６　スポーツユート
ピア
国際スポーツが行われ
る空間が、多くの矛盾
を抱える現代社会（世
界）が希求するある種
の理想郷と位置付ける
ような考え方。

「自由、平等、安全、平和」等の象徴として意味づけられ、アスリートはそ

の体現者として存在するようになったのである。一方で、そこで求められる高潔性は住人にとって"錦の御旗"であるのと同時に諸刃の剣でもあるのだ。その高潔性を守るために、彼らは大きな制約を課されることにもなったのである。アスリートは世の中の希望として「常に」高潔性や無謬性（むびょうせい）が求められ、その期待を裏切ることは許されない存在となった。昨今、スポーツ選手の活躍が「過度なほど」社会で取り上げられるのも、またそのスキャンダルが大きく取り上げられるのも、この社会からの期待がスポーツ空間、およびその住人が常にユートピアとその住人に資する存在であるかが問われているからである。

（2）混迷する国際スポーツ空間　スポーツは理想郷になり得るのか

　社会の理想を実現する場として期待される国際スポーツ。確かにスポーツはそもそも「非日常世界」に存在するために、そこには当初から都合の良い多くの理想が謳われていたのは事実である。一方で、いつからか、そこには過度の期待が示されるようになり、住人たちに揺るぎなき高潔性・無謬性が求められるようになった。そのために、国際スポーツは非日常空間にもかかわらず、逆に日常生活における厳格な社会的道義が求められ縛られるようになった。結果として、その住人（アスリート）は、その振る舞い（生き方）を日常から常に監視され、少しでもそれを逸脱すれば糾弾されるようになったのである。それは、東京2020大会を控えていた当時の日本社会における選手や関係者への社会からの眼差しを思い出せば、理解しやすいだろう。彼らは常に社会の求めるインテグリティを充足する存在でなければならなくなったのである。そして、その傾向はさらに強くなる状況にあり、識者はこぞって彼らのインテグリティの欠如を「日本のスポーツ界の構造的問題」として声高に指摘し、集団主義などスポーツが元来もつ特徴をもとに批判し続ける。確かに、人間がつくり、実践する空間であれば、どのような組織であっても是正されるべき点は常に存在するだろう。一方で、指摘し、批判（非難）する側の基準が、もしも"理想郷の実現"であれば、それは単なる「ないものねだり」にしかならない。われわれは「現代的」や「国際的」などという刹那的マジックワードの基準だけで物事を判断するのではなく、しっかり立ち止まり、日本の歴史や文化を見つめ直し、日本社会の未来を考えながらスポーツに向き合う必要性に直面しているのかもしれないのである。

参考文献

坂上康博『にっぽん野球の系譜学』2001 年　青弓社

瀬戸邦弘「エスニック・スポーツとしての「箱根駅伝」」『文化人類学研究』第 14 巻　早稲田大学文化人類学会　2013 年　pp.41-54

瀬戸邦弘「駅伝・六大学野球・ラグビー対抗戦の儀礼性」寒川恒夫編著『よくわかるスポーツ人類学』ミネルヴァ書房　2017 年　pp.106-107

瀬戸邦弘「応援団研究序説：構築される日本文化としての応援団」寒川恒夫研究室編『スポーツ人類学の世界：早稲田の窓から』虹色社　2019 年　pp.105-117

瀬戸邦弘「大学応援団という空間とその身体」瀬戸邦弘・杉山千鶴編『近代日本の身体表象 演じる身体・競う身体』森話社　2013 年　pp.281-314

瀬戸邦弘「体育会という日本文化を考える」『月刊みんぱく（特集体育会系）』国立民族学博物館　2016 年　pp.2-3

瀬戸邦弘「應援團の文化」『よくわかるスポーツ人類学』ミネルヴァ書房　2017 年　pp.108-109

どおくまん『嗚呼！！花の応援団』双葉社　1979 年

学びの確認

（　）に入る言葉を考えてみよう

①外来文化である（　　　　　　）は、日本に移入し（　　　　　　）を経て一つの近代日本文化になっていった。例えば、ベースボールは日本文化に移入される中で「（　　　　）野球論」と指摘されるように、アメリカで求められた意味や価値から（　　　　）がなされ、「（　　　）修養」や「道」など、日本の価値が付与されることとなり、野球となっていったのである。

②（　　　　　　）では地域に根ざしたスポーツ文化を（　　　　　　）（民族スポーツ）と称して研究の対象にしている。その研究視点の一つに「（　　　　）」というものがある。例えばイングランド起源のサッカーは、世界に伝播し、各地域文化に取り込まれながら、独自の地域スポーツ文化へと変容していくことになったが、その過程と成立したスポーツ文化をこう呼ぶ。

③（　　　）スポーツは宗教や言語など文化の違いを超えて世界を一つにするいわば（　　　　　　）（世界の共通語）としての役割を果たしている。また、そこは非日常世界でありながら、人類の理想である「（　　　）、平等、安全、（　　　）」などの夢を達成できる世界と位置づけられる傾向にあり、そのために過度な（　　　　　　）が求められる事態に直面している。

スポーツ人類学とはどんな学問か

鳥取大学／瀬戸　邦弘

文化としてのスポーツ・身体を学び、人や社会を考える

　私は「スポーツ人類学」の領域で研究していますが、この学問はどんなものを対象とし、また何を学ぶ領域でしょうか。少しご紹介してみましょう。スポーツ人類学とは文字通りスポーツという現象を文化人類学の研究手法によって紐解く研究を指します。ここでいうスポーツは大まかに2通りのカテゴリーに分けて考えられています。1つ目はオリンピックやワールドカップなど国際競技会で行われる「国際スポーツ」。そして、2つ目は「エスニック・スポーツ」と呼ばれるものとなります。エスニック・スポーツとは、世界各地の社会・文化の中で育まれ、その地域のアイデンティティを顕在化・再生産させるスポーツ・身体文化のことを指します。ご存じのように世界はさまざまな地域の総体ですが、各地域には独自の気候、歴史、宗教などに根ざした文化が存在し、その中に地域伝統に根ざす（他者にとっては一見）"不思議な"戦争（コンペティション）がたくさん存在しています。分かりやすくいえば人気テレビ番組「世界の果てまでイッテQ！」で取り上げられるような、コンペティションといえるでしょうか。これらを研究するのは、もちろん単に「面白そう」だからではありません。それらスポーツ文化が地域において重要な価値をもつアイデンティティの発露であり、また自文化を再生産する文化装置となっているからです。「スポーツいう現象から人を、社会を見る」そして「文化の素晴らしさを後世に遺す手伝いをする」という前提に立ち、スポーツやそれを支える身体観をテーマとしながらスポーツ人類学では世界の多様性をスポーツという現象を通して日々研究しています。さて、その研究の世界を分かりやすくするために、以下に一つ事例を紹介いたします。

イヌイットの競技会

バイエルンの指綱引き

ハワイのマカヒキ

私の研究テーマ：西大寺観音院・会陽と「御福」をめぐる地域文化

（1）西大寺観音院の会陽習俗

　岡山市の西大寺観音院では毎年2月に「会陽」という行事が行われています。会陽とはこの地域の密教系寺院を中心に行われる春迎えの行事で結願日には「宝木」と呼ばれる一対二本の木片の争奪戦が繰り広げられます。別名「はだか祭」とも呼ばれる西大寺会陽は500年以上

の歴史をもち、2016（平成28）年に国の重要無形民俗文化財に登録されました。当該地域では争奪戦において宝木を手に入れた者を「福男」と呼び、彼は一生の名誉と「御福（幸せ）」を手に入れることができるとされます。往時、山陽・四国地方を中心に多くの場所で会陽は営まれ、その数は岡山県内だけでも100か所以上あったとされます。そもそもこの行事が「はだか祭」と呼ばれる理由は、宝木の争奪戦の参加者が締め込み姿で登場するからです。毎年、霊験あらたかな宝木をめぐり繰り広げられるはげしい争奪戦は当該地域の春の風物詩となっています。

（2）「はだか祭」を研究／実践してみる

　私は西大寺の町に20年以上通い研究を続けています。本研究の焦点は「宝木を中心とする地域に根ざした価値の研究」ですが、最近は、会陽に際し求められる「参加者の身体観」にも注目しています。信仰とそれを実現するためのメディアとしての身体。会陽と地域が育む身体文化を紐解くことをめざしています。その際に、基本的には研究者として「外（周辺）」側から観察・考察するわけですが、実際に宝木争奪戦に参加し「実践者の視点」からも研究を進めています。そもそも個人参加であった宝木争奪戦ですが、今日では「グループ」で参加する人が増えてきました。私も伝統あるグループに参加させていただき過去2回宝木争奪戦に参加しています。立錐の余地もない大床の上で2時間以上もみ合った後に宝木は数千の人々の頭上に投下されます。実は、宝木には強い香の香りが染みついており、この香り目がけて人々が動き、

結果、「渦」と呼ばれる大きな人の塊が形成されます。そして、大床から境内へ徐々に渦は移動を始め、また参加者を試すかのようにいくつもの渦が形成され、厳寒の中、それが一瞬だったのか永遠なのかも分からないような、形容し難い時空間が観音院に流れることになります。

（3）「御福」に感謝しながら生きること

　ところで、実際にグループに参加して分かったこととして、彼らは宝木を得ること、御福を手に入れることを単にめざしているわけではありませんでした。会陽という行事が行われる背景に目を向け、街や寺院への奉仕活動などを含め日々の生活のあり方を大切にしています。彼らは、何よりこの行事の本質である「御福」をめぐる「場」に自身が存在できていることに感謝する気持ちを強くもっているのです。一説に宝木とは「エネルギー体」であり、もしも、それを得た人間の「心」（の準備）が整ってない場合、そのエネルギーの強さに耐えられずに不幸が訪れるともいわれます。そのために、人々は仏に自身に向かい合い、宝木を得るに値する人間になることをめざすのです。宝木をめぐる言説にこんなものがあります。「宝木は奪うものではなく、授かるもの」。仏様の下に参集した人々が精進潔斎し、心と身体を清め鍛え、そして仏の導きに身を委ねる。そんな結果として「御福」は人々の手の中に訪れる場合があります。一見奪い合うように見えるコンペティションという形態の中に、人々は奇跡的な出会いを求め、感謝しながら大床の上に毎年参集しているのです。

大床での宝木争奪戦

水垢離

武道とスポーツ

なぜこの章を学ぶのですか？

　教育基本法ではその目的に「伝統の尊重と新たな文化の創造」が掲げられています。またグローバル社会で生きる皆さんにとって、自国の文化への深い理解は、異なる文化で育った人たちと対等に渡り合うための知恵ともなります。正しい知識と理解をもって、自文化を自身の教養とすることには大きな利点があるといえるでしょう。

第 5 章の学びのポイントは何ですか？

　本章では「武道」と「スポーツ」の異なるところ、重なるところを考えながら、どのような変遷を経て現在の形となったのかを理解します。そしてそれは、武道のこれからを考えていくことにもつながります。

＼ 考えてみよう ／

① 武道はスポーツでしょうか。それとも武道とスポーツは違うものでしょうか。

② 東京 2020 オリンピックで、初めて採用された武道は何でしょうか。

1 武道はスポーツか

　武道は世界的な普及・発展を遂げた、日本固有の文化である。しかし、その加速的な普及・発展により武道は、本来の形を失いつつあるとも指摘されている。そしてその指摘は多くの場合、「武道のスポーツ化」という言葉で表現されるものである。

1 武道とスポーツ

　武道はスポーツか否か。この言葉は、武道・スポーツ関係者の間で頻繁に用いられる問いかけである。本章はこの疑問を一つの軸として展開していくのだが、まず初めに一応の答えを示しておこう。武道はスポーツではない。もう少し厳密に回答すると、"かつての"武道はスポーツではない。

　そもそも武道とは、武士道の伝統に由来する心技一如の運動文化であり、日本武道協議会が定めた９種目（柔道、剣道、弓道、相撲、空手道、合気道、少林寺拳法、なぎなた、銃剣道）の総称である[1]。これらは学校体育や地域の道場をはじめとして、現代日本においてもわれわれの生活の一部であると同時に「Judo」「Kendo」といった名称で世界的にも親しまれている。また、武道それ自体も「Budo」表記によって、「Martial arts（格闘技）」とは区別された文化である。国際マーシャルアーツ格闘技科学学会[*1]会長のシナルスキー（W. Cynarski）は武道を、格闘技の括りにおいて特異な教育的価値の体系化がなされていると評するが[2]、その言葉からは武道に含まれる日本固有の性質がうかがえよう。つまり武道とは、武士が習得すべき作法や格闘術を起源とする「教育的な活動」なのである。

　一方でスポーツは、遊びをはじめとする非日常的な空間で行われる行為、すなわち余暇を起源とする。かつてそれらは、人生において何ら必要とされない「非生産的な活動」と位置づけられていた。つまり武道とスポーツは、「教育」と「余暇」という、全く異なる目的の下に生まれた文化なのである。だとすれば冒頭の問いかけは、一体どのような経緯で生じた疑問なのだろうか。

2 柔道と Judo

(1)「これ（Judo）は、柔道ではない」
　柔道と Judo。皆さんはこのフレーズを目にした、あるいは耳にしたこと

*1
INTERNATIONAL
MARTIAL ARTS and
COMBAT SPORTS
SCIENTIFIC
SOCIETY：IMACSSS。

はないだろうか。例えば柔道の国際大会を担当するリポーターの「日本柔道の前に立ちふさがる世界のパワー Judo。この後、決戦です！」という前口上は、ある意味鉄板のネタである。またこの言葉は、他国で柔道が親しまれている様子を「日本の柔道は今や、世界の Judo として親しまれています」と紹介することにも適している。このように「柔道」はローカルな意味を、「Judo」はグローバルな意味を示しながら、何となく使い分けられているというのが現状である。しかし、スポーツ文化的な視点からこの 2 つの言葉を眺めてみると、そこには深い対立と歩み寄りの歴史が刻まれている。2013（平成 25）年 9 月 24 日の朝日新聞記事「柔道が JUDO を解き放つ」では、次のように記された [3]。

　　07 年リオの世界柔道において、（中略）日本の柔道関係者は絶望的な表情とともに「これは柔道ではない！」と叫んだ。国際化を標榜し、カラー柔道着の採用や競技ルールの改変を受任しながら柔道を世界に開放してきた道の涯で、柔道ならざる JUDO がいまや世界を席巻していることに気づいたのである。

　　これ（Judo）は柔道ではない。この言葉は、もちろん不可解な判定に対する最大限の抗議声明ではあったのだが、日本の伝統文化としての柔道が世界の大きな流れに取り込まれて、何か異質なものへと変化していく不安や憤りが爆発した叫びでもあった。

（2）武道の変容とスポーツ化

　今や教育的営みを目的として構成され、洗練された日本固有の文化である柔道は、国際的な普及を進める中でその本来の姿を見失いつつあるといわれている。そして、そのような柔道、あるいは武道が直面する伝統的様式や教育的意義の喪失を総称して「武道のスポーツ化」と呼ぶことがある。もちろん、競技偏重の歪みがそのままスポーツ化とされるものではない。また、スポーツ化という表現がスポーツ文化を否定する言葉ではないことも断っておこう。しかし、近代スポーツの条件を達成し、一つの競技スポーツとして確立していく過程において、柔道をはじめとする武道文化が大きく変化していったことは紛れもない事実である。

　とはいうものの、武道においてスポーツ化は極めて重要な意味をもつ。なぜなら全ての武道は例外なく、スポーツ化の流れを受け入れたことによって現代まで存続しているからである。

2　武道と教育

　　武道の人間教育を志向する性質は、柔道の創設者である嘉納治五郎の影響が大きい。彼の多様な取り組みは、文明開化による欧化主義への抵抗を一つの原動力としていたのだが、その性質がゆえに武道は戦時下における兵士育成の手段として用いられた。そして敗戦と同時にその役割は剥奪され、武道は民主化を達成した「スポーツ」としての存続を課せられることとなる。

1　武術の近代化

　　柔道の創始者である嘉納治五郎[*2]は、柔術の稽古を通して培った心身を振り返り、そこに教育的価値を見出した。その後、嘉納は柔の一字を残した「柔道」を創始し国民体育として推奨していくのだが、その活動は嘉納の一つの思想により端を発するものである。それは「近代国家における体育の重要性」を説き、急激に変化する世界情勢においても、海外諸国と対等な関係を築くことのできる日本国民の養成であった。

　　そのような嘉納の柔道論、もとい教育論は、当時の教育界や武術界をはじめとする関係各所に極めて大きな影響を及ぼしたのだが、実はその一連の取り組みは革新的なものであったとは言い難い。つまり嘉納の取り組みは、新たな文化の創造ではなく、従来の文化の改造であったという解釈である[4]。またそれは、日本文化を消滅させようとする外圧（欧化主義）への抵抗、もしくは適応を図ったものでもある。よって嘉納の功績は、欧化主義が蔓延する社会情勢において、廃れゆく日本文化にもう一度焦点を合わせ、その有用性を理論化したという点にある。それは伝統の再評価として、大いに価値のある取り組みであった。しかし欧化主義への抵抗という一つのあり方はこの後、柔道や武道を大きく変化させていくこととなる。

2　武道のイデオロギー化とスポーツ化

（1）武道のイデオロギー化[*3]

　　戦時下で武道は「武士道精神の養成を経て国威発揚を促す、日本の伝統的な心身修養法」としての立ち位置を求められていた。それを示すように、時の警視総監である西久保弘道は、日清・日露戦争での歴史的な勝利を「大和

*2
1882（明治 15）年、弱冠 22 歳で柔道を創始した嘉納は同年に、「道を講ずる」ことを目的として講道館を設立、そこで柔道の普及と人間教育に尽力した。講道館は今も文京区春日 1 丁目、後楽園遊園地の隣で柔道を通した人間教育を志向している。

*3
無関係の物事を特定の政治思想や社会思想に用いること。

魂」に見出し、それは武道の鍛錬により身につけることが可能な日本特有の精神性であると述べている[5]。つまり武道は、戦争への国民総動員を促す「国家的イデオロギー装置」として用いられたのである。

さて、先述した西久保は、全国的に「武術」という名称を改称し「武道」へと統一させていくのだが、その取り組みは近代日本の武道概念を確立させるものでもあった。そしてそれは、武術と武道を完全に異なるものとして取り扱う試みでもある。すなわち、その試みの歴史的意義は「武術に撃剣興行以来の低俗さを押し付け、武道には高尚な心身の練磨という目的を与えることで、両者の語義を差異化した」[6]点にある。この変遷により武道は、近代化にそぐわない要素を切り落としつつも、伝統的なあり方を重視する日本固有の文化として認知されていくこととなった。

しかし、1945（昭和20）年8月の太平洋戦争敗戦を機に、GHQの占領政策によって武道は教育的な営みと完全に分断されることとなる。個人的な趣味として行うことは許されたが、学校体育や民間の道場のような組織的な指導は禁じられ、さらに武道は競技的な取り組みを推奨された。つまり各種武道はその存亡をかけ、非軍事化・民主化を成し遂げた「スポーツ化」をめざす必要があったのである。

（2）武道のスポーツ化をめざして

武道のスポーツ化運動は、比較的早い段階で柔道と弓道が公に認められ徐々に活動を再開していく一方で、日本刀の操作訓練として戦争に使用された剣道は、大きく活動を制限され続けた。しかし、1952（昭和27）年4月にGHQの占領終結を迎えると、武道は着実に復興を果たしていくこととなる。同年10月に全日本剣道連盟が発足し、1962（同37）年に公益財団法人日本武道館が設立。1964（同39）年の東京オリンピックで柔道競技が正式採用されるが、それは武道が非軍事化・民主化を果たしたことを象徴する一つの事例ともいえよう。

また、教育とのかかわりにも目を向けたい。武道は民主化を達成したスポーツであるという前提の下、1989（平成元）年から学校体育に正課採用される。さら

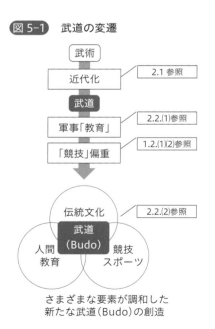

図 5-1　武道の変遷

武術
近代化 ─ 2.1 参照
武道
軍事「教育」 ─ 2.2.(1)参照
「競技」偏重 ─ 1.2.(1)(2)参照

伝統文化 ─ 2.2.(2)参照
武道（Budo）
人間教育　　競技スポーツ

さまざまな要素が調和した
新たな武道（Budo）の創造

に 2008（同 20）年の学習指導要領改訂では「我が国固有の文化を通して伝統的な考えを理解すること」が教育目標に掲げられ、武道が中学校体育で必修化された[7]。それは当時のような軍事教育を見据えたものではなく、伝統的な考え方や他者への尊重を重視した、武道本来の姿の習得をめざしたものであろう。

　武道は誕生から現在に至るまでさまざまな変遷を超えてきたが、それは全て一つの伝統の流れを汲むものである。言い換えれば、それらの歴史は失われることなく、今も武道の中に息づいている。そして、その歴史を正しい知識と理解によって捉えることは、自身の教養となるばかりではなく、新たな武道（Budo）を創造する原動力ともなり得るのである。

3 武道の現在と未来

　武道は広く世界へと発信され国際的な文化となったが、やはりそこで注目すべきは武道の伝統的な特性と、スポーツの近代的な特性をいかにして併存させるかである。その問題に対する一つの視点として、国際的な競技会で活躍する武道家の振る舞いは、一つの新しいあり方を示してくれる。

1 世界の Budo

　武道は広く世界へと広がり、日本人のイメージを形成する一つの国際的な文化となった。しかしその世界に向けた発信の方法はさまざまである。例えば柔道と空手道は、競技の普及を経てその愛好者を増やし、世界中で親しまれる文化となった。その一方で、剣道は競技的な普及に慎重な姿勢を示しており、武道本来の性質を重視した国際普及に努めている。他にも、厳格な作法や神事としての一面を追求し、伝統性を保持し続けた相撲。ドイツの哲学者オイゲン・ヘリゲル（E.Herrigel）によって書かれた名著『弓と禅』[8] で、その精神性と修行方法を高く評価された弓道など、その世界的活躍は多岐にわたる。武道は今や、世界の Budo なのである。

　ではここで改めて、武道とその競技的な特性に焦点を当ててみよう。武道は心身の鍛錬、また日常への援用という点に焦点を当て、その最大の目的を教育に据えてきた。しかし、近代化や民主化に伴う競技の導入と隆盛は、その教育観念を崩壊させるのではないかと危険視されている。もちろん競い合うことには、心身の成長や他者との調和をはじめとして、数えきれないほど

のメリットもあるのだが、競技形式への偏重は多くの問題を引き起こすものでもある。例えば本章の論点である、文化の本来的な性質が失われてしまう危険性や、過酷な稽古による心身への負担、特定の勝利を目的とした際に陥りやすいバーンアウト現象などが挙げられよう。では、競技形式の導入、もしくは過度な勝利への追求を排除すればこれらの問題は解消され、武道はよりよいものへと生まれ変わるのだろうか。

2 新たな武道（Budo）の創造

（1）武道家の振る舞い

　2016年リオデジャネイロオリンピック、東京2020オリンピックの2大会で、柔道競技73kg級日本代表の大野将平選手が金メダルを獲得した。しかし彼は勝ち名乗りを受けてなお、喜びの表情を見せなかった。それはなぜだろうか。

　ではここで、オリンピック金メダリストの姿を誰でもよいので思い浮かべてほしい。彼らが勝利を決めた瞬間に爆発させる喜びの表現は、そのアスリートの過酷な生活を表しているようだと思わないだろうか。つらい練習に耐え抜いたアスリートが、勝利と同時に全身で喜びを表現する。それがスポーツの醍醐味であり、われわれを感動させてくれるものともいえる。

　しかし武道において、感情は抑制されるべきものである。その理由には他者への敬意や、武士の技術であった時代から引き継ぐ戒め、また教育を最大の目的とする武道の理念が込められているのである。大野選手は、多くのアスリートが最大の目標とするオリンピック金メダルを獲得してなお、その感情を抑制した。それはまさに武道の伝統的な特性を保持しながらも、競技スポーツとしての近代的な特性を十分に獲得した、現代の武道が追い求める一つのあり方とも考えられる。結果、大野選手の振る舞いは武道がもつ「礼儀正しさ」の表れとして国内外問わず高く評価され、2020（令和2）年度の道徳の教科書にも採用されている[9]。

（2）世界の武道家たち

　武道の所作に基づく「礼の精神」は、日本の武道家の行動規範にとどまることなく、武道文化を土壌とした一つの価値観として世界中に広がりつつある。近年の事例としては、東京2020オリンピック女子空手形競技で初代王者となった、スペイン代表サンドラ・サンチェス（S. Sánchez）選手の振る舞いが挙げられよう。彼女もまた大野選手と同様に、勝利の喜びを表現す

ることよりも他者への敬意を示すことを優先した。

　歴史を見返せば、1964 年東京オリンピックで初めて正式採用された柔道
も、無差別級の初代王者をオランダのアントン・ヘーシンク（A. Geesink）
選手に明け渡した。しかし彼もまた、歓喜に沸くセカンド陣を諌め、武道が
もつ礼の精神を体現した人物である。この 2 人の振る舞いからは、武道がも
つ固有の性質が日本文化のうちにのみとどまるものではなく、時代や場所、
人種を超えてなお尊ばれる、普遍的価値観であることが理解できよう。

　競技形式の隆盛は、武道に特有の文化性を希薄化させると考えられること
が多い。そして、そのような危険性をはらむことはまぎれもない事実である。
しかし、武道における競技という形式は、時にその個性を色濃く映し出す要
素ともなる。言い換えれば、武道がもつ美しさやすばらしさは、競技の流れ
を取り込もうとも色あせることなく、そこに息づいているのである。そのよ
うな武道の特質を理解し、発信していくことこそが今後求められる取り組み
といえよう。

（3）武道のこれから

　武道は今、変革の時である。さまざまな文化が交錯する現代社会において、
多様な文化へと適応し、変わることを求められているといってもよい。しか
し同時に、変わらないことも求められているのである。武術から武道へと、
故きを温めて新しきを知った嘉納治五郎と同様に、武道もまた Budo へと
移り変わっていかなければならない。その時にわれわれは「何をもって
Budo は武道と認識されるのか」「武道とは何か」という問いの答えを探求
し続けることによってのみ、新たな文化を創造することができるのである。

引用文献

1) 日本武道館：武道の定義
   https://www.nipponbudokan.or.jp/shinkoujigyou/teigi
2) 百鬼史訓・金正幸・W.J. シナルスキー他「武道の捉え方―世界の動向―」『武道学研究』第 45 巻第
   3 号　日本武道学会　2013 年　p.230
3) 今福龍太「柔道が JUDO を解き放つ」『朝日新聞』2013 年 9 月 24 日朝刊
4) 永木耕介『嘉納柔道思想の継承と変容』風間書房　2008 年　p.44
5) 西久保弘道「武道講話（5）」『警察協会雑誌』第 175 号　警察協会　1914 年　p.9
6) 中嶋哲也『近代日本の武道論―〈武道のスポーツ化〉問題の誕生―』国書刊行会　2017 年　p.188
7) 文部科学省：武道・ダンス必修化
   https://www.mext.go.jp/a_menu/sports/jyujitsu/1330882.htm
8) E. ヘリゲル（稲富栄次郎他訳）『弓と禅』福村書店　1959 年
9) 杉中康平・田沼茂紀他『中学道徳 3：きみがいちばんひかるとき』光村図書出版　2020 年
   pp.90-93

学びの確認

（　　）に入る言葉を考えてみよう

①武道とは日本武道協議会により管理された、（　　　　　）、（　　　　　）、（
　　　）、弓道、（　　　　　）、合気道、（　　　　　　）、なぎなた、（
　　　）の総称である。

②柔道の創設者である（　　　　　　　）は、アジア初の IOC 委員や東京高等師範
　学校（現在の筑波大学）の校長を務めた。

③武道は日本の（　　　　　　　　）を含むため、時の日本政府が国家的（
　　　　）装置として利用した。

④武道は（　　　　　）・（　　　　）を達成したスポーツ文化として認められた
　からこそ、教育現場へと戻ることができた。

⑤オリンピック競技へと加入した（　　　　）や（　　　　　）、競技的普及に慎重
　な姿勢を示しつつも国際的な普及を果たした（　　　　）など、武道の魅力は多様
　な形で世界に伝えられている。

武道はスポーツか否か

国士舘大学／佐藤　雄哉

武道はスポーツか否か。私自身とても興味のあるテーマです。武道の今後を考えていく上で、とても重要なものともいえるでしょう。さて、本章では文化的・歴史的な観点からその変遷と未来を捉えてきましたが、ここではその問いに対する私の意見を述べてみたいと思います。

まず本章と同様、その答えから示しておきます。私の意見としては、武道もスポーツです。もう少し厳密にいうと、"今や"武道もスポーツです。そもそもスポーツという概念が拡大し、eスポーツ（electronic sports）のような近未来的スポーツのオリンピック参入が検討されている中、武道はスポーツか否かと議論しているのはあまりにも前時代的ではないでしょうか。しかしそれは、武道やeスポーツが変わったというよりは、スポーツという言葉が示す対象の変化のような気がします。つまりスポーツという概念は、武道やeスポーツを包括するほどに拡大し続けているということです。ただそこで忘れてはいけないことは、武道はスポーツの中にあってもその特色を色濃く保ち続ける必要があるということでしょう。人間教育を目的とした文化であること、日本の伝統文化であること、心身統一を前提とした東洋的な心身観を持ち続けることなどがその特色の一つです。

もう一点、私が武道もスポーツという理由があります。その理由は、単純に楽しいということです。あくまでもここでは私が取り組んでいる柔道、さらにいえば競技柔道に関してですが、最近そのようなことを考える機会があったので紹介させていただきたいと思います。

私は2021（令和3）年の4月で30歳になりました。競技柔道ではベテランと言われる年齢ですが、ありがたいことにいまだ現役で柔道を続けさせていただいています。そんな中、ある日同期から「よくまだ柔道続けているね」と言われました。その言葉の真意は分かりかねますが、きっと「しんどくないの？」というニュアンスだったのでしょう。その時初めて、「なんで私はまだ柔道をしているのだろう？」という問いが脳裏に浮かんだことを覚えています。改めて思索にふけってみると、若い時分より肉体的には衰え、精神的なハングリーさも少なくなりました。練習を休む日も増えましたし、けがもすぐには治りません。ただそれでも、当時より柔道が楽しく感じられます。得意な技が決まった時、やりにくい相手への対処を考えている時、そしてそれがハマった時。30歳にしてなお、発見と喜びの連続です。あの頃は勝ちたいからやっていたけど、今は楽しいからやっている。それが、私の競技を続ける理由でした。

コロナ禍でスポーツは不要不急のものとされ、一時はその活動が断たれてしまいましたが、最近はまた熱が戻ってきたような気がします。そしてその理由は、人々がスポーツから享受できる楽しさを求めた結果ではないでしょうか。そのような視点から見れば、柔道も生きるために要・急ではないけれども、その根源には楽しさが潜んでいると思います。本来不要不急であったさまざまな文化が発展していったのは、そこに楽しさがあり、多くの人の心を惹きつけたからです。そのような「楽しさ」や「魅力」をもち合わせることがスポーツの性質だとすれば、その性質に則して考えた時、武道もまた間違いなくスポーツといえるでしょう。だって武道は楽しく、魅力的なものなのですから。

第 **6** 章 オリンピックとスポーツ

なぜこの章を学ぶのですか？

　国際的なスポーツの祭典であるオリンピック競技大会は、テレビやインターネットなどを通じて世界中に配信され、大きな注目を集めるコンテンツとなっています。本章では、わたしたちがよく知る"オリンピック"の歴史的背景や理念を学び、その理想と現実について考えます。

第 6 章の学びのポイントは何ですか？

　オリンピック競技大会が誰の手によって、どのような理念のもとで誕生したか、これまでの歴史について学びましょう。また、国際オリンピック委員会の活動を参考にオリンピズムやオリンピック・ムーブメントについても考えます。さらに、レガシーという概念について確認することによって、"オリンピック"のこれからの課題についても考察してみましょう。

考えてみよう

① 近代オリンピックの創始者ピエール・ド・クーベルタンは、オリンピック競技大会にどんなことを期待していたでしょうか。

② 現在のオリンピック競技大会は、創始者ピエール・ド・クーベルタンの期待に応えられているでしょうか。

1 近代オリンピックの誕生

近代オリンピックは、ピエール・ド・クーベルタンによって創始された。彼は、スポーツを通じた国際交流が、平和な社会の構築に貢献できると考え、古代オリンピックやイギリスのパブリックスクールにおけるスポーツを通じた教育を参考に、近代オリンピックを復興した。1896 年に開催された第 1 回アテネ大会では、8 競技 43 種目が開催されたが、女性の参加は認められなかった。

1 近代オリンピックの創始者ピエール・ド・クーベルタン

（1）近代オリンピックが構想された背景

近代オリンピックは、フランス人貴族ピエール・ド・クーベルタン（P. de Coubertin：1863-1937 年）によって創始された。クーベルタンが近代オリンピックを構想した背景には、主に次の 3 つの要因があったと指摘されている[*1]。

第 1 に、クーベルタン自身の戦争体験が挙げられる。クーベルタンは少年期に、祖国フランスで普仏戦争とパリ・コミューン下（1870-1871 年）のフランス人同士の争いを目の当たりにしている。パリの悲惨な状況を目にした経験が後に「平和の祭典」ともいわれる近代オリンピックを構想する要因になったといわれている。

第 2 に、古代オリンピック[*2] への憧れがあったことが挙げられる。クーベルタンが近代オリンピック復興を構想したのは、1888 年から 1892 年頃だと指摘されている。当時のヨーロッパでは、古代オリンピックへの関心が高まっていたことも相まって、これを模倣したスポーツイベントも多数行われていた。特に、オリンピア遺跡が発見された 1766 年以降、オリンピックの名を冠したスポーツイベントがヨーロッパ各地で開催されている。クーベルタン自身もこうした動きの影響を強く受けながら、近代オリンピック復興に歩みを進めていくことになる。

第 3 に、イギリスのパブリック・スクール[*3] への注目が挙げられる。クーベルタンは、小説「トム・ブラウンの学校生活」を通じて、フランスとは異なるイギリスの学校生活に関心をもつようになった。クーベルタンはイギリスを訪問し、パブリックスクールを 20 歳で視察している。スポーツを通じた教育を重視するパブリックスクールのカリキュラムに触れたことは、クー

*1
詳しくは、『JOA オリンピック小事典 2020 増補改訂版』を参照。なお、クーベルタンが近代オリンピックを構想した背景については、「植民地化する道具としてスポーツを取り込んだ」[1]、「厳しい規律と男らしさの力強い表現をスポーツ文化に組み込めば、普仏戦争で屈辱的な敗北を喫したフランスを再び活気づけることができると信じていた」[2] といった矛盾も指摘されている。

*2
古代オリンピックについては第 2 章参照。

*3　パブリック・スクール
13 歳から 18 歳までを教育する寄宿生の私立中等学校。詳しくは第 3 章参照。

ベルタンがスポーツとその役割に目を向ける大きなきっかけとなった。

（2）パリ・アスレチック会議と国際オリンピック委員会の発足

　イギリスから帰国したクーベルタンは、フランスの青少年教育改革に力を注ぐことになる。パブリックスクールで目にしたスポーツを通じた教育をフランスの学校教育にも取り入れることを提案したのである。しかし、クーベルタンの主張が受け入れられることはなかった。

　次に彼が目を向けたのは、スポーツを通じた国際交流であった。スポーツを通じた国際交流が平和な社会の構築につながるとともに、スポーツそれ自体の大衆化にも貢献できると考えたのである。

　クーベルタンは、1894年6月16日から23日にパリ大学のソルボンヌ大講堂でパリ・アスレチック会議を開催した。当時問題となっていたアマチュアとプロについて議論することをテーマに49のスポーツ組織の代表79人と2,000人以上を召集している[4]。会議の最終日、クーベルタンはオリンピック復興について発表し、参加者に賛同を求めた。その結果、満場一致でクーベルタンの計画が承認され、大会を主催する組織として国際オリンピック委員会（International Olympic Committee：以下「IOC」）を設立することも決定した。

　また、パリ・アスレチック会議では、第1回大会を1896年にアテネで開催すること、国際オリンピック委員会の会長は大会開催国のディミトリオス・ヴィケラスが務めることを決定し、クーベルタンは事務局長の任にあたることとなった。さらに、大会を4年ごとに開催すること、1896年をオリンピアード[5]の1年目とすること、実施種目は近代スポーツに限ることも確認された。

2 近代オリンピックの復興

（1）第1回アテネ大会の開催

　第1回大会は、古代オリンピックが開催されていたギリシアの都市アテネが開催地となった。1896年4月6日から15日の11日間にわたり、8競技43種目が実施された。

　第1回大会では、陸上競技、水泳、レスリング、体操、射撃、フェンシング、テニス、自転車の8競技が行われている。14の国と地域から選手が参加した。選手は国の代表としてではなく、大学やクラブでプレーする者が個人的に参加するような状況であった。

＊4
詳しくは、木村吉次編著『体育・スポーツ史概論』市村出版2020年 p.119を参照。

＊5　オリンピアード
4年間を一周期とする古代の暦にならった単位。近代オリンピック夏季大会の正式名称は、「オリンピアード競技大会（Games of the Olympiad」となっている。

　現在、オリンピック競技大会に参加する選手は、それぞれの国内オリンピック委員会（National Olympic Committee：以下「NOC」）から派遣される方式となっている。NOC を通じて参加する今日のシステムは、1908 年ロンドン大会から採用されたものである。

（2）近代オリンピック：初期の課題

　第 1 回大会に参加した選手は男性のみの 241 人であった。古代オリンピックと同様に女性の参加を認めない競技会としてスタートしたことがわかる。クーベルタン自身も女性のスポーツ参加には元来否定的見解をもっていた。1900 年パリ大会では、女性の参加がゴルフやテニスといった一部の競技で認められたものの、実際に参加したのは極わずかな人数であった。女性の参加率が参加者全体に対して 10％を超えるようになるのは、1928 年アムステルダム大会まで待つことになる。

　また、オリンピック競技大会はその草創期において、財政問題や参加する国と地域の減少といった課題を抱えることもあった。第 1 回アテネ大会では、ギリシア内政の不安定、財政悪化の影響を受けたものの、多額の寄付で乗り切り、開催に漕ぎつけている[6]。

　1900 年パリ大会、1908 年セントルイス大会は、ともに万国博覧会の付属大会として実施された。1900 年パリ大会では、独自の開会式も行われず、勝者に授与されるメダルも不足するアクシデントもあったという。1908 年セントルイス大会では、アメリカで開催される初めての大会となったこと、日露戦争の影響を受けたこともあり、参加した国と地域は、第 1 回アテネ大会を下回る 12 という数字にとどまった。

　しかし、のちに 1964 年東京大会で 100 を超える国と地域が参加するようになると、その数は確実に増加していく。2021（令和 3）年に開催された東京 2020 大会では、205 の国と地域に加え、難民選手団[7] が参加した。

＊6
公益財団法人日本オリンピック委員会ホームページ参照。
https://www.joc.or.jp/sp/column/olympic/athens1896/index.html

＊7　難民選手団
紛争や迫害により難民となり、オリンピックに出場することが困難となったアスリートによって構成される。

2 オリンピズムとオリンピック・ムーブメント

世界中でオリンピズムを促進し、オリンピック・ムーブメントを主導することを使命とした非政府の非営利団体である国際オリンピック委員会(IOC)の活動内容や役割は、オリンピック憲章で定められている。オリンピズムは、スポーツを通じた教育と社会改革によって平和な社会の構築をめざすものであり、この理念に基づき IOC によって展開される活動がオリンピック・ムーブメントである。オリンピック・シンボルは、IOC の活動を象徴するだけでなく、財源確保のために重要な「オリンピック資産」の一つとなっている。

1 オリンピック憲章における国際オリンピック委員会の役割

(1) オリンピック憲章とは

1894 年に開催されたパリ・アスレチック会議にて設立が決まった国際オリンピック委員会は、1894 年 6 月 23 日に創設された。その本部は、第一次世界大戦中にスイスに置かれるようになり、現在もローザンヌにある。したがって、国際オリンピック委員会は、スイス連邦評議会に承認された非政府の非営利団体となっている。

国際オリンピック委員会の活動内容とその役割を定めたものにオリンピック憲章（Olympic Charter）がある。設立以来、改訂を繰り返しながら現在の形式となった。オリンピック憲章では、オリンピズムの根本原則をはじめとする組織としての活動理念から、オリンピック競技大会招致、開催に関する基本的な事項が制定されている。

(2) 国際オリンピック委員会の使命

オリンピック憲章によると、国際オリンピック委員会は、国際競技連盟（International Federation：以下「IF」）と NOC とともにオリンピック・ムーブメントを推進する最高機関となっている。その使命は、世界中でオリンピズムを促進し、オリンピック・ムーブメントを主導することにある[3]。

国際オリンピック委員会の役割としては、「スポーツにおける倫理と良好なガバナンスの促進、およびスポーツを通じた青少年教育を奨励し支援する」[4] ことやオリンピック競技大会の開催をはじめ、スポーツにおける男女平等、アンチ・ドーピング[*8] 活動、環境問題に取り組むことが謳われている。

また、国際オリンピック委員会は、定員 115 人の委員によって構成され

＊8
日本アンチ・ドーピング機構（JADA）によれば、ドーピングとは「スポーツにおいて禁止されている物質や方法によって競技能力を高め、意図的に自分だけが優位に立ち、勝利を得ようとする行為」とされている。

ており、その定年は 70 歳となっている。それぞれの委員は、国際オリンピック委員会総会への出席と任命された専門委員会に参加し、オリンピック・ムーブメントの発展に寄与することが義務づけられている。さらに、オリンピック競技大会開催都市は、委員が投票権をもつ国際オリンピック委員会の総会で決定することとなっている。

2 オリンピズムの根本原則

（1）オリンピック憲章における「オリンピズムの根本原則」

　国際オリンピック委員会が IF、NOC とともに推進するオリンピック・ムーブメントについては、オリンピック憲章の「オリンピズムの根本原則」において次のように示されている。

　　オリンピック・ムーブメントは、オリンピズムの価値に鼓舞された個人と団体による、協調の取れた組織的、普遍的、恒久的活動である。その活動を推し進めるのは最高機関の IOC である。活動は 5 大陸にまたがり、偉大なスポーツの祭典、オリンピック競技大会に世界中の選手を集めるとき、頂点に達する。そのシンボルは 5 つの結び合う輪である[5]。

　ここでは、オリンピズムの価値に基づく活動がオリンピック・ムーブメントと呼ばれていることがわかる。オリンピック憲章によると、「オリンピズムは肉体と意志と精神のすべての資質を高め、バランスよく結合させる生き方の哲学」であり、「オリンピズムはスポーツを文化、教育と融合させ、生き方の創造を探求するもの」[6] と説明されている。さらにその目的は「人間の尊厳の保持に重きを置く平和な社会の推進を目指すために、人類の調和のとれた発展にスポーツを役立てること」[7] となっている。

（2）オリンピズムの理想と現実

　オリンピック憲章における記述から、オリンピズムは、スポーツを通じた教育と社会改革によって平和な社会の構築をめざすものであり、この理念に基づき国際オリンピック委員会によって展開される活動がオリンピック・ムーブメントであると考えられる。また、オリンピック競技大会はオリンピック・ムーブメントの活動が頂点に達するスポーツの祭典として位置づけられており、スポーツを通じてより良い社会の構築を志向する国際的スポーツイベントであると理解できる。

＊9
本章第3節参照。

一方で、「オリンピズムの根本原則」に示されるこうした理念と、オリンピック・ムーブメント、オリンピック競技大会の現実には、歴史的に大きな乖離があったことも指摘しなければならない＊9。組織や大会が商業的、政治的性格を帯びるほど「オリンピズムの根本原則」は単なる理想として、国際オリンピック委員会自体に懐疑的な目が向けられてきた現実もある。

3 オリンピック・シンボルとその役割

（1）オリンピック・シンボルの由来

国際オリンピック委員会の活動を表す代表的なものとして、「オリンピック・シンボル」がある。オリンピック・シンボルは、5色（青、黄、黒、緑、赤）の同じ大きさの輪で結び合う5つの輪（オリンピック・リング）によって構成される。オリンピック憲章によれば、「オリンピック・ムーブメントの活動を表すとともに、5つの大陸の団結、さらにオリンピック競技大会に全世界の選手が集うことを表現」[8] している。

オリンピック・シンボルの考案者もまたクーベルタンであり、1914年に開催された国際オリンピック委員会創立20周年を記念する式典のために準備したといわれている。青、黄、黒、緑、赤の5色に、背景の白を加えた6色を使えば、当時の世界中の国旗が描けることからデザインされた。

（2）オリンピック資産としてのオリンピック・シンボル

オリンピック憲章によれば、オリンピック競技大会は、国際オリンピック委員会の独占的な資産であり、その全ての権利を国際オリンピック委員会が有すると明記されている[9]。したがって、オリンピック・シンボルの使用に関しても、知的財産やオリンピックイメージの保護のために厳しい制限がある。オリンピック・シンボルは、今日、国際オリンピック委員会のマーケティングにおいても必要不可欠なものとなっており、スポンサーはそのライセンス使用権を活用し、オリンピックというブランドを通じた長期的投資を行っている。

なお、オリンピック・シンボルのように、「オリンピック」と特定できるものを国際オリンピック委員会は「オリンピック資産」と呼んでいる。オリンピック・シンボルは、オリンピック・ムーブメントの活動を表すだけでなく、その財源確保においても重要な役割を果たしていることがわかる。

3 オリンピック競技大会の歴史的変遷

　オリンピック競技大会では、1992 年バルセロナ大会以降、大会期間中の戦争や武力行使を停止するよう「オリンピック休戦」を呼びかけてきたが、その実質的効力は非常に乏しい。戦争によって中止・返上された大会、大会自体が政治的宣伝に利用された大会、政治的な事柄を国際社会に発信する手段としてとられるボイコットなど、オリンピック憲章に謳われる政治的中立や国家間競争を否定する文言とは相反する事例も確認できる。

1 戦争により中止された大会

（1）オリンピック休戦

　古代オリンピックのエケケイリアにならい、国際オリンピック委員会は1992 年バルセロナ大会以降、オリンピック競技大会期間中の戦争や武力行使を停止するよう「オリンピック休戦（Olympic Truce）」を呼びかけてきた。1994 年リレハンメル冬季大会からは、国際連合もこの呼びかけに応じ、大会開催年の前年に「オリンピック休戦」を支持する決議を総会で行っている。

　一方で「オリンピック休戦」の実質的な効力は乏しく、内戦や軍事紛争を完全に停止するまでには至っていない。例えば、2021（令和 3）年に開催された東京 2020 大会でも休戦決議が行われ、オリンピック競技大会開会式の 1 週間前である 7 月 16 日から、パラリンピック競技大会閉会式の 1 週間後の 9 月 12 日までが「オリンピック休戦」の期間となった。しかし、2011 年から続くシリアでの内戦をはじめ、期間中の停戦は実現していない。

（2）大会休止の現実

　これまで戦争が原因となって中止、返上されたオリンピック競技大会は、5 回ある。1916 年ベルリン大会は、第一次世界大戦の影響を受けて、1940 年東京大会は、日中戦争の勃発、1944 年ロンドン大会は、第二次世界大戦により中止を余儀なくされた。同時期に開催が予定されていた 1940 年札幌冬季大会、1944 年コルチナ・ダンペッツオ冬季大会も中止となった。

　1940 年東京大会は、アジアで最初のオリンピック競技大会として、嘉納治五郎によって招致された大会である。柔道の創始者としても知られる嘉納は、1909 年に日本人として初めて国際オリンピック委員会委員に就任、1912 年ストックホルム大会には団長として参加、2 人の選手を派遣した[*10]。

　その後も国際オリンピック委員会委員として、精力的な活動を続けた嘉納

*10
嘉納はオリンピック競技大会に選手を派遣するために 1911 年に大日本体育協会（現在の日本スポーツ協会）を設立し、日本初のオリンピック競技大会出場者として短距離走の三島弥彦、マラソンの金栗四三の 2 人を派遣している。

は、1940年東京大会招致に乗り出したのである。大会の開催を通じて、スポーツを通じた国際交流や日本における生涯スポーツ（国民体育）を推進するとともに、「精力善用・自他共栄」という武道精神を西洋のスポーツ文化に加味することによって、欧米のオリンピックを真に世界的な文化にすることをめざしたといわれている[10]。

しかし、大会準備の遅れと中国との戦争状況により、国際オリンピック委員会は1940年東京大会の返上を促していくこととなる。これに対し嘉納は、大会の開催はいかなる政治的影響も受けるべきではないと主張したといわれているが、日本政府による1940年東京大会返上の事実を知ることなく、大会開催支援を取りつけるための旅の帰路、1938（昭和13）年5月4日に船中で亡くなった。

2 オリンピック競技大会の政治利用

（1）1936年ベルリン大会：記録映画と聖火リレー

これまで国際オリンピック委員会は、政治的に中立な立場であることを繰り返し、発信してきた。オリンピズムの根本原則では、オリンピック・ムーブメントにかかわるスポーツ団体の政治的中立が謳われており[11]、オリンピック憲章50条では、オリンピックに関連する場所等での政治的宣伝が禁じられている[12]。しかし、現実的には、オリンピック競技大会それ自体や大会参加に関連する政治的な事柄は枚挙にいとまがない。

大会それ自体が政治的宣伝に利用された例として、1936年ベルリン大会がある。アドルフ・ヒトラー政権下で行われたこの大会は、すでに開始されていたユダヤ人に対する人種差別政策への批判から、イギリスやアメリカといった一部の国からボイコットや大会返上の訴えがあったにもかかわらず、開催に至ったという経緯がある。

ヒトラー政権は、この大会を国内、国外に向けた政治的宣伝に利用したとされる。その代表的なものとして、記録映画と聖火リレーの実施がある。レニ・リーフェンシュタール（L. Riefenstahl）による記録映画『オリンピア』は、競技映像の美しさや芸術的な完成度の高さが評価される一方で、ナチスのプロパガンダ映画であると見なされ、レニ自身も長きにわたり糾弾された。

また聖火リレーは、1936年ベルリン大会で初めて実施された。ギリシャのオリンピアからベルリンまで、ルートとなったそれぞれの都市でセレモニーを行いながら、3,075kmを3,075人のランナーが走っている。このリレーはドイツの国力を周辺地域に示す手段として機能しただけでなく、ヒト

ポンサーからの収入は、その後、オリンピック競技大会の商業主義な成功を支えていくこととなる。前者は、1980 年代以降、大幅な高騰を続けており、国際オリンピック委員会の主要な収入源となっている。また、後者に関しては、1 業種 1 社を原則として、独占的に権利行使できることが特徴となっている。現在、国際オリンピック委員会が契約する国際スポンサーは TOP（The Olympic Partners）と呼ばれている。

4 オリンピック競技大会の招致とレガシー

　1998 年に発覚したソルトレイクシティ冬季大会招致をめぐる買収事件後、オリンピック競技大会開催都市決定プロセスが見直された。現在では、大会の招致開催を検討する都市や国、NOC が IOC と継続的な対話を行うことによって開催都市が選定されている。大会の招致開催において重視されている概念「レガシー」を開催都市と開催国にもたらすことは IOC の使命であり、開催都市はより長期的な視点でレガシーを計画することが求められている。

1 オリンピック競技大会招致の仕組み

（1）2002 年ソルトレイクシティ冬季大会招致をめぐるスキャンダル

　国際オリンピック委員会は、1998 年 11 月に発覚したソルトレイクシティ冬季大会招致をめぐる買収事件「IOC スキャンダル」をきっかけとして、オリンピック競技大会開催都市選定プロセスの見直しを行った。

　国際オリンピック委員会委員の子弟に対する大学奨学金の付与や高額治療の無償提供を約束した疑いをソルトレイクシティのラジオ局が報じたことをきっかけに、国際オリンピック委員会理事のマーク・ホドラーが内部告発、アメリカ合衆国連邦捜査局（FBI）や司法省が捜査にあたる事態となった。当時会長であったサマランチ（J. A. Samaranch）の関与や、続く 1998 年長野冬季大会、2000 年シドニー大会招致に関しても国際オリンピック委員会委員への過剰な接待に関する疑惑が指摘された。

　国際オリンピック委員会は調査委員会を設置し、1999 年 1 月の臨時理事会では、関与した人物の氏名を公表、3 月にも追加の処分を行った。さらに、一連の事件を受けて国際オリンピック委員会は、倫理委員会を設置し、組織改革にも着手した。この改革には、国際オリンピック委員会委員の開催立候補都市への訪問を禁止することや、定年制の見直しをはじめ、大会開催都市選定プロセスの変更も含まれた。

（2）開催都市選定のプロセス

　1998年のIOCスキャンダル発覚時に見直された大会開催都市選定プロセスは、その後、2013年に会長に就任したバッハ（T. Bach）体制下による改革案「オリンピック・アジェンダ2020」の提言に基づき、持続可能性とレガシーを重視した新たな変更が加えられた。現行のプロセスでは、オリンピック競技大会招致を検討する都市、地域、国、NOCが国際オリンピック委員会と継続的な対話を行いながら、開催候補都市が選定されることとなっている。

　オリンピック競技大会の開催都市は、国際オリンピック委員会総会で決定することがオリンピック憲章で規定されている[17]。2019年に設置された将来開催地委員会（Future Host Commissions）の検討結果に基づき、理事会が提案する開催候補都市について総会で選定投票を行うこととなっている。

　例えば、東京2020大会招致時の開催都市選定プロセスでは、大会開催の7年前に開催都市を決定することがオリンピック憲章に定められており、開催候補都市はさまざまな申請書や計画書を作成し、指定された期日までに提出することが義務づけられていた。しかし、現在の方式では、このようなスケジュールは存在せず、開催を検討する都市の適性やオリンピック・ムーブメントへの貢献を考慮しながら、対話を重ね、将来開催地委員会がその結果を理事会に報告する手続きがとられている。

　将来開催地委員会のメンバーは、IF、NOC、国際パラリンピック委員会（International Paralympic Committee：IPC）、アスリート等によって構成される。オリンピック競技大会、ユース・オリンピック[*13]の開催に関心がある都市について調査し、開催に伴う正負の影響について関係者と議論しながら、開催の機会を提供するための支援を行うこともその役割となっている。

2　国際オリンピック委員会が重視するレガシー

（1）レガシーとは

　国際オリンピック委員会によれば、レガシー（Legacy）とは、開催都市とそこで暮らす人々、そしてオリンピック・ムーブメントに大会開催前、開催中、開催後にもたらされる長期的な利益を指す。開催都市選定プロセスにおいては、2000年前後から重視されるようになった概念であるが、大会招致の文脈でのレガシーという用語の使用自体は、1956年メルボルン大会までさかのぼることもできる。2003年版のオリンピック憲章から項目として

＊13　ユース・オリンピック
2007年に当時会長であったジャック・ロゲによって提案、創設された。参加対象は、14歳から18歳までとなっており、次世代を担うトップアスリートが世界中から集まる国際的な競技大会となっている。参加者は、大会の全期間オリンピック村への滞在が義務づけられており、さまざまな教育プログラムに参加する。第1回大会は2010年にシンガポールで開催された。

も追加され、開催国と開催都市にレガシーをもたらすことは、国際オリンピック委員会の使命の一つとしても位置づけられた。

オリンピック憲章にレガシーに関する項目が追加された背景には、オリンピック・ムーブメントにおいて持続可能性を追求する国際オリンピック委員会の姿勢があった。「オリンピック競技大会をなぜ開催するのか」という明確なビジョンに基づき、より長期的な視点でレガシーを計画することを開催都市に求めていることが分かる。

一方で、レガシーという用語は、日本語で「遺産」と訳されることもあるように、過去の大会がもたらしたものを評価する際にも使用されることがある。この場合には、国際オリンピック委員会が提唱するポジティブなレガシーだけでなく、大会がもたらすネガティブなものについても言及されることもある。また、レガシーには、有形と無形のものが想定されている。前者では、スポーツ施設や都市インフラの再整備、後者では、異文化理解、新たな社会的ネットワークの構築がその例として挙げられる。

（2）オリンピック競技大会の課題

戦争やテロ、財政赤字、ボイコット、そして国際オリンピック委員会自身のスキャンダルなど、オリンピック競技大会はこれまで多くの課題を抱えながら今日に至っている。また、大会中に繰り広げられる競技自体に目を向けてみても、ドーピング、ジェンダー、ナショナリズムなど、浮き彫りになる課題は挙げればきりがない。

オリンピック競技大会の開催都市に関しても、2018 年平昌冬季大会、東京 2020 大会、2022 年北京冬季大会とアジアの地名が並ぶことが象徴するように、大会招致を試みる都市は全体として減少傾向にある。競技場建設に伴う環境問題は解決されたわけではなく、経済効果が期待される一方で開催都市の財政的負担は、大会の肥大化に伴い増加している。

国際オリンピック委員会は「レガシーをビジョンの結果である」[18] と主張している。大会が抱える多くの課題の解決に向けては、大会を招致する開催都市だけでなく、国際オリンピック委員会自身も「なぜオリンピック競技大会を開催するのか」という問いに対して、回答を続けていく必要がある。新型コロナウィルスによるパンデミック下に東京 2020 大会が直面した事実は、この問いをオリンピック競技大会に再び突きつけている。

2021 年 7 月に開催された国際オリンピック委員会第 138 回総会では、オリンピック・モットー「より速く、より高く、より強く（Citius, Altius, Fortius）」に、新たに「- ともに（- Communiter）」が加わった[*14]。国際オリンピック委員会が、より速く、より高く、より強くなるために団結や連

* 14
英語表記は、"Faster, Higher, Stronger- Together"。

帯を重視する態度を発信したといえる。スポーツを通じた教育と社会改革によってより良い世界の構築をめざすオリンピック・ムーブメントが世界中の人々、社会にどのような連帯を生み出すことが可能なのか、オリンピック競技大会が抱える課題の行方にも注視しながら、議論を続けていく必要がある。

引用文献

1）H. J. レンスキー（井谷惠子他監訳）『オリンピックという名の虚構―政治・教育・ジェンダーの視点から―』晃洋書房　2021 年　p.12

2）J. ボイコフ（井谷聡子他監訳）『オリンピック　反対する側の論理―東京・パリ・ロスをつなぐ世界の反対運動―』作品社　2021 年　p.10

3）国際オリンピック委員会（日本オリンピック委員会訳）『オリンピック憲章』日本オリンピック委員会（2021 年 8 月 8 日から有効）p.12
https://www.joc.or.jp/charter/

4）同上書　p.13

5）同上書　p.9

6）同上書　p.9

7）同上書　p.9

8）同上書　p.20

9）同上書　p.19

10）真田久「第 12 回オリンピック競技大会（1940 年）の東京招致に関わる嘉納治五郎の理念と活動」『マス・コミュニケーション研究』86 巻　日本マス・コミュニケーション学会　2015 年　pp.69-72

11）前掲書 2）　p.9

12）前掲書 2）　p.88

13）前掲書 2）　p.18

14）石坂友司「スポーツ・ナショナリズムの現代的特徴―商業主義・グローバル化時代の三つのメガイベント―」石坂友司・小澤考人編著『オリンピックが生み出す愛国心―スポーツ・ナショナリズムへの視点―』かもがわ出版　2015 年　pp.49-52

15）小川勝『オリンピックと商業主義』集英社　2012 年　p.125

16）石坂友司『現代オリンピックの発展と危機 1940-2020―二度目の東京が目指すもの―』人文書院　2018 年　pp.115-116

17）前掲書 2）　p.61

18）International Olympic Committee, 2017. Legacy Strategic Approach: Moving Forward, p.13

参考文献

日本オリンピック・アカデミー編『JOA オリンピック小事典 2020 増補改訂版』メディアパル　2019 年
木村吉次編『体育・スポーツ史概論』市村出版　2020 年

学びの確認

（　）に入る言葉を考えてみよう

① （　　　　　　　　　）は、古代オリンピックやイギリスの（　　　　　　　　　）に
おけるスポーツを通じた教育への関心から、近代オリンピックを復興した。第 1 回
大会は（　　　　）年に（　　　　　　）で開催された。

② （　　　　　　　　　）は国際オリンピック委員会の活動内容や役割を定めたもので
ある。（　　　　　　　　　）は、スポーツを通じた教育と社会改革によって平和な社
会の構築を目指すものであり、この理念に基づき国際オリンピック委員会によって
展開される活動を（　　　　　　　　　）という。

③ 1940 年東京大会は、アジアで初めてのオリンピック競技大会として（　　　　　　）
により招致された。彼は、（　　　　）年に（　　　　　　　　）で開催されたオリ
ンピック競技大会に団長として参加した。

④ （　　　　）年に（　　　　　　　　　）で開催されたオリンピック競技大会以降、テ
レビ放映権料とスポンサーからの収入が開催を通じた収入源として確立された。現
在、国際オリンピック委員会が契約する国際スポンサーは（　　　　）と呼ばれて
いる。

⑤ オリンピック競技大会を招致開催する文脈において重視されている概念に
（　　　　　　　）がある。現在では、大会の招致開催を検討する都市や国、
（　　　　　　　　）が国際オリンピック委員会と継続的な対話を行うことによって
開催都市が選定されている。

女性とオリンピック

武蔵大学／荒牧　亜衣

女性とオリンピックの関係性について歴史をみていこう。

女性のオリンピック参加への壁

本章の第1節で述べた通り、1896年に開催された第1回アテネ大会では、女性の参加は認められなかった。近代オリンピックの創始者クーベルタンも女性の参加に非常に消極的であったことが広く知られている。第2回パリ大会以降、女性も参加できるようになったものの、1900年から1920年の間に開催されたオリンピック競技大会の女性の参加率は、全体の2％台にとどまっていた。クーベルタンだけでなく、当時の国際オリンピック委員会委員の多くが、大会に女性を参加させることは「退屈である」であったり、「不適当である」などと考えていたようである。

現在、オリンピック競技大会に採用されている競技スポーツの多くは、19世紀のイギリスにその源流をたどることができる。今日のスポーツは、近代イギリス社会の中で発展し、その礎が築かれたといえる。特に、クーベルタンも視察したといわれる、上流階級の子弟を対象とした教育機関であるパブリックスクールは、スポーツが誕生する場所となっただけでなく、それらスポーツの担い手を養成する機能も有していた（パブリックスクールについては、本書第3章も参照）。

他方、当時のパブリックスクールに入学できる者も、近代イギリス社会のエリート教育が対象とした者も男性であった。このような経緯から必然的にスポーツは、男性のみを対象とした男性文化の領域として発達していったのである。結果、女性は男性に遅れてスポーツに参画することとなった。

女性とオリンピック競技

前述のように、女性が初めてオリンピック競技大会に参加したのは、1900年パリ大会である。この大会で女性は、テニスやゴルフ等の種目に参加している。これらの種目への参加が認められた背景には、当時、テニスやゴルフが人々の社交の場として社会的に認知されたことが挙げられる。

その後、1904年セントルイス大会ではアーチェリー、1912年ストックホルム大会では水泳、1924年パリ大会ではフェンシングといった競技で女性の参加が採用されている。アーチェリーやフェンシングに関しては、礼儀を重んじ、優雅な身のこなしに役立てられること、健康に良いといったことが採用の理由であり、水泳は水中で運動を行うため肌の露出を回避できることも考慮されたという。

1964年東京大会で日本中の注目を集めた女子バレーボールや、2021（令和3）年に開催された東京2020大会で銀メダルを獲得し、話題となった女子バスケットボールであるが、このような集団競技に至っては、オリンピック競技大会自体の規模縮小のために長く女性の参加が制限された時代が続いた。

さらに陸上競技女子800mのように、女性には過激で相応しくないという非科学的根拠により、女性の参加を制限し続けた種目もある。陸上競技女子800mは、1928年アムステルダム大会で採用され、人見絹枝が日本人女性初の銀メダルを獲得した種目でもある。しかし、その後、過酷さを不安視する声が高まったことを受けて、1968年まで女性の種目としては不採用となった。オリンピック競技大会に遅れて参画したことに加えて、女性たちは当初、多くの種目で排除されていたことが分かる。

国際女子競技大会の開催

　女性のスポーツ参加を阻む動きがあるなか、それでも女性たちがスポーツへの挑戦をあきらめることはなかった。

　例えば、1921年にアリス・ミリアを中心に設立された国際女子スポーツ連盟は、オリンピック競技大会における陸上競技への女性の参加を求めるとともに、1922年には第1回世界女子オリンピック大会を開催した。この大会には、5か国77名が参加している。しかし、国際オリンピック委員会が「オリンピック」という名称の使用を認めなかったために、第2回大会からは国際女子競技大会に大会名を変更し、第4回大会には、18か国250名が参加した。日本からも学生選手が9名出場している。国際女子競技大会は第4回大会で消滅したが、オリンピック競技大会への女性参加に関する関心を高めるとともに、女性スポーツの普及という視点からも評価できるものであった。

女性のオリンピック参加

　オリンピック競技大会で初めて、実施されるすべての競技で女子種目が採用されたのは、2012年ロンドン大会である。

　1896年アテネ大会以降、いわゆる「女らしい」スポーツを求める風潮が根強くあり、女性の身体を保護することを主張し、激しいスポーツへの参加を回避する考え方が主流であったことがわかる。また、初めてオリンピック競技大会に参加するすべての国と地域から女性が出場したのも、2012年ロンドン大会であった。

オリンピックと性別

　オリンピック競技大会における女性参加の足跡は、スポーツ、特にオリンピック競技大会に採用されている競技スポーツが、性別二元制によって実施されていることに基づいている。競技スポーツにおける性別二元制は、女性が男性よりも競技力が劣っているということを前提と

して考えられており、これを根拠に女子種目は男性から保護された階級として位置づけられてきた。

　このため、オリンピック競技大会をはじめとする、女性の国際競技大会への参加が増加する1930年代から1940年代頃にかけて、女性のみを対象とした性別確認検査が開始されたことも明らかになっている。性別確認検査は、1966年に国際陸上競技連盟（IAAF、現在の世界陸連：World Athletics）によって正式に導入されたが、その後、女性アスリートへの差別や監視、人権侵害にあたることが問題視され、2011年に理屈上では廃止された。

　現在、性別確認検査そのものは廃止されたものの、それにとって代わる女子種目への参加資格に関する規定が新たに運用されている。女子種目への参加資格に関する規定は、より公平な競争を保証する手段としてその必要性が認められる一方で、ある特定の女性アスリートがターゲットになることなど、多くの問題が指摘されている。

　オリンピック憲章では、スポーツをすることは人権の一つであると述べられているが、それに反して、すべての女性のスポーツを参加する権利が保証されているとは言いがたい現状もある。「性」だけ取り上げてみても、それを構成する要素は決して一様ではない。クーベルタンの時代、男性の身体を想定して構想されたオリンピック競技大会は、女性参加の足跡とともに、その枠組み自体を再考すべき時がきているのではないだろうか。

身体とスポーツ

なぜこの章を学ぶのですか？

「スポーツ」と聞くと、「身体を動かすこと」がイメージされると思います。しかし、その「身体」は全員が同じ「身体」をイメージしているでしょうか？　身体を理論的に考えることは、スポーツを考える上で大切なことなのです。

第7章の学びのポイントは何ですか？

人間の身体は、歴史や文化によってさまざまな考え方をされてきました。つまり、現代スポーツの身体もそれまでの歴史の流れを受けて成り立っています。本章では、それらを紐解きながら、身体に文化があることを学んでいきましょう。

＼＼ 考 え て み よ う ／／

1. 私たちが普段の生活を過ごしている中で、どんな時に自分の「身体」を意識するか、スポーツ以外の場面も含めて考えてみましょう。

2. スポーツの練習では、よく「自分を追い込む」や「精神面を鍛える」といわれる場面がありますが、それはどのような練習か考えてみましょう。

1　身体というからだの見方

　人間の「からだ」を指す日本語は多様にあり、特に「身体」という表現は特別な意味をもつ。そして、身体の見方は「身体観」といわれ、文化によって異なる。さらに、身体の理論的な考え方は「身体論」といわれる。

┐　さまざまな身体観の紹介

（1）日本語における「身体」の意味

　「スポーツ」という言葉を聞くと、読者の皆さんはどんなことをイメージするだろうか。おそらく、多くの人が「人間の身体が動いていること」をイメージするだろう。しかし、その「身体」というと、ある人は筋骨隆々の体格をイメージするかもしれないし、またある人は洗練された芸術的な動きをイメージするかもしれない。つまり、「身体」という言葉は、思いの他曖昧なイメージのまま使われていることが多いのである。

　さて、ここまで「身体」という言葉を何度か使用してきたが、読者の皆さんは何と読んできただろうか。「身体」は、「からだ」とも読めるし、「しんたい」とも読める。特に、「からだ」を指す日本語は多く、「身体」の他にも「体」、「肉体」、さらに最近では「フィジカル」といった言葉も耳にする。「体」や「肉体」、「フィジカル」は、例えば筋肉や筋機能の働きを表すような生理学的あるいは動物学的なニュアンスの中で使用されることが多い。

　一方、「身体（しんたい）」という言葉には、文化的な意味が含まれている。

図 7-1　本章で言及する用語（キーワード）の構成図

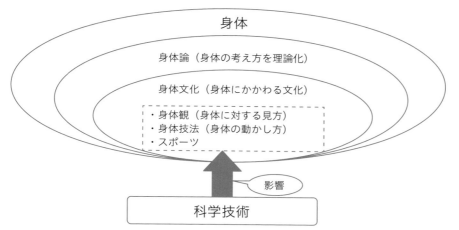

それは、日本語の「身（み）」という言葉から知ることができる。哲学者の市川浩によれば、「この『身』という言葉は、第一に、われわれが具体的に生きている身体のダイナミクスをたいへんよく表現している」[1] とされる。例えば、相手の気持ちに寄り添うことは「親身になる」と表現し、生活が成り立つことは「身を立てる」と表現する等、「身」という言葉には日本人の文化や社会にかかわる考え方までもが込められているのである。そして、本章はこの「身」の付された「身体（しんたい）」について考察することが目的である。

（2）西洋と東洋に見る身体観の違い

　「身体」という言葉には、文化的・社会的な意味が含まれていることを説明したが、ここでは西洋と東洋の文化的な違いを事例として取り上げ、「身体」という言葉に含まれるさまざまな考え方を見ていこう。なお、身体に関するさまざまな見方は「身体観」といわれる。この身体観は、これから示すように歴史や文化等によって異なるため、ここではその時々の社会的背景とともに「身体観は変化するものである」ということを理解してほしい。

　まず、西洋の身体観について見てみよう。古代ギリシャでは、人間の肉体美を表現する彫刻があり、次の時代の古代ローマでは闘技場で熱狂する観客が存在する。それは、西洋において人間の身体は見るものであったことを示している。東洋思想学者の湯浅泰雄によれば、「ものを眺めて知る」ということは「西洋の科学の伝統をつらぬく態度」とされる[2]。つまり、西洋では身体は観察の対象だったのであり、現代の科学技術が身体を分析や測定によって評価することは、この伝統に基づくものなのである。

　一方、東洋では「習うより慣れよ」という言葉があるように、眺めるよりも実践することが重視されてきた。例えば、鎌倉時代の禅僧である道元は「只管打坐（しかんたざ）」という教えを説いている。それは、ただひたすらに坐禅をすること自体が重要であるという教えであり、自らが実践することを重視しており、日本のスポーツにおいて「練習の過程が精神や人間性を高める」という発想にも影響を与えている。このように、身体観は文化や社会によって構築され、今日のスポーツの考え方にも関連しているのである。

2 身体論の紹介

（1）近代スポーツの身体論

　身体に関する見方は「身体観」と呼ばれるが、それを理論化したもの、つ

まり身体に関する理論は「身体論」といわれる。身体観は、身体の見方を捉えることに限定されるが、一方の身体論は、「身体はどうあるべきか」といった身体の望ましい状態までをも提案しようとする、より広い意味をもつ言葉である。つまり、身体論は身体観をも含んだ考え方なのである。身体論を知ることは、私たちの身体を改めて意識することにつながる。

　まず、スポーツにかかわる身体論の身近な例では、近代オリンピックが挙げられる。近代オリンピックのモットーは、「より速く、より高く、より強く」[3] である。それは、「近代」と名づけられているように、近代社会の思想を強く反映している。つまり、イギリスの産業革命から始まった大規模な労働形態と同じように、身体を管理し、評価するというものである。さらに、他者と競うことは社会における一つの重要な要素となっているが、近代オリンピックやその種目である近代スポーツにおいても同様に、常に向上をめざす身体が望ましいと考えられているのである。

　近代オリンピックのモットーが示す身体論は、身体能力の限界に挑戦する姿であり、それは多くの人に感動をもたらすだろう。しかし、常に競うことが求められることは、時に厳しいことでもある。最近では、自分のペースでできるヨガやランニング、参加者に応じてルールをアレンジするアダプテッドスポーツやニュースポーツが流行しているが、それは近代スポーツの身体論とは異なる、新しい身体論を人々が求めているからであるとも考えられる。

（2）日本の伝統芸道の身体論

　西洋の身体観に基づく近代スポーツの身体論は、近代化された身体、つまり客観的に管理・評価されることで、他者と競うことが可能になる身体であった。では次に、東洋の身体観に基づく身体論を見てみよう。ここでは、日本の伝統文化である芸道における身体を取り上げたい。なお、芸道とは歌舞伎や能、書道や茶道、武道等、古来より伝わる技芸を伝承していくものであり、身体に技芸を身につけるという特性から、多くの身体論が存在する。

　まず、芸道における身体への教えは、平安時代の歌人である藤原定家が記した『毎月抄』に始まるとされる[4]。彼は、短歌を詠む際、「姿勢を正しくすることが重要である」と述べている。また、室町時代に能にかかわる多くの伝書を遺した世阿弥は、美の境地を「花」と表現し、「花は心、種は態（わざ）」と述べている。それは、技芸の修錬が花を咲かせる種となり、その修錬によって自らの心の中に散ることのない真の花を咲かせることができるという意味である。

　日本の芸道では、身体を正しく修錬することによって心が磨かれるという身体論が伝統的に受け継がれてきた。そのため、武道においては寒稽古のよ

図 7-2　地域によって異なる身体文化と身体技法

例えば、日本の伝統芸道と海外の伝統文化を比較すれば、姿勢や動作、歩き方等とそれに伴う用具の発達が異なることが分かるだろう。

うにあえて過酷な環境に身体を置き、心を鍛えるという方法が現在でもとられている。また、学生時代のスポーツでは身だしなみや服装、態度等が厳しく指導されること、さらにはメンタルトレーニングとは一線を画し、練習によって心や人間性を高めようと考えることは、日本の伝統的な身体論に由来しているのである。

2　身体文化とスポーツ

　身体にかかわるあらゆる文化は「身体文化」と呼ばれ、スポーツもその一つである。さらに、文化や社会の影響を受けた特殊な身体の動かし方は、「身体技法」と呼ばれ、スポーツによって習得される技術も身体技法に含まれる。

1　身体文化の定義

(1)「身体文化」という言葉

　身体観や身体論で見てきた通り、「身体」には文化が含まれている。ここでは、視点を文化に向けて身体と文化の関係について考えてみよう。一般的に、スポーツの練習は「身体能力の向上」や「技術の向上」をめざして行われるが、そのルールや技術を支えているのは、そのスポーツを生んだ文化である。身体論の例で示したように、身体にかかわる文化が異なれば、理想とされる身体も異なってくるのである。つまり、身体と文化の関係を考えることは、スポーツとは無縁ではないのである。

　身体にかかわる文化は、「身体文化」といわれる。それは「広大な文化領域」[5]とされ、身体の美しさやそのための美容、服飾、お辞儀等の日常的な所作、伝統的な技芸の動き、祈りの作法に至るまで身体にかかわる文化は全て「身体文化」と呼ばれる。つまり、人間の身体は成長の過程の中で服装やマナー等、あらゆる文化を身につけているのである。言い換えれば、人間が大人になるためには身体文化の習得が必要なのであり、身体文化の習得によって初めてその社会の成員として認められるのである。

（2）「身体技法」という言葉

　身体文化の中でも、とりわけ身体の動かし方に限定したものは「身体技法」と呼ばれる。身体技法とは、フランスの社会学・人類学者であるマルセル・モース（M. Mauss）が提唱した考え方であり、彼によれば「人間がそれぞれの社会で伝統的な態様でその身体を用いる仕方」[6]とされる。それはつまり、人間の動作はその社会の伝統的な文化や慣習によって育まれていることを示している。言い換えれば、人間の身体の動かし方は、その社会の文化にしばられていると考えることもできるだろう。

　身体技法の身近な例としては、挨拶の仕方が挙げられるだろう。日本では挨拶をする際、特に目上の人に対してはお辞儀をすることが一般的であるが、欧米では握手やハグをすることが多い。日本で育ち、欧米の挨拶の仕方に慣れていない場合、自分から握手やハグを求めることは難しく、挨拶がぎこちないものになることは珍しくない。それは、自分の培ってきた身体技法が通じず、新たな身体技法に出会ったことを意味しているのであり、「欧米の挨拶」という身体技法を習得することによって解決していく出来事なのである。

2　身体文化とスポーツの関係

（1）身体文化とスポーツ教育

　身体文化と身体技法について見てきたが、ここからはスポーツとの接点を考えていこう。スポーツには、その種目特有の技術やマナーがあり、その練習や経験の積み重ねがプレイヤーとしての成長につながっていく。それは、その種目の身体文化を習得し、磨いていく過程であるともいえるだろう。例えば、「野球選手らしい」とか「サッカー選手らしい」といったイメージは、その種目の技術だけではなく、立ち居振る舞いや練習によって育まれる体格、服装・ファッション等によって醸し出されているのである。

　スポーツあるいは何らかの種目の身体文化が、社会的に意義あるものと認

められれば、多くの人はその身体文化を習得しようとするだろう。例えば、「憧れの選手」や「尊敬する選手」、「魅力的なスポーツ」等は、多くの人を魅了する。それは、身体文化という側面からスポーツの可能性を示している。つまり、スポーツという身体文化は社会に対して何らかのメッセージを表現する手段になり得るのである。そして、その表現が社会の一員として自分をより良く見せようとするものであるならば、スポーツは身体文化を育むための教育として新たな可能性を帯びてくるのである。

（2）「身体の教育」の可能性

　身体文化は、社会に対して自己を表現する手段として重要であるが、スポーツにおける具体的な技術、つまり身体の動かし方である「身体技法」にも社会的な意義があると筆者は考えている。何千回、何万回と繰り返し練習し、技術を洗練させる過程は、微細な感覚をより鋭敏にしていく過程である。それは、外から見るだけではなかなか理解できないことかもしれないが、本人の中では確実に変化が生じているはずである。その細やかな感覚は、自らの身体をより正確に、より繊細に表現することを可能にするだろう。

　他者とかかわる時、あるいは社会の中で自分を表現する時、人間は自らの身体で自分を表現している。例えば、立ち姿や話し方、身振り手振りによってその人の印象は大きく変化する。スポーツの技術という身体技法を追求し、繊細な身体感覚を獲得している人は、日常生活の場面においてもそれを応用することができるはずである。スポーツにおいて果てしなく繰り返される練習を感覚の先鋭化と捉え、それを日常生活に応用できた時、スポーツは社会生活の基礎である「身体の教育」になり得るのである。

3 科学技術の発達とスポーツ選手の身体

　スポーツを取り巻く科学技術の進歩は著しく、特に用具の開発と巧妙なドーピングは、スポーツ選手の身体能力を大きく向上させている。しかし、「身体能力の何を競っているのか」というスポーツの根源的な部分を考えなければ、科学技術の発達によりスポーツの魅力が失われる危険性がある。

1 用具の発達による身体能力の拡張

　人間の身体は文化や社会とともにあるが、現代ではその社会の変化が著し

い。特に科学技術の進歩は、これまでにないほどの速さで進み、私たちの想像を容易に超えていくほどのテクノロジーが開発されている。そのため、ここでは、科学技術の発達から身体とスポーツへの影響を考えてみたい。まず、身体とスポーツにかかわる科学技術としては、用具の発達が思い浮かぶ。かつては、スコットランドの獣医であったダンロップ（J. B. Dunlop）が 1888 年に空気入りのゴム・チューブを発明し、自転車の性能の向上、さらにはよく弾むボールの製造技術にまで影響を与えた。そして、このことが「アメリカにおけるバスケットボールやバレーボールなどのゲームを生むことになった」[7] とされる。近年では、靴底に埋め込まれた炭素繊維が推進力を生み出す「厚底のランニングシューズ」が世界中で好記録を連発し、話題になったこと [8] は、記憶に新しいことだろう。

　身体という側面からこうした用具の発達について考察すると、懸念せざるを得ない点がある。それは、「どこまでが選手の身体能力なのか」という問題である。新しい用具が開発された際、選手はそれに適応するために身体の動かし方を工夫し、トレーニングを積み、選手の身体と用具がうまく合わさることで良い記録が生まれるものである。しかし、開発のスピードが世界中で競われ、人工知能やロボットの開発すらも大きな進展を見せている現代社会では、「用具に身体を合わせていくのか」あるいは「身体に合う用具を開発するのか」という 2 つの相反する考え方の境界が見えにくくなってくるだろう。

　それまでの記録やパフォーマンスを超えていく選手の身体能力は、見ている人々に感動を与えるものであり、選手自身にも嬉しい瞬間であることは間違いない。しかし、それが「身体能力で競っていること」を示すためには、「そのスポーツの魅力は何か」という本来の文化性を問う必要がある。「そのスポーツで競う身体能力は何か」、「そのスポーツで望ましい身体とは何か」という本質的な議論が、今日の用具の発達から求められているのである。

2　ドーピングと身体

　科学技術の発達とスポーツの関係を考える上で、ドーピングの問題を検討することは避けて通ることができないだろう。ここでは、「スポーツ選手の身体」という視点からドーピングの問題について考えてみたい。ドーピングが問題視され、取り締まりが行われるようになったのは、1960 年のローマ・オリンピックでの死亡事故を受けてからである。それ以降は、使用禁止の薬物や物質が規定され、検査も行われるようになったが、その度に検査をすり

抜ける方法が開発され、現在でもいたちごっこが続いている状況である。

　ドーピングが問題となる理由の一つは、「競技の公平性が損なわれる」ことである。競技をする上では、全員が公平に参加する権利が保障されなければならない。もし、不正が生じたなら、スポーツは公平に身体運動を競うものではなくなる。つまり、スポーツの結果は身体能力の成果として見られなくなるのであり、人間の身体能力が与える感動や社会的意義は失われてしまうことになるのである。

　ドーピングを禁止するもう一つの理由は、選手の身体が危険にさらされることである。しかし、選手が身体への副作用を理解した上で、それでも勝利にこだわるならば、止める手立てはなくなってしまうだろう。そのため、1999 年に設立された世界アンチ・ドーピング機構（略称：WADA）は、2021 年に「世界アンチ・ドーピング規定」を改定し、新たに「教育に関する国際基準」を定めた。そして、そこでは「競技者のアンチ・ドーピングに関する最初の経験は、ドーピング・コントロールではなく、教育を通じて行われるべきである」[9]と記している。つまり、選手にはドーピング検査の取り締まりによってドーピングの問題を経験させるのではなく、教育によってドーピングをしない、清廉でフェアな精神を育むことが重要であると説いているのである。

　ドーピングが後を絶たない現代のスポーツについて、哲学者の多木浩二は「現在のスポーツのゲームに現れている身体は、すでに、テクノロジーを組み込んだ一種の幻覚の領域に入り込んでいるのではないか」[10]と問題提起をする。それは、スポーツの周辺にある科学技術がスポーツに押し寄せ、スポーツの身体も科学技術の成果あるいは実験の場として捉えられていることを意味する。つまり、「どこまでが選手の身体能力によるものなのか」の境界が曖昧になり、選手の努力が評価されなくなること、さらにはスポーツをする身体から見える「人間らしさ」が失われることを危惧しているのである。スポーツが科学技術と共存し、より豊かな文化となっていくためには、「どのような身体が望ましいか」や「どのような身体能力を競っているのか」というスポーツの根本にある身体について、常に考えていくことが必要になるのである。

引用文献

１）市川浩『＜身＞の構造』講談社　1993 年　p.79
２）湯浅泰雄「スポーツする精神：東洋の心、西洋の心」『体育の科学』第 41 巻 8 号　杏林書院　1991 年　p.593

３）日本オリンピック委員会（日本オリンピック委員会訳）『オリンピック憲章』日本オリンピック委員会　2020 年　p.21
https://www.joc.or.jp/olympism/charter/pdf/olympiccharter2020.pdf
４）湯浅泰雄『身体論—東洋的心身論と現代—』講談社　1990 年　pp.125-128 および pp.131-136
５）大橋道雄編著『体育哲学原論—体育・スポーツの理解に向けて—』不昧堂出版　2011 年　p.109
６）M・モース（有地亨他訳）『社会学と人類学Ⅱ』弘文堂　1976 年　p.121
７）稲垣正浩・谷釜了正編著『スポーツ史講義』大修館書店　1995 年　p.72
８）隈部康弘「陸上競技のだいご味は」朝日新聞　2020 年 2 月 15 日
９）日本アンチ・ドーピング機構『世界アンチ・ドーピング規程　教育に関する国際基準』2020 年　p.4
https://www.playtruejapan.org/entry_img/kyouiku_jp.pdf
10）多木浩二『スポーツを考える—身体・資本・ナショナリズム—』筑摩書房　1995 年　p.149

学びの確認

（　）に入る言葉を考えてみよう

①身体に対する見方は、（　　　　　）といわれ、文化や社会によって異なる。

②身体に関する考え方を理論的に構築したものは、（　　　　　）といわれる。

③身体にかかわるあらゆる文化は、（　　　　　）と呼ばれ、それには美容や服飾から挨拶の際の所作、さらにはスポーツまでもが含まれる。

④マルセル・モースが提唱した文化的な身体の動かし方は、（　　　　　）と呼ばれ、たくさんの練習によって獲得されたスポーツの技術も含まれる。

⑤科学技術の発達は、新しい用具の開発や検査をすり抜けるドーピングの方法を発見することもある。スポーツの魅力を失わないためには、「どのような（　　　　　）によって競っているのか」を考える必要がある。

「身体」が教えてくれる人間の面白さ

帝京大学／中澤　雄飛

はじめに

　本章の第3節でも触れたが、現代社会では科学技術の発達が著しい。今、こうして原稿を執筆している間にも、次から次へとスポーツに関わる科学技術の発達がニュースとして報道されている。よって、ここでは近い将来を展望しつつ、スポーツや身体と科学技術の関係についてもう少し考察したいと思う。

人間の能力を再現する科学技術

　スポーツや身体に関わる科学技術の中で、近年では特に脳科学の分野が注目を集めている。やる気や疲労、集中状態、愛情等、これまでは人間の感情や気持ちとして考えられてきたものが、脳科学によって明らかになってきている。それは、これまでは人間の心の働きとして考えられていた部分が、脳内物質として実際に目視でき、測定できるようになったことを意味している。つまり、脳を見ることで人間の心や精神状態を可視化し、さらにはある程度のコントロールが可能になってきているのである。

　脳科学が示す新しい知見は、もちろんスポーツや身体にプラスの要素を与えてくれる。例えば、日光を浴びながらのウォーキングはセロトニンという脳内物質を放出し、やる気や幸福感を生み出すことにつながる。また、疲労には肉体的な疲労だけではなく脳の疲労もあり、疲労回復や良いパフォーマンスの発揮には、脳も意識して休ませる必要があること等が報告されている。

　さらには、人間の膨大な思考パターンを学習する人工知能の開発や脳の中で発生する電気信号を分析し、人間の脳のはたらきを人工的に創り出す研究も行われている。例えば、人工知能の研究成果は、将棋のトップ棋士が学習に用いるほど日々進化しており、また脳内の電気信号の分析は、義手や感覚の伝達等の分野で開発が進められている。近い将来、私たちの思考や感覚、脳内でイメージすることは、自らの身体を介さずに直接表現できるようになるかもしれない。こうした知見の蓄積は、確かに「できなくて困っていた」問題を解決してくれることになるであろう。映画や漫画でフィクションとして表現されていたことが、現実に可能となりつつあるように思われるほど、ほど、研究のスピードは年々加速しているのである。

科学技術との付き合い方

　しかし、科学技術の知見は「活用」されるべきであって、「支配」されるものではないと筆者は考えている。自らの目標を達成するために科学技術の知見を活用できれば、それはとても心強い味方となるだろう。一方、自らの目標や理想がないまま、言われた通りにしたがえば、自らの行動や感情は軽視され、常に合理的に動くことを要求される機械（ロボット）と同じ存在になってしまうだろう。スポーツの場面で考えるならば、自らのレベルアップのために科学技術の知見を活用して新しいトレーニングを取り入れていくか、あるいは指導者やデータの示す理想に自分を合わせていくかの違いだと言える。確かに、指導者やデータが示すものは重要ではあるが、最終的にゲームの中で判断し、どのようなプレイをするかを決めるのは自分自身である。他者が決めたデータにしたがって動き、予測されたデータと同じ結果を出すことにプレイする面白さや楽しさはあるのだろうか。むしろ、予想を超えたパフォーマンスが発揮されるところにこそ、スポーツの面白さは存在しているのではないだろうか。

　そのように考えると、やはり自分自身の身体で理想と現実の間を何度も往復することで、自らのプレイというものができあがってくるよう

に思われる。どんなに練習やトレーニングが合理的になろうとも、練習やトレーニング自体がなくなるわけではないし、だからといって思考しないトレーニングは機械を創るのと同じことになる。つまり、練習やトレーニングの中で、「スポーツの意味」や「継続することの意味」、さらには「自分自身の存在意義」を自ら問うことが、スポーツの面白さや意義を見つけることにつながるのではないだろうか。そして、理想と現実を何度も往復する試行錯誤の過程が、時に誰もが予想しなかったパフォーマンスを生み出し、自分も含めた多くの人々に感動を与えるのだと思う。

■「身体」があること

　最後に、デジタル空間についても触れておきたい。近年では、デジタル空間の中で人間が活動することも日常になりつつある。例えば、複数の人々がインターネットを通じてつながり、デジタル空間の中でゲームを楽しむことやヴァーチャル・リアリティの技術を用いて現実とは異なる仮想の世界を体験することが可能になっている。また、昨今ではリアルな対面ではなく、オンラインでの会話も珍しいことではなくなってきた。こうしたデジタル空間の拡大は、現実世界ではなかなかできないことを仮想空間によって容易に可能とし、私たちの生活を便利にしていることは間違いのないことである。そして、脳科学の時と同様に、やはりここでも「将来、人間の身体が不要になる時が来るのではないか」という疑問が湧いてくるのである。

　この疑問、つまり身体の重要性は、発想を転換させることで見出すことができるのではないかと筆者は考える。それは、「『できる』ことは『良い』ことなのか？」という根本的な問いに立ち還ることである。例えば、オンラインで他者と会うことは、時間や空間に制限されないという大きなメリットがあるが、すぐに目的が果たされるため、本来の目的とは異なる偶然の出会いや発見の機会は失われているとも言える。

　スポーツの場面で言えば、プレイヤーは「で

きない」ことを「できる」ようにするために努力し、たくさんの練習を重ねている。そこで重要なのは、「できる」という結果よりも、結果に至るまでの過程である。「できる」ようになるための過程では、私たちは実に多くの「できない」を経験している。その「できない」の一つ一つが意味を持って、成長していく過程にこそ、ドラマがあり、感動があるのである。だからこそ、私たちはデータや計算を超えたプレイに熱狂するのである。もしも、スポーツの予想に「100％」や「絶対」というものが存在したならば、スポーツの面白さは失われてしまうであろう。はじめから結果が見えているスポーツに、人々はドキドキしたり、ハラハラしたりするだろうか。「できない」ことをどのように補い、どのように克服するのか、そこにワクワクすることもあるだろう。

　人間は計算された機械ではなく、成長する動物である。だからこそ、たくさんの失敗をしながら成功を目指していく。そして、その過程を通して「自分らしさ」や「個性」が育まれていくのである。例えば、「○○○が苦手だったから、△△△を磨いていたら、それが特技になった」とか、「○○○を克服する過程で△△△の能力も身についた」等、「できない」からこそ見えてくるものもあるはずである。したがって、失敗や「できない」ことを経験することは、人間が生きていく上でとても重要なことであり、身体を用いることはそれに気づくための最も身近で基本的な方法なのである。

　身体には、確かに不完全な部分や不便な部分がある。しかし、その不完全さや不便さが今の自分の状態を教えてくれるし、反対に身体の調子が良ければ心までもが元気になることは、誰もが経験していることだろう。身体が理想通りに動かないことは、決して悪いことではない。むしろ、身体が理想と現実の狭間にあること自体が、一つの意味を持っているのである。そのような身体の不完全さや未熟さに気付く時、人間の身体はまさしく「人間らしさ」や「その人らしさ」を表現し、人間の面白さや可能性を教えてくれるのである。

アダプテッド・スポーツ

なぜこの章を学ぶのですか？

2011（平成23）年の「スポーツ基本法」では、「スポーツ権（誰もがスポーツを享受する権利の創造）」が掲げられました。アダプテッド・スポーツを学習することは、障害者のスポーツをはじめ、運動・スポーツの苦手な人々の「スポーツ権」を考えることになります。

第8章の学びのポイントは何ですか？

本章では、アダプテッド・スポーツの概念を踏まえた上で、障害者スポーツの発展（歴史的変遷）を概観していきます。具体的には、2つの視点、①パラリンピックをはじめとした障害者アスリートについて、②地域でのスポーツ環境といった一般障害者のスポーツについて、学びます。

＼＼ 考えてみよう ／／

① われわれは健常者と障害者を区別しますが、その分かれ目とは一体どこなのでしょうか？　考えてみましょう。

② パラリンピックで実施されている種目や障害者スポーツの種目を思いつくままに挙げてみましょう。

1 アダプテッド・スポーツとは何か

アダプテッド・スポーツは、各個人の状態に合わせてつくられた身体活動を意味する「アダプテッド・フィジカル・アクティビティ」を源流とした概念である。ここでは、障害者のスポーツをアダプテッド・スポーツとして捉え直すことで、スポーツ文化の新たな価値創造を考える。

1 アダプテッド・スポーツの概念

（1）sport for everyone（誰もが参加できるスポーツ）をめざして

「アダプテッド・スポーツ」の原点である「アダプテッド・フィジカル・アクティビティ」（Adapted Physical Activity：以下「APA」）は、直訳すれば「適応させられた身体活動」であるが、いうなれば、スポーツを行う各個人の状態に合わせてつくられた身体活動を意味する言葉である[1]。

この言葉は、1950 年代初期のアメリカで、「アダプテッド・フィジカル・エデュケーション」Adapted Physical Education：以下「APE」）という、障害[*1]のある子どもたちのための学校体育を指す言葉が、1980 年代後半に、学校体育（教育プログラム）を超えて、障害者や高齢者、低体力者や幼児などの身体活動（スポーツ）全般を指す言葉として定着したものである[2]。

したがって、APA は、APE が発展したものであり、障害者のみを対象にした概念ではない。また、APA に関する学問分野・専門領域は、運動療法・スポーツ療法・精神療法、医学、社会学、建築学、レクリエーション、歴史学、運動科学・スポーツ科学・運動生理学、マネジメント、心理学、教育学・社会教育・総合教育、リハビリテーション・理学療法など[3]幅広い。

このように、多様な学問分野・専門領域に支えられ、多様な対象者に応じてアダプテッドすることに考慮した身体活動（スポーツ）、いわゆる、APAのあり方は、まさに、sport for everyone の理念に一致したものといえる。

（2）障害者スポーツからアダプテッド・スポーツへ

わが国では、2003（平成 15）年頃から APA を分かりやすく表現する言葉として、アダプテッド・スポーツという言葉が使われるようになった。

これまで、障害者のスポーツを表現する言葉は、handicapped sports、disability sports、behind sports といった、いわゆる、「障害を持った人達のスポーツ」という捉え方であった。しかし、このアダプテッド・スポーツ

*1
「しょうがい」の用語は、「障碍」「障害」「障がい」などがあるが、本章では、固有名詞以外は、法律上の「障害」を使用した。

概念の普及は、「障害を持った人たちも実践可能なスポーツ」へと障害者のスポーツを新しく捉える契機となった[2]。

　ちなみに、『最新スポーツ科学事典』によれば、アダプテッド・スポーツは、「身体に障害のある人などの特徴にあわせてルールや用具を改変、あるいは新たに考案して行うスポーツ活動を指す。身体に障害がある人だけではなく、高齢者や妊婦等、健常者と同じルールや用具の下にスポーツを行うことが困難な人々がその対象となる」[4] ものと定義されている。それは、「スポーツに人を合わせる」のではなく、「人にスポーツを合わせていく」といった新たなスポーツ文化（楽しみ方）の登場ともいえる。

2　アダプテッド・スポーツの可能性

（1）個人モデルから社会モデルへ

　1980（昭和55）年に「世界保健機関（WHO）」は、「国際障害分類（ICIDH）」を発表し、「障害」の共通理解を図った 図8-1。しかし、この分類は、障害により何ができないかに着目した「障害の医療（個人）モデル」との批判があった。そこで、2001（平成13）年に WHO は、新たに「国際生活機能分類（ICF）」を発表した 図8-2。ここでは、失われた機能と残存能力を理解した上で何ができるかに着目した「障害の社会モデル」が示された。

図8-1　国際障害分類（ICIDH）の「障害の医療モデル」

疾病（desease）　→　機能障害（impairment）　→　能力低下（disability）　→　社会的不利（handicap）

出典：WHO「国際障害分類」（International Classification of Impairments, Disabilities and Handicaps：ICIDH）

図8-2　国際生活機能分類（ICF）の「障害の社会モデル」

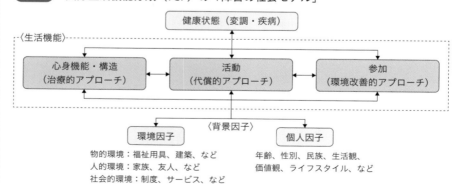

出典：WHO「国際生活機能分類」（International Classification of Functioning, Disability and Health：ICF）をもとに筆者作成

　後者のモデルに従えば、障害者の「障害」とは、「心身機能・構造（治療的アプローチ）」「活動（代償的アプローチ）」「参加（環境改善的アプローチ）」といった生活機能レベルによってもたらされるものとなる。また、この 3 つのアプローチは、その人の健康状態（変調・疾病）や背景（環境因子・個人因子）により左右される [5] という。このように「障害」とは、個人の心身機能の欠損ではなく、社会から与えられる不利益、いうなれば、社会がつくり出すものとして現在、捉えられるようになっている。

　であるならば、スポーツを対象者に合わせて工夫すること（ルール、用具、指導法などの工夫）を求めるアダプテッド・スポーツは、まさに障害者の生活機能レベル向上（3 つのアプローチ）に働きかける活動といえる。

（2）ノーマライゼーションの具現化

　1950 年代にミケルセン（B.Mikkelsen）が提唱した「ノーマライゼーション」は、今日、社会福祉の基本的な理念として理解されている。この理念は、障害者も健常者も全ての人が同じように社会の一員として存在しているのがノーマルであり、日常生活において障害者たちのさまざまな欲求が健常者と同じようにごく自然に満たされていくといった、みんなが一緒に暮らせる社会が当たり前とする理念である。

　また、ノーマライゼーションという理念を具現化する「インテグレーション」や「インクルージョン」といった、いわゆる、障害者と健常者の「統合」を意味する概念がある。ちなみに、インテグレーションという言葉は、障害者の側で障害を克服して社会参加を果たす意味合いが強い。一方、インクルージョンは、社会の側が障害のある人を障害の性質・程度にかかわらず、あるがままに受け入れる意味合いが強い言葉である。

　ノーマライゼーションの実現には、障害者と健常者がともにかかわり合える活動が必要となる。ゆえに、その活動には、障害者が健常者に近づく努力（インテグレーション）と、ルールや環境を障害に合わせる社会の変容（インクルージョン）が必要となる。しかし、このような理念や概念が言葉としてあるだけでは多くの人に共有されることは難しい。

　であるからこそ、障害者と健常者がともに活動するシーンを生み出すスポーツは、その理念を「腹落ち」させることが期待できる。換言すれば、ノーマライゼーションという理念を体現できる具体的な活動としてアダプテッド・スポーツは有用性をもつのである。

障害者スポーツの推進は、スポーツ基本法によって「スポーツ権（誰もがスポーツを享受する権利の創造）」が明記されたことで、これまでの医療・福祉政策からスポーツ政策へと新たな舵を切ることとなった。しかし、障害者を取り巻くスポーツ環境（施設、指導者、大会など）は、依然、模索が続いている。

1 障害者スポーツの推進

（1）スポーツ基本法と障害者スポーツ

わが国におけるスポーツに関する最初の法律「スポーツ振興法」（1961（昭和36）年制定法）が、2011（平成23）年に「スポーツ基本法」として新たに改正された。同法では、「スポーツは、これを通じて幸福で豊かな生活を営むことが人々の権利」であり、「障害者が自主的かつ積極的にスポーツを行うことができるよう、障害の種類や程度に応じて必要な配慮をしつつ推進されなければならない」ことを謳っている。つまり、「国民のスポーツ権」（誰もがスポーツを享受する権利の創造）とともに「障害者スポーツの推進」が、わが国のスポーツ政策の基本的理念として明示されたのである。

ゆえに、これまで医療・福祉政策の中で振興されてきた障害者スポーツは、新たにスポーツ政策として、トップアスリートの支援から地域でのスポーツ活動の普及に至るまで、さまざまな施策が展開されるようになった*2。

（2）障害者スポーツの中核組織

わが国における障害者スポーツの推進は、現在の「公益財団法人日本パラスポーツ協会」（Japanese Para Sports Association：以下「JPSA」）*3の発展とともにあるといっても過言ではない。

同組織は、1964年東京パラリンピック（夏季）を契機に、わが国の身体障害者スポーツの普及・振興を図る統括組織として、「財団法人日本身体障害者スポーツ協会」の名称で翌年に厚生省（現：厚生労働省）の認可を受けて設立された。また、1998年長野パラリンピック（冬季）を契機に、3障害（身体障害、知的障害、精神障害）全てのスポーツ振興の必要性から、翌年に「財団法人日本障害者スポーツ協会」へと組織名を改称するとともに、同組織内に「日本パラリンピック委員会」（Japanese Paralympic Committee：JPC）を設置している。さらに、障害者基本計画（2002（平

*2
国は、2014（平成26）年度より、全国障害者スポーツ大会や、パラリンピック等世界大会への選手派遣の支援などのスポーツ振興の観点が強い障害者スポーツ事業を厚生労働省から文部科学省に移管し、スポーツ政策として一体的に推進している。

*3
公益財団法人日本パラスポーツ協会は、東京2020大会を経て、2021（令和3）年10月1日に公益財団法人障がい者スポーツ協会（Japanese Para-Sports Association）から新たに名称を変更することとなった。このJPSAの事業は、国内外における大会の開催や選手の派遣、指導者の養成、各種競技団体の統括、調査研究・情報収集・広報など、多岐にわたる。

成 14)年)およびスポーツ基本計画（2012(同 24)年)において、障害者スポーツの推進については JPSA を中心に進める旨が示されたことで、現在、国（スポーツ庁）の政策と連動した各種事業を展開する組織へと発展している。

2 障害者スポーツの環境整備

（1）障害者スポーツ施設や指導者

わが国には、障害者専用・優先スポーツ施設[*4] が 141 か所整備され、そのうちの 26 施設は、JPSA「障がい者スポーツセンター協議会」として組織化し、有機的な連携を図っている[6]。しかし、これらの施設のみでは、全国各地域の障害者スポーツに関するニーズを網羅することは困難である[7]。

また、JPSA では、1985（昭和 60）年に指導者制度を制定し、2020（令和 2）年の現在、2 万 5,186 人の障がい者スポーツ指導員（初級・中級・上級）を養成している[8]。しかし、資格取得指導者の受け皿（活躍の場が少ない）問題が新たに課題となっている。

そこで、笹川スポーツ財団[6] では、JPSA 加盟施設（26 施設）を「ハブ施設」とし、JPSA 非加盟施設（115 施設）および全国にある公共スポーツ施設（5 万 2,844 施設）[*5] を「サテライト施設」として、より身近な既存の社会施設（公民館、福祉施設、特別支援学校、一般校など）とのネットワークを図りながら、そこに各種指導者を配置するといった地域における障害者スポーツ推進の協働体制を提案している。

（2）障害者スポーツ大会

国民体育大会（国体）後に開催される「全国障害者スポーツ大会」は、わが国で最も歴史のある障害者スポーツ大会である。この大会は、1965（昭和 40）年に「全国身体障害者スポーツ大会」として第 1 回大会が開催され、2001（平成 13）年に「全国知的障害者スポーツ大会（ゆうあいピック）」と統合し、現在に至る。しかし、同大会の前身である「全国身体障害者スポーツ大会」は、障害者の社会参画を目的とした大会であったため、一生に一度しか参加できないルールとなっていた[*6]。そこで、全国組織として活動する競技団体では、有望な障害者アスリートの参加機会を増加させ、競技力向上を図るために、各種目での競技大会を開催するようになった[8]。また、パラリンピックや競技別世界選手権大会における参加国の増加は、障害者スポーツの高度化を加速させることとなった。そこで、JPSA は、世界で活躍する障害者アスリート育成を目的とした「ジャパンパラ競技大会」（陸上競技、

*4
笹川スポーツ財団は、障害者の運動・スポーツ活動のために、整備・運営されている施設について、設置根拠となる法律や整備のための財源に基づき定義している[6]。

*5
文部科学省「体育スポーツ施設現況調査」2015 年より。

*6
現在の「全国障害者スポーツ大会」における開催基準要綱では、一生に一度の参加条件が明確に示されてはいないが、「9. 各都道府県・指定都市における出場選手の選考」において、大会出場未経験者の出場に配慮した選考を行うことが明記されているため、社会参画の観点から派遣選手の選考を実施している都道府県も存在する。

*7
2021（令和 3）年現在では、陸上や水泳に加えて、アーチェリー、ゴールボール、ウェルチェアラグビー、ボッチャ、アルペンスキー、クロスカントリー、アイスレッジ（スピードレースとホッケー）など多様な種目が追加・実施されるようになっている。

水泳競技）を 1991（平成 3）年から開催している[*7]。

　このように、わが国の障害者スポーツ大会は、身体障害者から多様な障害種別の選手が参加できる大会へ、また、その開催目的を社会参画からアスリート育成へと変化させている。

3 パラリンピックの誕生と理念

　パラリンピックは、イギリスの病院の車いす患者を対象としたスポーツ大会が、多様な国、多様な障害者が参加する国際障害者スポーツ大会へと発展したものである。グットマンと中村裕の 2 人の医師の想いを知ることは、パラリンピックの理念を理解する上で重要となる。

1 パラリンピックの歴史

（1）国際ストーク・マンデビル大会からパラリンピック大会へ

　1989（平成元）年に創設された「国際パラリンピック委員会」（International Paralympic Committee：以下「IPC」）は、1960（昭和35）年にローマで開催された「第 9 回国際ストーク・マンデビル大会」を第 1 回パラリンピック大会として位置づけている。

　このストーク・マンデビル大会は、グットマン（L.Guttmann）が1948（昭和 23）年にイギリスのストーク・マンデビル病院において車いす患者（退役軍人）によるアーチェリーの試合をロンドンオリンピックの開会式の日に開催したことから始まった。

　ちなみに、パラリンピックという言葉は、1964 年東京パラリンピックにおいてつけられた愛称であり、当時の大会では脊髄に損傷を受けた車いすの人だけが参加する大会であったことから、「対麻痺（下半身不随）者＝パラプレジア」＋オリンピックの合成語を意味する言葉として名づけられた。しかし、現在においては、車いすの人だけではなく、さまざまな障害をもつ人が参加できる大会に発展してきたことから、「並行＝パラレル」＋オリンピックの合成語として、つまり「もう一つのオリンピック」という意味の言葉として認識されている[9]。

（2）パラリンピックに見る統合

　障害者を対象とした国際的なスポーツ組織は、障害種別によって多様な団体が創設され、それぞれが大会を開催してきた。

　しかし、1982（昭和 57）年に「国際ストーク・マンデンビル大会委員会（ISMGF）」「国際身体障害者スポーツ機構」（International Olympic Committee：ISOD）「国際脳性麻痺者スポーツ・レクリエーション協会（CPISRA）」「国際視覚障害者スポーツ協会（IBSA）」の 4 団体により「国際調整委員会（ICC）」が発足し、多様な障害種別の選手が一堂に会した国際大会が開催されるようになった。さらに、1985（同 60）年には「国際オリンピック委員会（IOC）」と ICC との合意により、パラリンピックを公式名称として使用することが可能となり、1989（平成元）年には IPC が創設されることとなる。つまり、パラリンピックは、さまざまな障害種別の団体が ICC として活動し、その活動が IPC へと発展していくことで、障害種別や種目の統合化を進めてきたのである[8]。

2 パラリンピックの理念

（1）2 人の医師に見る想い

　パラリンピックの父[10]といわれるグットマンは、イギリスのストーク・マンデンビル病院で傷痍軍人の治療にあたった医師である。彼は、患者が社会復帰するためのスポーツの重要性に気づき、患者のための競技大会を開催した。その取り組みが、後にパラリンピックへと発展していった。また、「失ったものを数えるな、残されたものを最大限に生かせ」という彼の言葉は、パラリンピックへの想いを象徴したものとして語り継がれている。

　一方、日本パラリンピックの父[10]といわれる中村裕は、ストーク・マンデンビル病院に留学し、グットマンの教えを受けた医師である。彼は、1964（昭和 39）年の「第 2 回パラリンピック」（東京大会）の実現に尽力しただけではなく、わが国の障害者スポーツの普及に大きな影響を与えた人物である。また、彼は「保護より機会を」という理念の下、例えば、障害者が働き生活する「太陽の家」を創設するなど、障害者の幅広い社会参加の礎を築くさまざまな試みを行った人でもあった。

（2）パラリンピックの価値

　IPC は、パラリンピアン（選手）たちに秘められた力こそパラリンピックの象徴であるとし、「勇気（Courage）：マイナスの感情に向き合い、乗り越えようと思う精神力」「強い意志（Determination）：困難があっても、諦めず限界を突破しようとする力」「インスピレーション（Inspiration）：人の心を揺さぶり、駆り立てる力」「公平[*8]（Equality）：多様性を認め、創

*8
Equality は、「平等」とも訳せるが、日本障がい者スポーツ協会では、IPC 承認の下、あえて「公平」としている[8]。

意工夫をすれば、誰もが同じスタートラインに立てることを気づかせてくれる力」という4つの価値を示している[8]。また、パラリンピックは、「パラスポーツを通して障がいのある人々も含めたインクルーシブな社会を創出する」運動（パラリンピック・ムーブメント[*9]）としての側面をもつ。

ゆえに、パラリンピックは、単なる障害者スポーツの祭典（メダル獲得競争の場）ではなく、人々の多様性と調和を訴求する社会運動の場（社会変革の機会）としての価値も有しているのである。

＊9
パラリンピックのあるべき姿を世界中の人々に知ってもらい、その考え方を大きく広げていく活動。

4 障害者に拓かれたスポーツ環境の構築

障害者アスリートの競技力向上と社会的認知を得るために、ハイパフォーマンススポーツセンターやパラリンピアンズ協会による活動が進められている。また、一般の障害者が身近な地域でスポーツ活動ができる機会を創出するために、総合型地域スポーツクラブや特別支援学校での取り組みが進められている。

1 アスリートを支えるスポーツ環境

（1）ハイパフォーマンススポーツセンターの創設

2001（平成13）年に開設された「国立スポーツ科学センター（JISS）」および2008（同20）年に全面利用が開始された「ナショナルトレーニングセンター（NTC）」は、わが国の競技力向上を目的に建設された施設であり、最新の研究・トレーニングが実施できる拠点施設である。しかし、パラリンピアンがこれらの施設を利用する機会は限られていた。

そこで、JPCの働きかけもあり、2016（平成28）年にJPCと「日本オリンピック委員会」（Japanese Olympic Committee：JOC）ならびに上記2施設を管理運営する「日本スポーツ振興センター（JSC）」が連携した組織「ハイパフォーマンススポーツセンター（HPSC）」が創設された。

このHPSCの中でも、2019（令和元）年に新設（隣接）された第2のNTCは、障害者の利用を前提に建設された施設となっており、パラリンピアンの利用機会向上が期待される。

（2）パラリンピアンズ協会による社会運動

2003（平成15）年に発足した「日本パラリンピアンズ協会」（Paralympians Association of Japan：以下「PAJ」）[*10]は、パラリンピックに出場した経

＊10
PAJの活動は、パラリンピックへの理解・啓発の活動、障害者スポーツ普及・体験イベントの実施、障害者スポーツ政策に対する提言、パラリンピック選手の競技環境実態調査などが挙げられる。

験のある選手有志による選手会組織である。

　PAJ の調査[11] によれば、東京 2020 大会を見据え、行政や民間団体からの助成金、HPSC の創設による NTC の利用促進など、パラリンピアンに対する支援体制の充実は確かに見られる一方で、それはパラリンピアンやコーチ・スタッフが実感できるものになり得ていない現状を明らかにしている。

　そこで、PAJ では、「突きぬけろ！ We can make a paradigm shift.」というキャッチフレーズの下に中期計画を掲げ、パラリンピアンの価値について社会に働きかけ、支援の輪を広げる取り組みを進めている。

　このような、障害当事者であるパラリンピアンたちの活動は、自分たちのスポーツ環境の充実を求めるだけではなく、多様性を尊重する共生社会の実現を求める、社会運動としての一面も有している。

2 身近な地域におけるスポーツ環境

（1）総合型地域スポーツクラブでの取り組み

　障害者の定期的なスポーツ実施率は健常者に比べて低く[*11]、特に学校卒業後にスポーツを実施できる場の少なさが問題視されている[12) 13) 14)]。また、障害者専用・優先スポーツ施設までのアクセス問題もある中で、居住地である身近な地域でスポーツ活動ができる環境整備策として、総合型地域スポーツクラブにおける障害者スポーツの導入が期待されている[15)]。

　この総合型地域スポーツクラブとは、従来の単一種目型・チーム型の競技集団（クラブ）ではなく、多種目・多世代・多志向型のコミュニティ集団（クラブ）、いわゆる、いろいろな人が気軽に運動・スポーツに参加できることを重視したクラブである。ちなみに、同クラブは、現在、全国で 3,594 クラブが設立されている[*12]。

　これまで国（文部科学省）は、「健常者と障害者のスポーツ・レクリエーション活動連携推進事業（2012（平成 24）～ 2014（同 26）年）」「地域における障害者スポーツ普及促進事業（2015（同 27）～ 2017（同 29）年）」「障害者スポーツ推進プロジェクト（2018（同 30）～継続中）」などの施策事業を矢継ぎ早に展開することで、いわゆる、総合型地域スポーツクラブにおける障害者スポーツの導入を推進してきた。ゆえに、全国各地のクラブにおいて障害者の受け入れが広がっている。

（2）特別支援学校[*13] での取り組み

　2020（令和 2）年の学習指導要領改訂を見据え、新たな特別支援教育

*11
2020（令和 2）年度スポーツ庁「スポーツの実施状況等に関する世論調査」および「障害者のスポーツ参加促進に関する調査研究報告書」によれば、成人の週 1 回以上のスポーツ実施者は、健常者 59.9％ に対して障害者 24.9％ となっている。

*12
2020（令和 2）年 7 月 1 日現在のクラブ数で、全国の市町村の 80.6％ で育成されている。

*13
2007（平成 19）年に学校教育法の一部改正により、従来の盲学校、聾学校、養護学校の制度は、幼児児童生徒の障害の重複化に対応するため、複数の障害種別を受け入れることができる特別支援学校の制度に転換された。

（special support education）を展開する契機として、文部科学省は、2016（平成 28）年に「Special プロジェクト 2020」を開始した。この新しい取り組みは、全国の特別支援学校を拠点としたスポーツ・文化・教育活動を地域とともに展開していくものである。具体的には、「特別支援学校を拠点とした総合型地域スポーツクラブの創設」「幅広い地域住民が参加する地域共同運動会・文化祭等の開催」「特別支援学校と近隣の小中高等学校の児童生徒の交流及び共同学習の促進」「オリンピアン・パラリピアン等アスリートによるスポーツ体験会等の開催」「企業による特別支援学校の支援」など、さまざまな取り組みが全国ですでに展開されている。

　同プロジェクトの展開は、これまで閉鎖的であった特別支援学校を地域に開くこととなり、障害者と健常者がともに学ぶ場、いわゆる「共生学校」の展開や、障害者が卒業後も慣れ親しんだ場で安心して活動ができるなど、地域社会との交流機会の充実が期待できる。

引用文献

1 ）藤田紀昭『障害者スポーツの世界―アダプテッド・スポーツとは何か―』角川学芸出版　2008 年　p.14
2 ）森川洋・金子元彦・和秀俊編著『障害者スポーツ論』大学図書出版　2014 年　pp.122-126
3 ）矢部京之助・草野勝彦・中田英雄編著『アダプテッド・スポーツの科学―障害者・高齢者のスポーツ実践のための理論―』市村出版　2004 年　pp.11-12
4 ）日本体育学会監『最新スポーツ科学事典』平凡社　2006 年　p.17
5 ）植木章三・曽根裕二・髙戸仁郎編著『イラスト　アダプテッド・スポーツ概論』東京数学社　2017 年　pp.2-5
6 ）笹川スポーツ財団『障害者専用・優先スポーツ施設に関する研究 2018 調査報告書』2019 年
7 ）山下秋二・中西純司・松岡宏高編著『図とイラストで学ぶ新しいスポーツマネジメント』大修館書店　2016 年　pp.176-187
8 ）日本障がい者スポーツ協会『障がい者スポーツの歴史と現状』2021 年
9 ）柳沢和雄・清水紀宏・中西純司編著『よくわかるスポーツマネジメント』ミネルヴァ書房　2017 年　pp.152-153
10）東京オリンピック・パラリンピック競技大会組織委員会『Field Cast HANDBOOK』2019 年
11）日本パラリンピアンズ協会「パラリンピック選手の競技環境（その意識と実態調査）報告書」2016 年
　　https://www.paralympians.jp/ 資料 - 報告書 /（参照日：2021 年 9 月 1 日）
12）後藤邦夫「障害者スポーツはいま」『体育科教育』第 49 巻第 12 号　大修館書店　2001 年　pp.38-41
13）奥田睦子「総合型地域スポーツクラブへの障がい者の参加システム構築のための調査研究―障がい者の参加状況と受け入れ体制の構築に向けたクラブの課題―」『金沢大学経済論集』第 42 巻　金沢

大学経済学会　2007 年　pp.157-185

14) 南寿樹「障害児・者体育・スポーツ―教育と福祉の間で―」『たのしい体育スポーツ』第 231 巻　学校体育研究同志会　2009 年　pp.16-19

15) 藤田紀昭「障害者が参加する総合型地域スポーツクラブに関する事例研究」『同志社スポーツ健康科学』第 4 巻　同志社大学スポーツ健康科学会　2012 年　pp.41-50

〰〰〰〰〰〰〰〰〰
参考文献
〰〰〰〰〰〰〰〰〰

スポーツ庁：令和 2 年度スポーツの実施状況等に関する世論調査　2021 年
　https://www.mext.go.jp/sports/content/20200507-spt_kensport01-0000070034_8.pdf（参照日：2021 年 9 月 1 日）

スポーツ庁：令和 2 年度障害者のスポーツ参加促進に関する調査研究報告書　2021 年
　https://www.mext.go.jp/sports/b_menu/houdou/jsa_00067.html（参照日：2021 年 9 月 1 日）

スポーツ庁：Special プロジェクト 2020 概要
　https://www.mext.go.jp/sports/b_menu/sports/mcatetop06/list/detail/1373583.htm（参照日：2021 年 5 月 12 日）

学びの確認

（　　）に入る言葉を考えてみよう

①アダプテッド・スポーツは、身体に障害のある人等の特徴に合わせて（　　　　　）や（　　　　　）を改変、あるいは（　　　　　）して行うスポーツ活動を指し、また、身体に障害のある人だけではなく、高齢者や妊婦等、健常者と同じ（　　　　　）や（　　　　　）の下にスポーツを行うことが（　　　　　）な人々がその対象となる。

② 2011（平成 23）年の「スポーツ基本法」では、（　　　　　　　　）とともに（　　　　　　）が、わが国のスポーツ政策の基本的理念として明示された。

③パラリンピックという言葉は、（　　　　　　）＋オリンピックの合成語を意味する言葉から、（　　　　　）＋オリンピックの合成語、つまり、「もう 1 つのオリンピック」という意味の言葉として認識されている。

④（　　　　　　　　　　　　　）の創設と（　　　　　　　　　）の活動は、障害者アスリートのスポーツ環境を激変させている。また、一般障害者にとって、（　　　　　　　　　　　）や（　　　　　　　　　　）の取り組みは、身近な地域でのスポーツ環境の構築に期待されている。

column

スポーツという「不便益」文化について考えてみた

久留米大学／行實 鉄平

■ 便利すぎる社会

みなさんは、「Society5.0」という言葉をご存知でしょうか？この言葉は、「第5期科学技術基本計画」（内閣府、2016）において、狩猟社会（Society1.0）、農耕社会（Socieyu2.0）、工業社会（Society3.0）、情報社会（Society4.0）に続く、我が国が目指すべき未来社会の姿として提唱されたものです。

この Society5.0 で実現する社会とは、サイバー空間（仮想空間）とフィジカル空間（現実空間）を高度に融合させたシステムによって開かれた社会であり、例えば IoT（internet of things）、人工知能（AI）、ロボット、ビックデータなどの先端技術をあらゆる産業や社会生活の中に取り入れて、これまでにない新たな価値を生み出すことでイノベーション（社会変革）を創出し、人々の多様なニーズや欲求にきめ細かく対応した便利なサービスを享受できる社会であることが示されています（内閣府、2016）。

こうした「超スマート社会」（Society5.0）の波は、すでにスポーツ界にも影響を与えていると考えられます。例えば、若者の間で急速に普及しつつある PC（ビデオ）ゲームを用いた「eスポーツ」（electronic sports）や、障害者がロボットを使い、義手や義足を操作することでスポーツに参画することを可能にした「サイバスロン」（Cybathlon）、さらに、競技選手のあらゆるプレーをデータ化し、AI による解析を行うことで勝敗結果やプレー展開の予測精度を向上させる取り組みなど、最先端テクノロジーを実装したスポーツはそれを楽しむ人や楽しみ方を広げているように思えます。しかし、このような画面や擬似身体を使った活動、データの優位性を高めた戦術の更なる進展は、スポーツによる生身の人間自体（現実空間）の存在価値を逆に低下させてしまうことにならないのでしょうか。

■ 「不便益」というパラドックス

中西ほか（2020）は、こうした超スマート社会の「便利さ」がもたらす弊害を危惧し、「不便益（不便だからこそ得られる益）」という概念（川上、2011）に着目した新たなスポーツ文化論を提唱しています。そこで、引き続き、中西ほか（2020）の論文の要旨を見ていきたいと思います。

論文では、2つの事例を用いて、富士山登山口から山頂をつなぐ「富士山エレベーター」や、狙った場所に必ずヒットが打てる「究極のゴールデンバット」などがもし存在するのなら、それは機能・性能という点に着目すれば確かに便利だが、それらの利用を通じてユーザーとしての人間が得る経験という観点からみれば問題があると指摘する。もし、富士山エレベーターが開発されれば、誰でも汗をかくことなく山頂へ一直線で簡単に到着することができるでしょう。しかし、それでは自分の頭と足を使って山頂ルートを選び、汗水垂らして登ることでしか得ることのできない楽しさ・喜びや達成感という、登山の醍醐味を味わうことができないばかりか、そもそも登山と呼ぶことができないかもしれません。また、究極のゴールデンバットを利用することは、人間のもつ自らの身体能力や技術を駆使して他者と競う、あるいは自分の限界に挑むという、野球の本質的価値（自発的な運動の楽しみ・喜び）や存在意義を失わせてしまうかもしれません。つまり、「便利さ（便利すぎること）」の追求は、特定の目的を達成するために、自分の知識や能力を発揮して創意工夫するプロセスを経験して得られるはずの楽しさ、喜び、達成感、充実感などといった、人間的豊かさを奪い去っていくとも考えられるのです。

ちなみに、みなさん、今一度、スポーツのルールを考えてみてください。例えば、サッカーはなぜ手を使えないようにしているのでしょう

か。また、ラグビーはなぜ後ろにパスをするというルールがあるのでしょうか。中西ほか（2020）は、この一見、「面倒くさい」と思われるルールをわざと設定しているスポーツという文化の本質には、これまで説明されてきた「遊びの文化」（ホイジンガ、1973）としての特徴だけではなく、スポーツ規範（ルールやフェアプレーなど）によって「不便さ」をあえて楽しむ（克服や工夫することを楽しむ）という人間的・文化的側面としての特徴もあることを示唆しています。

スポーツという「不便益」を生み出す中庸的なルールの工夫と設定

これまでの話から、不便さとは、悪害ではなく、人々に効用をもたらす可能性もあることを少しは理解いただけたのではないかと思います。しかし、なんでも不便にすればよいというのもでもありません。川上（2011）は、不便益をユーザーに与えることを可能にするシステム（不便益システム）論において、「中庸と穏やかな拘束・制約」が求められることを強調しています。つまり、特定のタスクのために最適化・自動化された制約の多い制御システムと、制約のまったくない自由なシステムとの間に位置する中庸システムの構築と実現が不便益には必要不可欠であるということです。

これをスポーツのルールというシステムに置き換えて考えてみると、厳しい拘束・制約の多いルールのもとでは、おそらく反則が多発しプレーが絶えず中断するという事態に見舞われ、不便すぎて多くの人が楽しさを感じることができないでしょうし、一方で、ルールらしきものがない自由奔放な活動は便利（楽）ですが多くの人が安心してプレーできず、むしろ不安で身の危険すら感じることでしょう。このように、スポーツ活動というものは、どのような拘束・制約（ルール）を課すかによって「不便害」（前者）になったり「便利害」（後者）になったりもするのです。ゆえに、人々が安全で安心して、また、楽しく夢中になるようなスポーツ活動を目指すには、ほどよい身体的拘束・制約を課す適度なルール、つまり、不便益を感じられる中庸的なルールの工夫と設定が必要になると考えられるのです。

とりとめもない話を進めてきましたが、いずれにしても、スポーツという「不便益」文化論は、最先端テクノロジーを実装したこれからのスポーツをこれまでのスポーツと融合させていくことが求められる時代（Society5.0）において、スポーツの本質的な価値とは何かを問い直すために参考になる考え方なのかもしれません。

所収：本コラム内容のベースとなる初出論文
中西純司・岡村誠・行實鉄平「スポーツという『不便益』文化論の展開―もう１つのスポーツ文化論への挑戦―」『立命館産業社会論集』第56巻第１号　立命館大学産業社会学会　2020年　pp.155-178
http://www.ritsumei.ac.jp/file.jsp?id=475715

上記ウェブサイトにて論文全体を掲載していますので、興味のある方は確認してみてください。

なお、本コラムの中に記載されている資料・文献等はすべて、初出論文の「文献」一覧を参照してください。

ジェンダーとスポーツ

なぜこの章を学ぶのですか？

　競技スポーツの多くは男女によって区分され行われています。それは男女によって体力や体格・筋肉量が異なることを主な理由として、公平性を担保しようとしているからです。しかし、近年、性は男女2つだけに明確に分けられるものではないこともいわれてきています。このような変化の中で、ジェンダーの視点からスポーツを捉え直すことが重要だと考えます。

第9章の学びのポイントは何ですか？

　本章では、スポーツでは当然とされる男女別競技の実施や種目による男女の実施者の差がなぜ存在しているのか、また、指導者やスポーツ団体になぜ男性が多いのか、当たり前と思われる男性優位の状況を捉え直し、より良いスポーツのあり方を考えてみたいと思います。

考えてみよう

1 男性の実施者が多いスポーツ、女性の実施者が多いスポーツがあるかを考えてみましょう。

2 なぜ、種目によって実施者の性別に偏りがあるのかを考えてみましょう。

1　ジェンダーとは何か

　「ジェンダー」とは「社会的性役割や身体把握など文化によってつくられた性差」と言われ、その意味は時代によって変化してきた。スポーツの世界も、男性を中心に発展し女性が排除されていた時代、女性らしさを表現する種目の出現と女性競技の受け入れが始まった時代、近年では競技が性別二元制で実施されることへの課題など、いつの時代にもさまざまな形で「ジェンダー」がかかわっている。

1　ジェンダーの概念と変遷

　一般的にジェンダーとは「社会的性役割や身体把握など文化によってつくられた性差」といわれ、「生物学的な性」である「セックス」と対をなす言葉として捉えられている。「第 5 次男女共同参画基本計画」（2020 年）の用語解説では、ジェンダーは以下のように説明されている。

　　「社会的・文化的に形成された性別」のこと。人間には生まれついての
　　生物学的性別（セックス／ sex）がある。一方、社会通念や慣習の中には、
　　社会によって作り上げられた「男性像」、「女性像」があり、このような男
　　性、女性の別を「社会的・文化的に形成された性別」（ジェンダー／
　　gender）という。「社会的・文化的に形成された性別」は、それ自体に良
　　い、悪いの価値を含むものではなく、国際的にも使われている[1]。

　しかし、これまでのジェンダー概念を概観すると、その捉え方がさまざまであり変化していることが分かる。1960 年代から 1970 年代初めは、ジェンダーは単に性別を表すセックスと同義語であり、文法における名詞の性を表す言葉であった。1960 年代後半からの第 2 波フェミニズム[*1]において、「セックス」と「ジェンダー」の概念区別が行われ、「セックス」は生物学的性、「ジェンダー」は文化的・社会的・心理学的性として変更可能なものと解釈されるようになっていく。その後、生物学的性が男女に単純に二分されないことが明らかになると、「生物学的性差の上に社会的・文化的性差が構築される」という考え方に対して異議が出るようになる。バトラー（J. Butler）の「社会的に期待される男女の役割を演じることにより、結果的に生物学的な性に関する解釈が生じるのである」とする考え方は、それまでのジェンダー概念を大きく転換することとなったのである。

＊1　フェミニズム
女性解放思想、あるいはその思想に基づく社会運動の総称。女性に不利益をもたらす差別の撤廃、男性と同等の権利の要求、女性の社会的地位の向上、女性が自らの生き方を決定できる自由の獲得などによって、いわゆる女性問題を解決することを目指す社会思想・社会運動を意味する。第 1 波は、女性参政権運動が中心であり、第 2 波は性役割など伝統的意識に基づく社会慣習の変化を求めるものである[2]。

2 ジェンダーにかかわる用語

（1）セックス

　一般的にセックスは「生物学的・解剖学的な性」といわれ、生まれた時の身体的特徴によって割り振られた性のことである。

（2）セクシュアリティ

　セクシュアリティとは、『岩波女性学事典』によると、「性にかかわる欲望と観念の集合」と捉えられており、人間の性行動にかかわる心理と欲望、観念と意識、性的指向と対象選択、慣習と規範などの集合体とされている。「性的指向とは、性的欲望がいずれのジェンダーを対象としているかを意味する概念」である。「性的欲望の対象が異性・同性・両性・無性である場合に、各々異性愛・同性愛・両性愛・無性愛の性的指向という」[3]。

（3）LGBT

　LGBT とは Lesbian（レズビアン）、Gay（ゲイ）、Bisexual（バイセクシュアル）、Transgender（トランスジェンダー）の頭文字をとった単語で、セクシュアル・マイノリティの総称の一つである。Lesbian（レズビアン）は女性同性愛者、Gay（ゲイ）は男性同性愛者、Bisexual（バイセクシュアル）は両性愛者を意味する言葉である。Transgender（トランスジェンダー）は身体的な性（出生児に割り当てられる場合が多い）と性自認（自分が認識している性）が一致しない人を表現する言葉である。また、LGBT に Q を加え、LGBTQ と表現される場合もある。この Q は Queer（クイア）や Questioning（クエスチョニング）の頭文字である。Queer はもともと同性愛者への侮辱的な言葉として使用されていたが、現在では規範的な性のあり方以外を包括する言葉として使われている。Questioning は自らの性のあり方について、特定の枠に属さない人、分からない人等を表す言葉である。さらには LGBTQ+ などと表現される場合もあり、性が多様であることが分かる。

（4）SOGI

　SOGI とは Sexual Orientation と Gender Identity の頭文字をとった単語で、性的指向・性自認のことをいう。個人が「どんな性別を好きになるか」「自分をどのような性別だと認識しているか」という状態を表す言葉である。

（5）性分化疾患・DSDs

　DSDs とは、Differences of Sex Development の略称であり、日本語では性分化疾患とも表される。性分化疾患・DSDs は、性に関する体の発育が非典型的である状態のことであり、染色体や性腺、外性器の形状、膣や子宮などの内性器、性ホルモンの産生などが、先天的に一部異なる発達を遂げた状態のことをいう。例えば、後天的にがんなどの病気で、乳房や卵巣を切除した女性が女性ではなくならないように、DSDs の選手も先天的に典型的な性の範囲に入らない状態だからといって、「女性ではない」ということにはならないのである。DSDs をもつ大多数の人たちは、身体の一部が異なるだけで、男性・女性の自認があり、むしろ自分たちが完全な男性・女性として認めてもらえないのではないかと不安に思う場合もあるようである。

（6）SDGs

　SDGs とは Sustainable Development Goals（持続可能な開発目標）の略称で、2015（平成 27）年 9 月に行われた国連サミットで採択された目標である。国連加盟国 193 か国が 2016（同 28）年から 2030（令和 12）年の 15 年間で達成すべき 17 の目標と具体的な 169 のターゲットが掲げられている。この中の一つに「5. ジェンダー平等を実現しよう」があり、ジェンダーの平等と全ての女性と女児のエンパワーメントを図ることがめざされている[*2]。

3 近代スポーツの発展とジェンダー

（1）女性スポーツの捉え方

　19 世紀にイギリスで誕生した近代スポーツは、統一ルールや組織の整備が進められ、国際的に普及した。飯田貴子は、近代スポーツは「競技性」の特徴をもつため、女性が近代スポーツにかかわろうとするとダブル・スタンダードの階層性／非対称性を避けることができないと述べている。階層性では、筋力やパワーにおいて相対的に男性より劣る女性は、新体操などの表現系の種目を除く全ての競技において、「二流の選手」に甘んじなければならない。また、ほとんどの競技が「男らしさ」を育成する役割をもつ近代スポーツでは、女性は一部の「女らしさ」の規範を受け入れた種目（例えば、新体操やアーティスティックスイミングなど）のみクローズアップされる状況に陥ってしまうのである[4]。

　さらに、男女による競技へのかかわり方を見ると、そこには「性別分業」

＊2
SDGs の詳細については、外務省 WEB サイト等を参照。
「JAPAN SDGs Action Platform」
(https://www.mofa.go.jp/mofaj/gaiko/oda/sdgs/index.html)

が関連していることがうかがえる。男性は「活動の主体」であり、女性は「他者の活動を手助けする存在」として位置づけられる場合がある。最も分かりやすい例が、部活動における女子マネージャーの存在である。

　近代スポーツは、男性を中心に発展し、女性は排除されてきた。その近代スポーツに女性が参加しようとした時、女性は「二流の選手」として扱われたり、男性をサポートする存在として認識されたりしてきた。一方で、社会が求める「女らしさ」を表現した種目では、女性の競技は受け入れられ発展してきたのである。

（2）競技スポーツとジェンダー

　オリンピックやワールドカップなどの国際的な大会を見ると、競技性の高いスポーツでは、性を分けて競技が実施されていることが分かる。このように、スポーツでは男女に分かれて実施することが当たり前と認識されている。そのため、トランスジェンダーや性分化疾患・DSDs の選手の中には、自らの意思に反した形でスポーツにかかわる場合や、あるいは、かかわらない選択をとる場合が生じる。このことは、彼らのスポーツ権[*3] が保障されていない状況を意味し、改善することが求められるのである。

＊3　スポーツ権
第8章参照。

2 ジェンダーが形成される要因

　ジェンダーは社会の環境や状況、慣習や規範によって生じるため、国や地域によって男女がどうあるべきか、どう行動すべきかなどのジェンダー規範が異なる。子どもたちにとって学校や部活動は、身近に接する小さな社会であり、そこで無意識のうちにジェンダー規範が形成される可能性がある。教員や指導者など子どもたちにかかわる大人は、今の制度を捉え直したり、自らの意識や考え方に偏りがないかなどを振り返る必要がある。

1 社会

　人々はさまざまな社会で生きており、それぞれの社会にはさまざまな文化や慣習、規範が存在する。それぞれの社会やコミュニティで蓄積された文化や慣習、規範は、そこに住む人々の中に内面化され、当たり前のこととして存在する。ジェンダー規範もその一つである。

　ジェンダー規範とは、男性と女性がどうあるべきか、どう行動すべきか、どのような外見であるべきかなど、ジェンダーにかかわる行動や判断の基準

となる考え方である。例えば、「男性は外で働き、女性は家事をする」「男性は力強く、女性はかわいらしくあるべき」「男性はスラックスを履き、女性はスカートを履く」などの考え方である。

　しかし、規範はある特定の社会やコミュニティが、ある特定の時代に認めている考え方である。社会やコミュニティが違えば異なるものであり、また、時代によって変化する可能性があるものでもある。

2　学校教育

　学校は小さな社会であり、子どもたちにとっては多くのことを学ぶ場である。しかし、その学校のカリキュラムにおいて、男女によって学ぶ内容が異なる状況が見られる。その1つが家庭科であり、もう1つが保健体育科の実施種目である。家庭科は、1989（平成元）年の学習指導要領改訂において、小学校から高等学校までの男女共通必修家庭科のカリキュラムが示され、1994（同6）年から男女共修科目として全面実施されることとなった*4。

　一方、保健体育科では、1989（平成元）年の学習指導要領改訂から、かつて「主に男子」「主に女子」という記載のあった武道（格技）とダンスが、性別によらず自由に選択できるようになった。しかし、実際のカリキュラムでは選択制の導入は不十分で、制度上の整備と実際の現場での状況には乖離があることが報告されている[6]。また、体育授業で経験した種目の単元数においても、男女によって違いがあることが報告されている。一般的な傾向として、女子はボディコンタクトが少ないネット型種目（バレーボール、テニス、バドミントン）を男子より多く経験し、男子は武道やサッカーなどのボディコンタクトが相対的に多い種目を女子より経験していることが明らかにされている[7]。学校教育におけるこれら実施種目の経験の違いは、男性向きの種目、女性向きの種目という捉え方を無意識的に生徒に植えつける可能性がある。

　近年、保健体育科の授業は男女共修となり、男女共習（混合）での実施も増えている。男女共修は男女が同じカリキュラムを履修することであり、男女共習（混合）は男女が同じ時間に同じ場所で、基本的には同じ教員から同じ学習内容を履修することを指す。これら男女共修・男女共習にはメリットとデメリットがあることが報告されている[8]。今後、男女以外の指標で授業を行うことも検討する必要があるのかもしれない。

　このように、授業の中で学ぶ領域や種目に差があることは、無意識のうちに生徒の中に偏ったジェンダー形成を行っている可能性がある。また、保健

*4
家庭科の男女共通必修化は、生徒の性別役割分業観、家族観、子育て観、家事参加など家庭生活のさまざまな側面に影響を与えることが報告されている。しかしながら、単位数の減少もみられており、それが社会人となった人々にどのような影響を与えるのかを明らかにすることが今後の研究課題となっている[5]。

体育科に限らず教員の言動や行動が生徒のジェンダー形成に寄与する可能性もある[9]。学校教育は子どもたちに与える影響が大きいからこそ、教員は自らの意識や考え方、言動により敏感になる必要があるだろう。

3 部活動

　日本の学校部活動は、中学生や高校生にとってスポーツとかかわる重要な場である。部活動は、2008（平成20）年の中学校学習指導要領改訂、2009（同21）年の高等学校学習指導要領改訂において、第1章総則の配慮すべき事項に「学校教育の一環として、教育課程との関連が図られるよう留意すること」と明記された。さらに2017（同29）年の中学校学習指導要領改訂では、「教育課程外の学校教育活動と教育課程の関連が図られるように留意するもの」という文言が加えられ、より一層部活動と学校教育との学びの結びつきが強くなった。このような部活動において、ジェンダー形成とのかかわりを考える視点は、1つは勝利至上主義の問題であり、もう1つはマネージャーの存在である。

（1）勝利至上主義に係る問題

　部活動、特に運動部活動においては、「勝つ」ことが優先される傾向にある。「女なのに男勝り」「男のくせに女々しい」「男なのに弱々しい」などの表現に代表される既存のジェンダー秩序は、強さを旨とした男性性に支配されており、勝利至上主義は「強い＝男性性」を際立たせる状況を生み出している[10]。

　また、多くの運動部が男女で分かれて実施されており、さらに種目によっては、男子しか入れない部、女子しか入れない部が存在する。全国高等学校体育連盟（以下「高体連」）の登録種目を見ると、男子しか存在しない種目として「ラグビー」「ボクシング」「水球」「相撲」があり、女子しか存在しない種目が「なぎなた」がある。また、登録する生徒数を見ると、男女に大きな差がある種目が存在し、男女の性によって部活動選択が限定されている状況や、あるいは、生徒の意識の中に男子が実施する種目、女子が実施する種目が形成されている可能性がうかがえる（図9-1参照）。

　野球については、日本高等学校野球連盟（以下「高野連」）と全国高等学校女子硬式野球連盟、全日本女子軟式野球連盟がそれぞれ別団体として存在しており、高体連とは異なる組織となっている。高野連は男子を対象としており、硬式野球と軟式野球を統括している。高野連以外は登録者数が把握で

きないため、登録校数・チーム数で比較すると、男子硬式野球は 3,890 校、女子硬式野球は 43 校、男子軟式野球は 399 校、女子軟式野球は 64 チームとなっており、野球において男女によって実施環境に差があることが分かる。

　以上に見てきたように、学校期における生徒のスポーツとのかかわり方には、性別による差があることが分かる。学校期のスポーツとのかかわり方は、その後の運動やスポーツとのかかわり方に影響を与える可能性があるため、これらの状況を改善する必要があると考えられる。

（2）マネージャーの存在に係る問題

　もう 1 つは、マネージャーの存在についてである。高井昌吏によると、女子マネージャーが学校運動部に登場したのは 1960 年代であり、「女人禁制」の男性スポーツ集団に女性が入る手段の一つとして用いられたようである[11]。女子マネージャーは、選手である男子をケアしサポートする役割を担いながら、集団への奉仕を行ってきたのである。この活動が、性別役割分業の再生産につながることが懸念されている。しかしながら、その業務を行うことを望む女子生徒がいることも事実であり、彼女たちの意思を尊重すべきという意見も存在する。女子マネージャーのあり方については、「社会の問題」か「個人の問題」かが争点になっている。

図 9-1　2021 年度　男女別高体連登録者数（上位 20 種目）

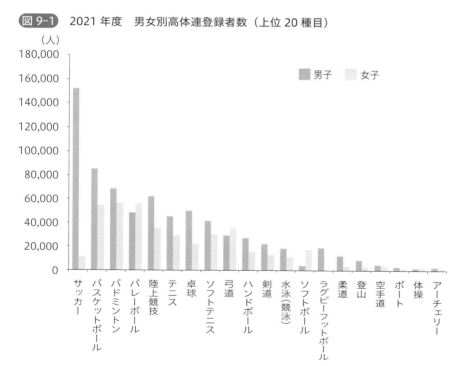

出典：全国高等学校体育連盟「令和 3 年度加盟登録状況」を参考に筆者作成
https://www.zen-koutairen.com/pdf/reg-reiwa03.pdf

　競技スポーツは、「平等」「公平性」を担保するために男女別で実施されている。スポーツの世界におけるジェンダーの問題は多種多様であり、さらに時代とともに変化している。ジェンダー平等という側面から、この「平等」や「公平性」を問い直す時期に来ている。

1 スポーツにおける平等の問題

　「平等」には2つの基準があるとされている。1つは「機会の平等」で、もう1つは「結果の平等」である。「機会の平等」とは、その人がもつ背景に関係なく機会を提供しているかという基準である。「能力と意欲さえあれば、誰でもスポーツを実施する状況にあるのか」を問うものであり、性別にかかわりなく同等の機会が提供されているのかという問題である。「結果の平等」とは、不利益な立場にある人に補償がされているかという基準である。歴史的に不利益な状況が蓄積されている場合や不利益な状況にある場合、その不利益な状況を改善する措置を講じ、その結果、平等を実現しようとする考え方である。

　スポーツは男性を中心に発展し、女性はスポーツから排除されてきた歴史がある。そのため、女性スポーツを推進する政策が現在でもとられている。また、障害のある人に対しては、障害の程度によって不利益な状況が異なるため、同じように競うために、その不利益に対する措置を講じ実質的な平等をめざすことがある。このような考え方は、ポジティブ・アクションといわれ、スポーツにおけるジェンダー平等を推進する場面でも行われている。

2 スポーツにおける公正の問題

　公正とは、「平等で偏りがないこと」「公平で正しいこと」という意味がある。しかし、この「公正」には定まった答えがない。なぜなら、何をもって「公正」とするかは、何をもって「平等」や「公平」であると見なすのかという問題にかかわってくるからである。

　競技スポーツは男女別で実施される場合が多く、誰が男性で誰が女性であるかの線引きが必要となる。特に、女性の競技会に男性が入ることを「不公正」と考える競技スポーツでは、女性に対して「性別確認検査」を実施して

きた。このことは、女性を守ることになる一方で、その基準を満たさない女性を排除する結果をもたらしてきたのである。何をもって「公正」と考えるかは、状況や立場によって異なる。しかし、その状況や立場によって考えた「公正」が人間の尊厳や人権を脅かすものになってはいけない。また、「公正」は、社会状況において変化するものでもある。私たちは、常に「公正」について考えていかなければならないのである。

3 スポーツにおける男性中心主義

現在のスポーツの多くが、近代のイギリスに起源をもっている。当時のイギリスでは、エリート貴族の養成機関であるパブリック・スクールでスポーツが行われていた。ここに入学できるのは男性のみで、女性は入学することが認められていなかった。つまり、近代スポーツは男性を中心として発展し、女性を排除してきたのである。さらに、男性ばかりの集団では、「男らしくあること」が重要とされ、力強さや勇敢さ、たくましさが求められた。また、「男らしくあること＝異性愛者」であることも当然とされ、男性の同性愛者は嫌悪の対象とされ、排除されることとなったのである。

現在でも、スポーツの世界では一般の社会以上に男性に対するホモフォビア（同性愛嫌悪）が強いという報告もある。トップアスリートが現役引退後にカミングアウトする事例も多く、このことはスポーツ界において同性愛嫌悪が存在することの一端を示しているといえるのではないだろうか。

4 スポーツ組織の構造

スポーツ庁は 2019（令和元）年に中央競技団体に対して「スポーツ団体ガバナンスコード」*5 を策定し、組織の適切な運営のために多様性や実効性を確保することの重要性を述べた。組織の多様性については、女性理事の割合を 40％にすることや、外部理事の割合を 25％にすることを目標として掲げている。ここでは、国内の競技スポーツ団体を統括する公益財団法人日本スポーツ協会に加盟する中央競技団体の役員構成から組織のあり方を見ていく。

2018（平成 30）年、笹川スポーツ財団により行われた調査によると、中央競技団体の役職員全体の男女比率は、女性が 19.6％と 2 割にも満たない状態である。雇用形態別に見ると、女性比率が高いのは「派遣職員」

*5　スポーツ団体ガバナンスコード
スポーツ団体が自ら遵守すべき基準の作成等に資するよう適切な組織運営を行う上での原則・規範のこと。このスポーツ団体ガバナンスコードの策定により、スポーツ団体の不祥事案の未然防止だけではなく、適正なガバナンスが確保されることがめざされている。

90.6％、「アルバイト」76.4％となっており、一方、意思決定にかかわる役員の女性比率は、「理事（常勤）」10.1％、「理事（非常勤）」13.9％、「監事」12.9％など、1割程度と低い割合になっている。

　さらに、オリンピックやパラリンピックの日本代表選手団の役員構成比においても性別による偏りが見られる。オリンピック大会の女性役員の割合は2割にも満たない状況であり、パラリンピック大会では2割から3割とオリンピック大会と比較すると少し高い割合になっているものの、低い状況にあることが分かる[11]。

　このように、日本のトップにある競技団体や国際大会にかかわる役員構成比に性別による偏りがあることは、さまざまな意思決定における多様性の欠如を招く可能性がある。今後の日本のスポーツ界の発展を考えると、このような状況を改善していく必要があるといえるだろう。

4 スポーツにおけるジェンダー平等に向けて

　スポーツ界においてジェンダー平等を実現していくためには、スポーツ関連組織が自らの組織構造を見直したり、指導者自身がジェンダーにかかわる課題に意識を持ち研鑽を積むことが求められる。さらに、スポーツにかかわるあらゆる人々がジェンダーに関心をもち、当然とされてきた考え方や捉え方を問い直し考える意識をもつことが求められる。

1 スポーツ関連組織の取り組み

　2014（平成26）年、第6回世界女性スポーツ会議において、スポーツのあらゆる場面で女性がスポーツにかかわる機会を増やすための「ブライトン・プラス・ヘルシンキ 2014 宣言（Brighton plus Helsinki 2014 Declaration）」が採択された。日本は 2017（同 29）年に、日本スポーツ振興センター、日本オリンピック委員会、日本障がい者スポーツ協会、日本体育協会（現：日本スポーツ協会）とともにこの宣言に署名している。

　また、スポーツ庁は 2019（令和元）年に、中央競技団体と一般スポーツ団体に対してガバナンスコードを提示した。適切な組織運営を確保するために、役員等の多様性および理事会の実効性の確保、役員等の新陳代謝を図る仕組みの構築に取り組むことを明示し、特に中央競技団体に対しては、女性理事の割合を 40％以上にすることと具体的な数値目標を示した。このように、国際的にも国内でも女性がスポーツの運営に積極的にかかわる機会を増

やすことがめざされているのである。

　では、国内のスポーツ関連組織はジェンダー平等についてどのように考え、取り組みを行っているのであろうか。2018（平成 30）年に日本スポーツ協会加盟団体に対して行われた調査によると、女子競技者増加の取り組みや役員の男女比の偏りをなくす取り組みについては、半数近くの団体が取り組んでいることが明らかにされている。また、女子競技者増加の取り組みについては 55.4％、役員の男女比の偏りをなくす取り組みについては 59.0％の団体が必要と回答している。このように、これらの課題については、すでに取り組んでいる団体も多く、課題解決に向けた意識が高いことがうかがえる。しかし、実質的な女性理事の割合はまだ目標値には達しておらず、今後の取り組みが期待されるところである。

2　指導者の取り組み

　指導者は直接選手とかかわる立場にある。指導者がジェンダーにかかわる課題について意識をもっているか否かは、指導場面や指導方針に大きく影響すると考えられる。日本スポーツ協会に登録する公認指導者へのアンケート調査の結果によると、「身の回りに LGBT 当事者がいた・いる」と回答した人は 27.7％であり、そのうち「その当事者を指導したことがある人」は 15.6％となっている。近年の調査では、3 ～ 10％程度の割合で LGBT 等性的マイノリティの人々が存在することが報告されている。指導者自身が LGBT 等性的マイノリティに関する知識やジェンダーに関する課題に関心をもつことは、全ての人々が躊躇することなくスポーツとかかわるために重要なポイントとなるであろう。

　スポーツ関連組織も LGBT に関する研修や勉強会の開催、情報収集の必要性を感じている。また、指導者への LGBT 当事者の指導に関する情報提供やその仕組みづくりについても取り組む必要があると感じていることが報告されている。指導者個人で取り組むだけではなく、組織的に取り組むことによって、必要な情報や知識が指導者を含む多くの人々に習得されるのではないだろうか。

3　人々の意識改革

　スポーツは「身体」が強くかかわることで、男女の領域が明確に分かれる

ことが当然であり、性別によって、競技や種目に向き・不向きがあるようにも思われがちである。しかし、近年では、男性向きと思われていたボクシングや総合格闘技に女性が進出している。また、女性が実施するものだと思われていたアーティスティックスイミングでは 2016（平成 28）年から男性への門戸が開かれ、新体操でも男性の競技者が増加している。

　このように、人々が当然と思っていた考え方や捉え方は変化していくものである。「こうあるべき」という規範は、時代によって変化し、流動的である。改めて、スポーツにおけるジェンダーの捉え方、あるいは、ジェンダーに捉われないスポーツのあり方を考えることが求められるのではないだろうか。

引用文献

1 ）男女共同参画局：第 5 次男女共同参画基本計画　2020 年　p.153
　　https://www.gender.go.jp/about_danjo/basic_plans/5th/index.html（参照日：2021 年 5 月 31 日）

2 ）井上輝子・上野千鶴子・江原由美子他編『岩波女性学事典』岩波書店　2002 年　pp.399-402

3 ）同上書　p.471

4 ）飯田貴子「スポーツのジェンダー構造を読む」飯田貴子・井谷惠子編著『スポーツ・ジェンダー学への招待』明石書店　2004 年　pp.11-19

5 ）中西雪夫「男女共通必修家庭科の成果と課題」『日本家庭科教育学会誌』第 53 巻第 4 号　日本家庭科教育学会　2011 年

6 ）井谷惠子「体育カリキュラムのポリティクス」飯田貴子・熊安貴美江・來田享子編著『よくわかるスポーツとジェンダー』ミネルヴァ書房　2018 年　pp.34-35

7 ）松宮智生「教育とジェンダー」日本スポーツとジェンダー学会編『データでみるスポーツとジェンダー』八千代出版　2016 年　pp.84-98

8 ）佐野信子「男女共修・男女共習」飯田貴子・熊安貴美江・來田享子編著『よくわかるスポーツとジェンダー』ミネルヴァ書房　2018 年　pp.38-39.

9 ）宮本乙女「体育授業におけるジェンダーの生成」飯田貴子・熊安貴美江・來田享子編著『よくわかるスポーツとジェンダー』ミネルヴァ書房　2018 年　pp.48-49.

10）池上徹「部活動」河野銀子・藤田由美子編著『新版　教育社会とジェンダー』学文社　2018 年　pp.80-92

11）高井昌吏「運動部活動・女子マネージャー」飯田貴子・熊安貴美江・來田享子編著『よくわかるスポーツとジェンダー』ミネルヴァ書房　2018 年　pp.50-51

12）木村華織「オリンピック・パラリンピック大会の日本代表選手団役員」日本スポーツとジェンダー学会編『データでみるスポーツとジェンダー』八千代出版　2016 年　pp.72-81

参 考 文 献

飯田貴子・熊安貴美江・來田享子編著『よくわかるスポーツとジェンダー』ミネルヴァ書房　2018 年

飯田貴子・井谷惠子編著『スポーツ・ジェンダー学への招待』明石書店　2004 年

日本スポーツとジェンダー学会編『データでみるスポーツとジェンダー』八千代出版　2016 年

河野銀子・藤田由美子編著『新版　教育社会とジェンダー』学文社　2018 年

笹川スポーツ財団「中央競技団体現況調査　報告書」2019 年

來田享子編『平成 29 年度日本体育協会スポーツ医・科学研究報告Ⅱ　スポーツ指導に必要な LGBT の人々への配慮に関する調査研究―第 1 報―』日本体育協会　2018 年

來田享子編『平成 30 年度日本スポーツ協会スポーツ医・科学研究報告Ⅰ　スポーツ指導に必要な LGBT の人々への配慮に関する調査研究―第 2 報―』日本スポーツ協会　2019 年

井上俊・上野千鶴子・大澤真幸他『岩波講座現代社会学 11 巻　ジェンダーの社会学』岩波書店　1998 年

日本高等学校野球連盟：資料
　http://www.jhbf.or.jp/data/statistical/index_koushiki.html（2021 年 9 月 10 日参照）

全国高等学校女子硬式野球連盟：加盟校一覧
　http://www.jhgbf.org/jhgbf_kameikou/（2021 年 9 月 10 日参照）

全日本女子軟式野球連盟：チーム名一覧
　http://zenjoren.com/（2021 年 9 月 10 日参照）

学 び の 確 認

（　　）に入る言葉を考えてみよう

①一般的にジェンダーとは「（　　　　　　　　）や（　　　　　　）など文化によってつくられた性差」といわれ、「生物学的な性」である「（　　　　　　　）」と対をなす言葉として捉えられている。

②LGBT とは、L：（　　　　　　　　）、G：（　　　　　　）、B：（　　　　　　　　）、T：（　　　　　　　　　）の頭文字をとった単語であり、セクシャル・マイノリティの総称の一つである。

③ジェンダー規範が形成される要因としては、社会の中にある（　　　　）や（　　　　）や（　　　　）、学校教育の（　　　　　　　　）、特に、保健体育においては、授業で実施される種目の違いなどが挙げられる。また、学校部活動においては、（　　　　　　　　）や女子に多く見られる（　　　　　　　　）の存在がジェンダー規範を強化する働きをしている。さらにスポーツ種目の選択において、選択できる種目の違いなどもジェンダー規範を形成する要因となっている。

スポーツとジェンダーが直面する社会的課題

愛知東邦大学／大勝　志津穂

多様な性とスポーツ

　日本スポーツ協会による「体育・スポーツにおける多様な性のあり方ガイドライン」やプライドハウス東京による「SPORT for EVERYONE−スポーツフォーエブリワン−」「SPORT for EVERYONE スポーツ組織でできるLGBTQ+インクルーシブな環境づくり」では、LGBTQ等の人々が、運動やスポーツ場面で困ったことや困難だったこと、嫌だったことが提示されるとともに、指導者や周りの人々、組織がどのように対応すべきかのヒントが示されています。さらに、カミングアウトを受けた時の対応やアウティングをしないようにすることなども示されています。ぜひ、参考にして各自が考えるきっかけになればと思います。

　また、LGBT等の当事者たちに共感し、寄り添いたいと思う人をアライ（ally）といいます。アライ（ally）はもともと、「仲間」や「同盟」を意味する言葉で、近年はLGBT等の人々だけでなく、さまざまな人々への共感や理解を示す人々を指す言葉としても使用されています。ぜひ、ジェンダーの視点だけではなく、さまざまな視点から自分とは異なる人々を理解するよう学びを深めていきましょう。

参考資料
・「体育・スポーツにおける多様な性のあり方ガイドライン」日本スポーツ協会
　https://www.japan-sports.or.jp/medicine/tabid1242.html
・「SPORT for EVERYONE—スポーツフォーエブリワン—」「SPORT for EVERYONE スポーツ組織でできるLGBTQ+インクルーシブな環境づくり」プライドハウス東京
　https://pridehouse.jp/handbook/

トランスジェンダー選手の参加資格

　2021年の東京オリンピックで、男性から女性へ性別変更した選手が重量挙げ競技に参加しました。彼女は、国際オリンピック委員会（IOC）の参加規定を満たしており違反していたわけではありませんが、彼女の参加に対して否定的な意見が見られました。

　そもそも、IOCの参加規定はトランス女性（男性から女性への性別変更）にのみホルモンレベルの規定を設けています。つまり、トランス男性（女性から男性への性別変更）は性自認の宣言のみで参加できるにもかかわらず、トランス女性は血中テストステロンレベルをクリアしなければ参加できないのです。このことは、性別が男女に明確に区別できないことが分かっている現在において、スポーツにおける性別二元性を問い直すことにもなり、また一方で、男女の区分で競技を実施していくための新たな規定や

方法論を検討する課題をもたらしています。

スポーツと身体とジェンダー

　現在、スポーツはメディアにとって重要なコンテンツとなっており、そこに描かれるアスリートは多くの人々の注目を浴びます。しかし、その描かれ方や表象のされ方によってさまざまな問題・課題が浮上しています。

（1）メディアにおけるジェンダー表象
　メディアにおけるアスリートの描かれ方には、ジェンダーによる違いがあることがこれまでの研究で言及されてきました。例えば、男性は力強さやたくましさが描かれるものの、美しさやしなやかさなどはほとんど描かれていません。一方、女性は美しさやか弱さ、綺麗さが描かれるものの、強くたくましい姿としてはほとんど描かれません。このように、メディアがジェンダーを形成し増幅させる装置として存在しているのです。無意識のうちに刷り込まれたジェンダー意識は、その表象のされ方に疑問を抱かなくなってしまう危険性を伴っています。ぜひ、メディア・リテラシーの知識を身につけ、目の前を通り過ぎる映像や言葉など表象のされ方を批判的に読み解く力をつけていきましょう。

（2）アスリートのユニフォーム問題と盗撮問題
　2021（令和3）年4月、ヨーロッパ体操競技選手権において、ドイツ選手が全身を覆うボディスーツタイプのユニフォーム（ユニタード）を着用し大会に出場したことが報道されました。また、同年7月には、ビーチハンドボールチームの選手がユニフォーム規定にあるビキニ着用を拒否して大会に参加し、罰金を科せられたことが報道されました。これらの報道は、女性アスリートのユニフォームにかかわるものです。
　なぜ、女性のユニフォームにかかわる問題のみが報道されるのでしょうか。そこには、これまでメディアを通して描かれてきた女性アス

リートの姿やSNSで発信される女性アスリートの姿とかかわりがあるからではないでしょうか。
　東京2020大会を前に、アスリートを支える立場にあるスポーツ関連団体7つが協力して、競技者の盗撮、性的目的の写真・動画の悪用、悪質なSNS投稿等の卑劣な行為に対して、これらの行為を許さない姿勢を示しました。アスリートが競技に集中し、スポーツを楽しめる環境をメディアだけでなく、ファンや関係者がともにつくっていくことが求められています。

出典：日本オリンピック委員会：アスリートへの写真・動画による
　　　性的ハラスメント防止の取り組みについて
　　　https://www.joc.or.jp/about/savesport/

生涯スポーツ社会の実現

なぜこの章を学ぶのですか？

　わが国のスポーツ政策において「生涯スポーツ社会の実現」は大きな命題となっています。では、生涯スポーツ社会とは何か、生涯スポーツ社会の実現が求められる歴史的・社会的背景とは何か、その実現の方策として進められている総合型地域スポーツクラブとは何かといった内容を説明していきます。

第 10 章の学びのポイントは何ですか？

　日本のスポーツ界は戦後、近代スポーツに取り組むべく「大衆化」をキーワードに政策を進めてきましたが、現在は、組織と事業をいかにマネジメントしていくかが問われています。生涯スポーツにおけるマネジメントの必要性を理解していきましょう。

考えてみよう

① 戦後の日本においてスポーツにはどんなイメージがありますか？　「昭和」「平成」時代のスポーツのイメージを書いてみましょう。

② 総合型地域スポーツクラブという言葉を聞いてイメージするものは何ですか？　思い浮かべて、その特徴を書き出してみましょう。

1　生涯スポーツの俯瞰

　日本の生涯スポーツは、戦後の「大衆化」政策から始まる。その後、社会体育として地域スポーツの振興が進み、体育指導委員制度も整備されるようになった。1980 年代に入ると、スポーツの商業化が目立つようになっていく。現代は、少子高齢化社会となり、生涯スポーツという考え方によって地域スポーツにマネジメントの概念を取り入れた総合型地域スポーツクラブが整備されつつある。

　スポーツの魅力は「する」だけではなく、近年では「みる」「ささえる」といった活動も注目されている。「するスポーツ」の目的も競技としてだけではなく、健康、コミュニティ、生きがいなど多様化している。生涯スポーツとは、全ての人があらゆるライフステージで多様なスポーツの価値を享受することである。本節では、歴史を振り返り、現代の生涯スポーツの展開とその実際について学ぶ。

1　日本における生涯スポーツ政策成立までの流れ

（1）スポーツの大衆化

　第二次世界大戦後（1945（昭和 20）年以降）、日本のスポーツは「大衆化」が大命題となり、それが現在の生涯スポーツにも通じている。

　オリンピックに代表される近代スポーツにはアマチュアリズムが根底にあり、歴史的には日本のスポーツもその影響を受けている。このアマチュアリズムとはイギリスのジェントルマン主義からくるもので「スポーツは一部の特権階級が行うもの」、つまりは「労働者階級」「プロスポーツ」「女性」などを排除する考え方でもあった。そういった意味では、アマチュアリズムは「スポーツの大衆化」に反する考え方といえる。一方、ヨーロッパの階層社会には批判的でもあったアメリカでは、それとは反対にスポーツのプロ化が進んだ。

　その狭間で、スポーツをどう「大衆化」していくのか。スポーツの大衆化に対する脆弱な理論から日本の生涯スポーツはスタートする。
1949（昭和 24）年に社会教育法が成立すると、その第 2 条に「この法律で社会教育とは、学校教育法に基き、学校の教育課程として行われる教育活動を除き、主として青少年及び成人に対して行われる組織的な教育活動（体育及びレクリエーションの活動を含む。）をいう」（当時）と明記され、「社会

教育」の一環としてスポーツ活動が位置づけられることになった。またこれに伴い、1951（昭和26）年には社会体育指導要項が策定された。これがスポーツの大衆化を明文化した原点ともいえるだろう。

（2）体育指導委員とスポーツの財源

　1957（昭和32）年、「スポーツの大衆化」を地域で具現化していく取り組みとして、体育指導委員（現：スポーツ推進委員）制度が発足する。しかし、全国スポーツ推進委員連合のウェブサイトを見ると、「体育指導委員はわずかな財政負担の中で、非常勤公務員という誇りと使命感のもと、我が国の地域スポーツの拡大発展に大きく貢献してきました」と記載されている。この記述の中に「わずかな財政負担の中で」という文言があることからもわかる通り、当時のスポーツ振興は政策として進められる一方、憲法上は補助金を制限する条文（第89条）があり、社会体育事業を行うための財源が確保されないという状況であった。のちに、この状況は後述するスポーツ振興法によって回避されることになる。

（3）三鷹方式

　1970年代、東京都三鷹市のスポーツ行政は、その特徴として「三鷹方式」と呼ばれるスポーツ振興施策において先駆的な役割を担ったとされる。これは当時の三鷹市体育指導委員協議会が原案をつくったもので、それまでは体育指導委員の多くが、行政の主催する行事のサポートをするのが定例であったのに対し、この行事中心主義からの脱却をめざしたものであった。原案には市民のスポーツ自主グループを量的にも質的にも繁栄させていくことが体育指導委員の役割として明記され、これらが現在の総合型地域スポーツクラブにおける「スポーツへの主体的参加」と「受益者負担」に通じている。

　1972（昭和47）年には日本で初めての体系的なスポーツ政策といわれる「保健体育審議会答申」が出されるが、これは、三鷹方式の内容も大いに含まれるものであった。1973（同48）年には経済企画庁の総合国策として「経済社会基本計画」が発表され、その中に「コミュニティスポーツの振興」が掲げられたが、スポーツ振興が「総合国策」の中に掲げられたことは異例のことであった。そして、この具体策として、1977（同52）年に文部省が「地域スポーツクラブ育成指定市町村事業」を補助事業として行うことになる。

（4）スポーツの商業主義化

　1980年代に入ると、一転してスポーツは商業化の道を歩むことになる。それは、80年代戦略として打ち出された行政改革によって、さまざまな分

野での民営化が推し進められたことに起因する。「民営化＝商業化」でもあり国内需要拡大のため、経済界からもスポーツの商業化は歓迎された。特に1984 年ロサンゼルスオリンピックは、行政支出に困窮するオリンピックイベントが「民営化＝商業化」するオリンピックとして成功をおさめたことから、商業スポーツのシンボルにもなった。

　一方で、「地域スポーツクラブ育成指定市町村事業」は個別のクラブを有機的に統合する「地域スポーツクラブ連合育成事業」に転換されたものの、商業化が進む社会情勢にあって、マネジメントの概念がなかったこの事業はうまくいかなかったとされる。

2　生涯スポーツの考え方

　1989（平成元）年の保健体育審議会答申「21 世紀に向けたスポーツの振興方策」において、「生涯スポーツの充実」が明記された。ここには、これまでの「スポーツの大衆化」「社会体育」「コミュニティスポーツ」「スポーツの商業化」といった内容が含まれている。

　生涯スポーツという言葉は、1965 年にパリのユネスコ本部の成人教育国際委員会において、ラングラン（P. Lengrand）が提唱した「生涯教育」という言葉に端を発し（近年では「生涯学習」という言葉が一般化している）、それをスポーツに転化したものとされる。生涯教育の理念では「教育というものは学校教育や家庭教育だけでは不十分であり、永続的に社会全体での教育が必要である」と説かれており、この理念をスポーツにも適用させた考え方が生涯スポーツである。

　文部科学省は「スポーツ振興基本計画」（後述参照）において、生涯スポーツ社会を「国民の誰もが、それぞれの体力や年齢、技術、興味・目的に応じて、いつでも、どこでも、いつまでもスポーツに親しむことができる」社会とし、「生涯スポーツの充実」とは「だれでも、いつでも、どこでも」スポーツができるようにすることであり、この理念はそのまま、総合型地域スポーツクラブの構想に生かされている。

　1990 年代からの少子高齢化・人口減少社会も相まって、競技スポーツの高度化や専門化の受け皿であった学校運動部活動や企業スポーツの実業団には限界が見られるようになり、次第に J リーグに代表されるクラブスポーツへ移行していくようになる。これに伴い、必然的に生涯スポーツの受け皿として地域スポーツへの期待が高まるが、これまでの日本の地域スポーツの特徴は、小さなチーム組織が点在し、公共スポーツ施設はそのごく一部の市民

にしか利用されないものであった。そこで、「地域スポーツクラブ連合育成事業」をさらに発展する形で、「総合型地域スポーツクラブ」が構想されることになった。

2 生涯スポーツにかかわる政策―スポーツ基本法―

生涯スポーツは国の政策として進められている。その根本となっているのが、スポーツ基本法、およびその前身のスポーツ振興法である。

スポーツ政策の立案や実施の際、国や行政にあっては、その根拠法が必要となる。現在、その根本となっているのがスポーツ基本法であるが、その歴史的背景や内容などについて、以下に説明する。

スポーツ振興法とスポーツ振興基本計画

（1）スポーツ振興法

1961（昭和36）年、スポーツ基本法の前身であるスポーツ振興法が成立する。その背景としてはまず、1952（同27）年に戦後初参加となったヘルシンキオリンピックにて、選手の強化や選手団の派遣に対し、前述した憲法の条文により国庫補助を活用できなかったことがある。さらに、1964（同39）年のオリンピック開催地として東京が決定するにあたり、スポーツに対する国庫補助を実現させる法律が必要であったことから、スポーツ振興法が成立することとなった。

スポーツ振興法第20条第3項には「国は、スポーツの振興のための事業を行なうことを主たる目的とする団体であって当該事業がわが国のスポーツの振興に重要な意義を有すると認められるものに対し、当該事業に関し必要な経費について、予算の範囲内において、その一部を補助することができる」と規定された。なお、この条項は、オリンピックだけではなく、地方公共団体が行う事業においても適用された。

また、前述した体育指導委員についても同法第19条において「市町村の教育委員会に、体育指導委員を置く」と明記され、非常勤公務員としての役割が明確となり、各市町村において予算措置も行われるようになった。

（2）スポーツ振興基本計画

　スポーツ振興基本計画とは、スポーツ振興法の下、2000（平成 12）年に当時の文部省が策定し、2001（同 13）〜 2010（同 22）年の 10 年にわたるわが国のスポーツ振興のあり方を示したものである。1990 年代のバブル経済の終焉に伴う税収の落ち込みや少子高齢化、国際化といった社会に対応するため、限られた予算をより具体的かつ効果的に執行するスポーツ政策予算の使い方を提示したもので、①スポーツの振興を通じた子どもの体力の向上方策、②地域におけるスポーツ環境の整備充実方策、③わが国の国際競技力の総合的な向上方策が示された。その中で、②が生涯スポーツに関連する項目にあたり、重要施策として総合型地域スポーツクラブの育成が掲げられた。

2 スポーツ基本法とスポーツ基本計画

（1）スポーツ基本法

　前身の「スポーツ振興法」から半世紀を経て、2011（平成 23）年に「スポーツ基本法」が制定された。スポーツ界における国際機運の高まりや、国内スポーツのさまざまな課題の多様化に対応するため、スポーツ振興法を抜本的に改正した形になる。また同年には、東日本大震災も発生し、スポーツ課題への対応だけでなく、社会貢献への期待に応える意味も含まれた。

　その後、2012（平成 24）年「第 1 期スポーツ基本計画」の策定、2013（同 25）年「東京 2020 オリンピック・パラリンピック」の開催決定、2015（同 27）年「スポーツ庁」の設置、2017（同 29）年「第 2 期スポーツ基本計画」の策定（2022（令和 4）年「第 3 期スポーツ基本計画」策定予定）、2021（同 3）年「東京 2020 大会」の開催など、活発な動きが見られる。

　スポーツ基本法では、スポーツ振興法には存在しなかった前文が加えられ「スポーツは、世界共通の人類の文化である」「スポーツを通じて幸福で豊かな生活を営むことは、すべての人々の権利」と記され、スポーツの価値や意義、スポーツの果たす役割の重要性が示された。

（2）スポーツ基本計画

　スポーツ基本計画はスポーツ基本法（第 9 条）に基づいて策定されたもので、2012（平成 24）〜 2021（令和 3）年の 10 年間におけるスポーツ施策の方向性を示したものである。2012 年度からの第 1 期は、直近 5 年間の総合的かつ計画的に取り組む施策が示された。スポーツ振興基本計画を踏襲し、①子どものスポーツ機会の充実、②ライフステージに応じたスポーツ活

動の推進、③住民が主体的に参画する地域のスポーツ環境の整備、④国際競技力の向上に向けた人材の養成やスポーツ環境の整備、⑤オリンピック・パラリンピック等の国際競技大会の招致・開催等を通じた国際貢献・交流の推進、⑥スポーツ界の透明性、公平・公正性の向上、⑦スポーツ界の好循環の創出の7つの政策目標が提示された。

特に、生涯スポーツに関連する項目としては②と③が該当し、②では「ライフステージに応じたスポーツ活動を推進するため、国民の誰もが、それぞれの体力や年齢、技術、興味・目的に応じて、いつでも、どこでも、いつまでも安全にスポーツに親しむことができる生涯スポーツ社会の実現に向けた環境の整備を推進する」こと、③では「住民が主体的に参画する地域のスポーツ環境を整備するため、総合型地域スポーツクラブの育成やスポーツ指導者・スポーツ施設の充実等を図る」ことが政策目標とされた。

2017（平成29）年度からの第2期は、2021（令和3）年度までの5年計画となっている。めざす方向性を分かりやすく簡潔に示す方針で、①スポーツで「人生」が変わる、②スポーツで「社会」を変える、③スポーツで「世界」とつながる、④スポーツで「未来」をつくるという4つの観点から、「スポーツ参画人口」を拡大し、他分野との連携・協力により「一億総スポーツ社会」の実現に取り組むことが提示された。

生涯スポーツの具体的施策としては「スポーツを『する』『みる』『ささえる』スポーツ参画人口の拡大と、そのための人材育成・場の充実」を掲げ、その受け皿となる総合型地域スポーツクラブの質的充実として、①総合型クラブの登録・認証等の制度と中間支援組織の整備、②PDCAサイクルにより運営の改善等を図る総合型クラブの増加、③地域課題解決に向けた取組を行う総合型クラブの増加が記されている。

3 総合型地域スポーツクラブ

総合型地域スポーツクラブは生涯スポーツ社会の実現のために欠かせない政策として位置づけられている。「多種目、多世代、多志向型のクラブ」というキーワードが先行している印象があるが、本質は市民の主体性にある。

総合型地域スポーツクラブとは

総合型地域スポーツクラブは、政策的には1995（平成7）年にモデル事

業としてスタートし、2000（同 12）年のスポーツ振興基本計画にて具体的な展開となった。

　本計画では、地域スポーツにおいて以下の点での課題解決が求められた。

①これまで日本では、学校と企業を中心にスポーツ活動が行われてきたため、地域においてスポーツ施設や指導者等のスポーツ活動の基盤となる環境が十分整備されてきていない（そこで報酬を得ることなど）。

②地域住民には、自らのスポーツ活動のための環境を地域で主体的につくり出すという意識が根づいていない。

③公共スポーツ施設を拠点とするスポーツクラブの約 9 割が単一種目型であり、性別、年齢、種目が限定的で「誰もが、いつでも、どこでも、いつまでも各自の興味・目的に応じてスポーツに親しめる場」とは言い難い。

　また、2000（平成 12）年当時の社会背景である「完全学校週 5 日制時代を見据えた子どもたちの活動の受け皿」や「地域の連帯意識の高揚」「世代間交流等の地域社会の活性化や再生」にも言及し、その課題解決としての総合型地域スポーツクラブが期待された。

2 総合型地域スポーツクラブのマネジメント

　総合型地域スポーツクラブがこれまでの地域スポーツと違うのは、「マネジメント」という概念を取り入れたことである。マネジメントには「組織的マネジメント（財務、人事、資源管理など）」と「事業（プロダクト）マネジメント（事業計画、マーケティング、コミュニケーションなど）」があり、これを担っていくのが「クラブマネジャー」である。

　これまでの地域スポーツは、プログラムを提供する指導者が「広報活動」「プログラム企画」「場所の選定」「会費」などを決め、活動をボランティアで行うイメージが強かった。しかし、総合型地域スポーツクラブは地域が主体（意思決定する側）になり、「地域に求められるスポーツは何か？」「どのようなコミュニケーションが必要か？」「地域スポーツを行う場所の管理をどうするべきか？」「どれだけの受益者負担を求められるか？」などを地域で決めていくのである。そして、そこに労働力を提供する指導者やクラブマネジャーも報酬を得られるような仕組みをつくることもめざされた。これは NPO マネジメントやコミュニティビジネスといった手法でもある。

　その結果として総合型の特徴である「多種目・多世代・多志向」型のクラブが実現され、スポーツ活動だけではない多様な地域活動を行う多機能なコ

ミュニティとして存在することが期待されている。

3 総合型地域スポーツクラブの実際

　ここでは、具体的なクラブの事例として特徴的な2つのクラブを紹介する。

（1）NPO法人A-lifeなんかん

　1つ目は熊本県南関町にある「NPO法人A-lifeなんかん」である。本クラブは町行政との協働により、さまざまに点在していた体育スポーツ行政（競技スポーツとしての体育協会・保健福祉の介護予防や幼児体育・体育施設の管理運営など）を一本化したクラブである。行政としては行財政改革につながるとともに、町の資源の有効活用や人材の発掘・育成・登用なども効率的に行えるようになり、これまで以上に公共スポーツのサービスが充実するようになった。また、そのことでスポーツを通じてのコミュニティづくりや地元企業との協働も積極的に行っている。

　本クラブは総合型地域スポーツクラブの一つの典型例として、クラブが行政との協働をしっかり行えるマネジメント能力を有し、かつマネジメントを担う人材を育成したことの成功例であり、クラブマネジメントの重要性を見てとることができる。

（2）NPO法人SCC

　2つ目は鹿児島県にある「NPO法人SCC」である。本クラブは、前述したクラブとは一転し、民間の独立したマネジメントを主としている。しかし、総合型地域スポーツクラブの理念をしっかりと理解し、地域に根づいたスポーツ振興を心がけている。クラブの強みは「専門性」であり、陸上の短距離種目において、日本でもトップクラスの指導が行えることにある。そのことがアスリート育成だけでなく、一般の走り方教室や健康教室、子どもたちに帯同する親御さんのスポーツ教室につながり、多種目・多世代・多志向なクラブに成長していった。

　総合型地域スポーツクラブのもう一つの典型例として、専門性を生かしたプログラムを多様に開発したこと、そして、それを担う指導者がマネジメントの研修なども受講し、指導者と組織マネジメントを行えるスタッフの育成に力を入れていることが、本クラブのマネジメントの特徴である。

　以上の2つの事例からは「行政と対等に協働事業ができる組織体制」「専門性を有したプログラム開発」「マネジメントができる人材の育成」、これら

が総合型地域スポーツクラブの成功するキーワードであることがわかる。

4　生涯スポーツの展望

　総合型地域スポーツクラブの育成事業は、1995（平成 7）年のモデル事業から数えると 25 年以上の月日が流れている。これまで、3500 近いクラブが育成されてきたが、生涯スポーツの大きなムーブメントになっているとは言い難い状況である。これは、育成されたクラブの数に対して、スポーツマネジメントを担う人材の養成ができていないことを表している。

　2016（平成 28）年に政府は、「日本再興戦略 2016—第 4 次産業革命に向けて—」を策定し、10 のプロジェクトを示した。その中で、「スポーツ産業の未来開拓」という項目を設け、「スポーツ経営人材の区政・活用プラットフォームの構築」を謳っている。総合型地域スポーツクラブにおいても、そういった人材の登用が期待されている。

　さらに、2021（令和 3）年 9 月に、「学校の働き方改革を踏まえた部活動改革」が国から示された。具体的には、中学校の部活動を地域部活動として地域に移行していくものである。2023（令和 5）年度から段階的に移行していく予定であるが、その受け皿としても総合型地域スポーツクラブが期待されるとともに、前述した 2 つのクラブのように受け皿となりうるクラブマネジメントも必要である。

　社会的な課題解決という側面が大きいが、これらを生涯スポーツ社会の発展の機会と捉え、未来志向となる総合型地域スポーツクラブに、さらなる期待がもてる。

引用文献

1 ）関春南『戦後日本のスポーツ政策—その構造と展開—』大修館書店　1997 年　pp.87-100、pp.125-134、pp.154-159、pp.210-213、pp.266-276
2 ）笠原一也「第 8 章　①地域におけるスポーツ振興方策と行政のかかわり」日本スポーツ協会『公認スポーツ指導者養成テキスト』日本スポーツ協会　2019 年　pp.150-158
3 ）文部省体育局スポーツ課内社会体育研究会編著『スポーツクラブ』新宿書房　1979 年　pp.159-163
4 ）文部省体育局スポーツ課内社会体育研究会・全国体育指導委員連合編著『改訂体育指導委員実務必携』第一法規出版　1979 年　pp.25-28

～～～ 参考文献 ～～～

森田容子・清水恵美「第1章　スポーツ政策」笹川スポーツ財団『スポーツ白書2020』笹川スポーツ財
　団　2020年　pp.24-40

柳沢和雄・向陽スポーツ文化クラブ編『総合型地域スポーツクラブの発展と展望』不昧堂出版　2008年
　pp.17-20

中西純司「第3章　総合型地域スポーツクラブ構想と市民参加型まちづくりの可能性」松尾匡・伊佐淳・
　西川芳昭編著『市民参加のまちづくり　戦略編―参加とリーダーシップ・自立とパートナーシップ―』
　創成社　2005年　pp.36-39

学びの確認 ────

（　　）に入る言葉を考えてみよう

①戦後の日本のスポーツ政策は「勝利至上主義」や「少数精鋭主義」を批判し、「スポー
　ツの（　　　　　）」を掲げて活動をすることであった。

②「社会教育」の一環としてスポーツ活動が位置づけられたもの、これが
　「（　　　　　）」の始まりであった。

③1957（昭和32）年の文部事務次官通達により発足したのが（　　　　　）制度で、
　これは現在の（　　　　　）である。

④1973（昭和48）年に経済企画庁の総合国策として「経済社会基本計画」が発表さ
　れ、その中に「（　　　　　）の振興」が掲げられた。

⑤1977（昭和52）年に文部省は「（　　　　　）育成指定市町村事業」を行った。

⑥1987（昭和62）年の「地域スポーツクラブ連合育成事業」を発展させたものが、
　1995（平成7）年の「（　　　　　）育成モデル事業」である。

⑦1989（平成元）年の保健体育審議会答申「21世紀に向けたスポーツの振興方策」
　において、「（　　　　　）の充実」が明記された。

⑧2012（平成24）年の「第1期スポーツ基本計画」では、政策目標の一つとして「住
　民が（　　　　　）的に参画する地域のスポーツ環境を整備する」と記述している。

⑨総合型地域スポーツクラブの総合型とは（　　　　　）（　　　　　）（　　　　　）
　型のクラブのことである。

⑩総合型地域スポーツクラブのマネジメントを担っていく役割として期待されている
　人材が（　　　　　）である。

私の履歴書：スポーツを仕事に

九州共立大学／内田　満

1970年生まれの私は現在、大学の教員をしていますが、専任教員となってから実はまだ3年目です。それまで何をしていたのか…少し振り返ってみます。

1989年、当時は体育の先生になろうと思い体育学部に進学をしました。1984年にみたロサンゼルスオリンピックの衝撃が忘れられず、スポーツ医科学に精通した体育教師になろうと思っていました。

大学の4年間は勉強に励みつつも水泳部に所属し、そのさまざまな魅力（記録向上だけでなくチームのマネジメントや水泳大会のイベントとしての魅力など）に惹かれ、「一度、社会人経験を積んでから教師への道に行こう」と方向転換をしました。

卒業後にまずご縁があったのは、健診機関で働く人たちの体力測定や運動指導をするという仕事でした。ここで7年間、多くの企業を回りながら健康運動指導士（ヘルスケアトレーナー）としての経験を積むことができました。ただ途中で、膝の十字靭帯を断裂するけがをして入院をするのですが、この時にアスレチックリハビリテーションというものに出会います。

退院後、本場のアメリカも見てみたいと思い、これもまたご縁で恩師の先生がアメリカにいる時に2週間ほど渡米して、いろいろな場面を紹介してもらいました。トレーナーの現場を見せてもらいつつ、この時に衝撃だったのが「スポーツマネジメント」です。

まず、大学のスポーツ施設や公共の健康スポーツ施設、さまざまな場所にスポンサーが入っていました。有名企業はもちろん、例えば大学のフットボール場には地域の家具店が大きく看板を出していたり、テニスコートは葬儀店がスポンサーとなっていました。このようなスポンサー集めの活動も大学が行っています。大学のもつスポーツ資源を有効活用するため、教育部門とは別にスポーツ部門が独立し、指導者やスポンサーシップに関する事業を行っているということで、このシステムには非常に驚きました。

大学のスポーツ施設は基本的に地域に開放され、民間のスポーツクラブのように有料で使うことができます。そのマネジメントを学生が学内インターンとして実施（受付業務や機器の管理、指導など）しており、それが大学の単位にもなるという合理的なシステムもありました。

また、アパート経営の話を聞く機会もありました。そのアパートは入居すると隣接するスポーツクラブを無料で利用できるのですが、実はそもそも家賃の中に利用料が含まれているそうです。こんなシステムを実施できるのも、アメリカではスポーツが生活の一部になり、それが経済活動にもなっているからこそでしょう。

帰国後、2000年に、このトレーナー業務を独立して取り組んでみようとNPO法人をつくりました。そして次のご縁。本文でも紹介した「総合型地域スポーツクラブ」の事業が全国的に始まり、スポーツマネジメントやNPOマネジメントのニーズが高まり、NPO法人でトレーナー業務をやりつつ、日本スポーツ協会の総合型地域スポーツクラブアドバイザーという役割をいただきました。

そして、ここでまたご縁。こういったスポーツNPOの経験や総合型地域スポーツクラブのマネジメントを大学の授業でやってみませんか、というお声をかけていただき現在に至ります。

さらには、またご縁で現在、経営学の勉強もさせてもらっています。

私がスポーツを通じて得られたのは、人との出会い。

現在の職業は大学の教員ですが、私の仕事はずっと「スポーツを伝えること」。夢は「私が伝えたスポーツで、たくさんの人たちが出会いに育まれること」。人生100年時代の半分を通り過ぎましたが、折り返さずにもう少し走り続けたいと思っています。

第11章 経済とスポーツ

なぜこの章を学ぶのですか？

　特に近年、運動・スポーツ文化は経済に様々な形で大きな影響力を持つように急速に変貌しており、時に億・兆単位のお金を動かします。このような経済とスポーツのつながり、仕組み、影響力を知ることは、将来スポーツに携わっていく際の包括的な視点を育むことができるでしょう。

第11章の学びのポイントは何ですか？

　スポーツの具体的な経済効果を様々な事例から学びつつ、経済の場である市場について、主に「するスポーツ」「みるスポーツ」の視点から構造を学びます。少子高齢・人口減少社会によりスポーツ市場が縮小傾向にある現代において、スポーツ人口の実施頻度を高めることがスポーツ市場の維持・拡大に欠かせません。

考えてみよう

1 2020東京大会において、どのような場面で経済が動いていたのか、考えてみましょう。

2 少子高齢化の進む中「するスポーツ」、「みるスポーツ」の市場はどのように変化していくのかその趨勢を予測してみましょう。

1 スポーツのもつ経済効果

　1960 年代〜 70 年代、テレビメディアが普及したことにより、スポーツの中でも特に「みるスポーツ」の市場が飛躍的に拡大した。

　日本のスポーツ産業については、伝統的な 3 領域である「スポーツ用品産業」「スポーツ施設空間産業」「スポーツサービス・情報産業」を中心に拡大してきた。

1 スポーツの商品化と経済効果

（1）オリンピックやメガスポーツイベントの商品化と経済効果

　1960 年代〜 70 年代、テレビメディアが普及したことで、スポーツ、特に「みるスポーツ」の市場が飛躍的に拡大した。1980 年代後半になると衛星放送が開始され、世界中のスポーツ中継がリアルタイムで視聴できるようになると、メガスポーツイベントの放映権料は高騰の一途をたどった。このようなスポーツの商品化のきっかけの一つに、1974 年の国際オリンピック委員会（International Olympic Committee：以下「IOC」）によるアマチュア規定の緩和がある。その後、競技会に企業名を冠する「冠大会」も増え、企業の協賛金を原資にした賞金試合がプロスポーツの世界で増えてきた。

　オリンピックやメガスポーツイベントの商品化を一層後押ししたきっかけとして、1984 年ロサンゼルスオリンピックが商業的成功（2 億 1,500 万ドルの黒字）を収めたことが挙げられる。成功の要因としては、①テレビ放映権料がモスクワ大会から 2 億ドル値上がりしたこと、②既存のスポーツ施設を使用し、新規施設建設がわずかであったこと、③スポンサー企業の協賛戦略として「1 業種 1 社」に厳選したことで 1 億 3,000 万ドルの協賛金を集めたこと、④種目ごとの独占放映権を確立したことの 4 点が考えられる。

　しかし近年では、各国が招致活動に 1 億ドル以上の招致費用を費やしながら、開催に伴って見込んでいたような経済効果が得られないことが明らかになってきている。このためにスイスのサンモリッツ、ダボス、シオン、ドイツのミュンヘン、スウェーデンのストックホルム、ポーランドのクラクフなどではオリンピック冬季大会への立候補が住民投票で否決されるという事態も起きた。2020 東京大会においても、赤字補填や追加負担を含めると総費用が 4 兆円となることも報道されており、莫大な赤字のツケは国民や都民が負担することになる。このような状況からすれば、「みるスポーツ」としてのオリンピックの商品化は今後見直しが必要になると考えられる。

（2）アメリカにおけるプロスポーツの商品化と経済効果

　オリンピックと比べて新規にスポーツ施設を必要としないプロリーグは、シーズン中に何度も興行を実施することから経営的に安定する。例えばアメリカのナショナル・フットボール・リーグ（以下「NFL」）をみると、2019年シーズン年間収益は160億ドル（1兆6,000億円）にのぼり、世界最大のプロスポーツリーグとして君臨している。NFLでは全32チームが黒字経営であることも有名であるが、その中でもダラス・カウボーイズは収益ランキングでトップの7億ドル（およそ800億円）の収益をあげている。

　NFLでは「みるスポーツ」の価値を高めるため、各クラブの戦力を均衡にするべく、リーグ収益を各クラブに均等に配分するレベニュー・シェアリング、選手の給与総額をコントロールするサラリーキャップ、前年度最下位チームから順次新人選手を選択する完全ウェーバー制ドラフトを採用している。「スポーツの魅力とは最高レベルで戦力の均衡したチームが繰り広げる競争状態である」という理念に基づいたものであり、2019年におけるNFLの収入の内訳は、49.7％が放映権、25.8％が入場料収入、10％がスポンサー収入、グッズ収入などのマーチャンダイジングが14.5％となっている。

　また、放映権契約の締結期間は9年間、2022年までの放映権料は500億ドル（5兆7,500億円）となっている。ちなみに、NBAの放映権料は2016～2024年までの9年間で240億ドル（2兆8,000億円）、日本で2017（平成29）年にJリーグがDAZNと契約した10年間の放映権料が2,100億円であることを考えると、NFLやNBAの放映権料がいかに巨額であるかが分かる。

2 日本におけるスポーツ関連産業の動向

（1）スポーツ関連産業の萌芽―スポーツ用品産業―

　日本では、スポーツが1868（明治元）年の明治維新後に外国人によって伝えられ、大学や中等学校などの学校を中心に普及してきた。そのため、日本におけるスポーツ関連産業の始まりとしては、スポーツの用品用具を国内で生産・販売することによって運動用具業界が形成されることになった。

　その後は企業がスポーツ界へと参入することで、1930年代には企業スポーツが登場し、野球の読売ジャイアンツの前進である大日本東京野球倶楽部の結成をはじめ、大坂タイガースなどの新球団の誕生など、日本職業野球リーグ（現在のプロ野球）がスタートしていく。読売新聞社や阪神電鉄などの新聞や鉄道などの企業では、自らのビジネスの販促に役立てるという目的

から職業野球を生み出したのである。

（2）大衆スポーツ関連産業—スポーツ施設空間産業—

　戦後になると高度経済成長期の中、国民所得の向上に比例してスポーツ需要が高まり、大衆スポーツが成長していった。こうした中で 1970 年代にはボーリングブームが起こったものの、一過性にとどまり、多くのボーリング場が倒産してしまうという事態も招いた。その後は高度経済成長も手伝って、産業資本が余剰資金を資本投入する先としてスポーツを求めていたという背景もあり、初期投資が少ないテニス事業に相次いで新規参入していく。また、これと呼応するようにテニスラケットの販売量・売上高が増加したことも報告されており [1]、1980 年代前半になるとテニスブームが到来した。

　1980 年代になると国が、①行政改革、②増税なき財政再建、③公社の民営化、④民間活力の活用、⑤米国との安保の再構築を掲げ、大きな政府から小さな政府を志向するようになったことで、福祉・教育文化スポーツ・医療の財政支出の削減が進められた。そのため、スポーツ施設整備費（国庫補助）の削減に合わせて公共スポーツ施設の民間委託が進むとともに、地域スポーツで市民のスポーツ需要に対応することにも限界が生じてきた。こうして、民間活力の方針とともに、1980 年代前半よりフィットネスクラブが急増し、フィットネス産業が形成されていくことになる。2012（平成 24）年のフィットネス産業の市場規模は 4,124 億円、コロナ禍前の 2018（同 30）年は 4,786 億円と推計されている [2]。

　また、フィットネス産業だけでなく、同時期の 1970 年代から 1990 年代半ばまではスキー産業もブームとともに成長を遂げた。特にリフトの普及がスキー場開発を一気に加速させた。また、1987 年に公開された映画『私をスキーに連れてって』の社会的反響も大きく影響することでスキーブームは加速した。それに加え、同年に制定された総合保養地地域整備法（通称：リゾート法）やバブル経済、カネ余りがさらにスキーブームを後押しして、電鉄系（西武鉄道、東京急行）の大資本が大型開発の事業展開を進め、マイカー時代を予測した大駐車場完備のデラックスホテルつきの広大なスキー場の開発を進めていくことになる。また、地域振興の名の下で地方のリゾート開発に税制上の優遇措置や政府系機関による低金利融資を行うリゾート法を利用して、数多くのスキー場が各地に造成された。こうした、リゾート法の影響はゴルフ場開発も影響を受けており、同法と預託金会員制度をもとにゴルフ場の造成が進められた。

（3）スポーツ興業とメディア展開—スポーツサービス・情報産業—

　日本では長らく、プロスポーツの興行が大相撲、プロ野球、プロゴルフ、プロボクシングなどに限られてきたが、アマチュア規定の改定により、1993（平成5）年にJリーグ、2005（同17）年にBJリーグ、そして2016（同28）年にはBJリーグとJBLを統合したJPBL（通称Bリーグ）が設立された[*1]。また、新聞、雑誌、テレビなどの従来のメディアに加えて、インターネットの高速化やデジタル技術の発展により、スポーツジャーナリズム業も多様化してきている。

＊1
それぞれ、Jリーグ：日本プロサッカーリーグ、BJリーグ：日本プロバスケットリーグ、JBL:日本バスケットボールリーグ、JPBL：ジャパン・プロフェッショナル・バスケットボールリーグ。

　以上のように、日本のスポーツ産業は伝統的な3領域である「スポーツ用品産業」「スポーツ施設空間産業」「スポーツサービス・情報産業」を中心に拡大してきたが、近年ではその複合領域としてのスポーツ関連流通業、施設・空間マネジメント業、プロスポーツなども変貌を遂げてきている。

　スポーツ産業について、1972（昭和47）年に立ち上げられた余暇開発センターの「レジャー白書」による市場規模の推計額を見ると、1982（同57）年に2兆9,560億円、バブルが崩壊した10年後の1992（平成4）年では6兆530億円、そして2009（同21）年では4兆2,310億円、2010（同22）年では4兆660億円と推計されている。なお、コロナ禍直前のスポーツ市場は、2019（令和元）年に4兆1,270億円と推計されている。2015（平成27）年に発足したスポーツ庁は、2000（同12）年にスポーツ市場規模を10兆円に、2025（令和7）年には15兆円にすることを政策目標に掲げていたが、新型コロナウィルス感染症の影響を受け、その目標達成は困難なものになっている。

2 スポーツ市場の動向

　市場とは一般的に「需要」と「供給」から構成される。スポーツやレクリエーションの需要は、いくつかの特性から、市場を流通する財やサービスの一般的な需要とは異なることが指摘されている。

1 スポーツ市場とスポーツ需要の特性

　市場とは一般的に「需要」と「供給」から構成され、価格は「需要供給曲線」から決定される。通常、一般的な生産活動における需要は、「ある時期

における、ある財・サービスを人々が購入しようとする欲求で、購買力に裏付けられたもの」を指す。また、需要は「市場価格と需要量との関係を示す関数」として定義されている。

　しかし、スポーツやレクリエーションの需要は、いくつかの特性から、市場を流通する財やサービスの一般的な需要とは異なることが指摘されている。その特性は、①市場価格が存在しない（zero）か、わずかである（nominal charge）、②市場を経ずに、消費者自らが生産者となり（consumer-as-a-producer）スポーツ財を内生化できる場合が多い、③需要量の把握が困難である、④目にみえない無形のサービス財である、⑤公共財であることが多いことと、おおよそこの 5 点に整理できる。

　例えば、②のスポーツ財の内生化というスポーツ需要の特性は、日本全国で昨日、ジョギングを行った人数、ウォーキングを行った人数、テニスを行った人数などについては把握することが不可能であることに帰結し、そしてこの特性が、③需要量の把握の困難性を生み出す要因でもある。

　したがって、一般的な財やサービスの需要とは異なり、スポーツやレクリエーションの需要を把握するための指標としては、参加費用（amount of money spent）、トラベルコスト*2 などの派生需要（derived demand）、スポーツの延べ参加人数*3（total number of visitors, users, and participants）、スポーツ参加人口*4（number of participants）、特定地域や施設の訪問日数、利用日数、参加日数（number of visitor days, contact days, and activity days）などが用いられている。

2 するスポーツ市場の動向

（1）「するスポーツ」の実施率と動向

　わが国のスポーツ実施に関する調査統計によると、過去 30 年間の成人の「週 1 回以上」のスポーツ実施率は、男女とも 1985（昭和 60）～ 1988（同63）年あたりから緩やかに上昇傾向に転じ、2013（平成 25）年までに男性 47.9％、女性 47％と高まるが、2015（同 27）年以降は急減急増を繰り返しながら、2020（令和 2）年にはおよそ 60％まで高まってきている。頻度の多い「週 3 回以上」のスポーツ実施率も、1991（平成 3）年の 11.9％から 2012（同 24）年には 24.4％まで微減傾向が進み、2016（同 28）年には 19.7％まで一時減少するも、2020（令和 2）年には 30.9％まで上昇している。このように、成人のスポーツ実施率は上昇傾向にあることが報告されている。

*2　トラベルコスト法
スポーツやレクリエーション施設やサイトまでの旅行費用からスポーツ・レクリエーション需要を評価する手法。

*3　スポーツ延べ参加人数
延べ利用者数やスポーツ実施延べ人口などとも呼ばれ、頻度を考慮した参加率と各年齢階級の人口規模の積から求められる。

*4
スポーツ参加人数とも呼ばれ、当該スポーツ活動に年 1 回以上参加した人数であり、頻度を考慮しない参加率と各年齢階級別の人口規模の積から求められる。

（2）「するスポーツ」の内訳と市場の動向

　スポーツ実施の内訳を見てみると、その多くはウォーキングや散歩、ジョギング、トレーニング、体操などの費用のかからない個人で手軽にできるエクササイズ系種目となっている。一方で競技系種目はほとんど横這いで推移していることから、エクササイズ系種目のみが日本のスポーツ市場を下支えしていることが分かる。少子高齢社会の到来という社会的背景を含めて捉えると、今後の「するスポーツ市場」の将来をここに垣間見ることができる。例えば、経年的に増加傾向にあるエクササイズ系種目の年齢別の週1回以上実施率の年次推移[*5]を参照すると、青年や中高年層と比較して、高齢者ほどエクササイズ系種目の実施率が年々高まっていることが確認できる。今後の少子高齢社会の中でエクササイズ系種目のスポーツ市場は、健康ブームもあいまって増加傾向に進むことが予測できる。

　一方、競技系種目の年齢別の週1回以上実施率の年次推移[*6]を参照すると、実施率は全体的に低調ではあるものの、若年層ほど実施率が高い傾向が確認できる。少子高齢化が今以上に進むことを考えると、競技系種目のスポーツ市場は拡大どころか、縮小傾向に向かうことが想定される[3]。もちろん、抜本的な少子化対策が講じられ、2006（平成28）年以降続いている人口減少にも歯止めがかかるようなことが起きれば、以上のようなスポーツ市場の将来予測はよい意味で裏切られることになるだろう。

（3）「するスポーツ」の市場の展望

　するスポーツ市場が今後、必ずしも拡大するものではないことから、国内需要だけで市場を維持できない場合にはインバウンド需要[*7]によって市場規模を維持することも想定されるが、それでも基盤になるのは日本人による実施頻度をいかに高めて市場を維持するかという問題である。特に、人口減少により成長の鈍化が予想される日本市場においては、ロイヤルカスタマー（優良顧客）をいかに維持するかが重要な観点になる。ロイヤルカスタマーとは、特定のスポーツ活動やスポーツ市場の消費頻度の高い人たちのことであり、パレートの法則によれば、スポーツ市場においても市場規模の利益の8割がロイヤルティの高い顧客の1割から2割によってもたらされることが知られている[4]。

　なお、スポーツ実施頻度についての統計では、わが国の運動・スポーツ活動の実態を「実施頻度」だけでなく、「実施時間」、「実施強度」を加えた3つの観点から調査したスポーツライフに関する調査が存在している。レベル1（年1回以上、週2回未満）では、男性で減少傾向、女性では横ばいで推移している。レベル2（週2回以上）では、男性では10％未満で推移、女

＊5
笹川スポーツ財団「エクササイズ系種目と競技系種目の週1回以上の実施率　年次推移」を参照。
https://www.ssf.or.jp/thinktank/sports_life/column/20190123.html

＊6
笹川スポーツ財団「エクササイズ系種目の週1回以上実施率の年次推移」を参照。
https://www.ssf.or.jp/thinktank/sports_life/column/20190123.html

＊7　インバウンド需要
訪日外国人による消費で2019年には3,188万人が訪日し、4.8兆円におよぶサービス消費がもたらされている。

性ではおよそ 10％で推移しており、いずれも横ばいである。運動時間と運動強度が考慮された、レベル 3（週 2 回以上、1 回 30 分以上）、レベル 4（週 2 回以上、1 回 30 分以上、運動強度「ややきつい」）は、いずれも増加傾向にあることが確認できる[8]。

3　みるスポーツ市場の動向

（1）直接スポーツ観戦市場の動向

　みるスポーツ市場には、スタジアムやアリーナでの直接観戦と、地上波や BS などのテレビ放送やネット配信などの間接観戦がある。日本生産性本部「余暇活動調査データ」（1992 ～ 2008 年）による直接観戦率の単純集計時系列を見てみると、1982（昭和 57）年の 20％から増減を繰り返しながら徐々に 15％へと減少していっている。また、笹川スポーツ財団「スポーツライフ・データ」（1994 ～ 2014 年）による直接観戦率でも、1994（同 6）年の 29.5％から 2004（同 16）年には 37.1％へ増加するが、その後は減少傾向を示し、2018（同 30）年には 31.8％となっている。

　競技として最も直接観戦率が高いのはプロ野球である。2010（同 22）年に観戦率 16.2％、推定総動員数 3,768 万人であったのに対し、2012（同 24）年は 15.8％・3,943 万人と増加したが、2018（同 30）年には 13.7％・3,035 万人と大きく減少している。また J リーグについても、2014（同 26）年に観戦率 5.5％、推定総動員数 1,816 万人でピークを迎え、2018（同 30）年は 5.5％・1,644 万人と減少傾向である。そして、2020（令和 2）年以降の新型コロナウイルス感染症の蔓延の中、無観客試合や観戦制限などもあり、観戦率・総動員数はさらに急減していることが想定される。

　なお、こうした直接スポーツ観戦についての時代・年齢・世代効果[9]について分離推定をした研究[10]を見ると、男性では時代の効果が支配的であり、2002（平成 14）年をピークに、その後は減少傾向にある。また、年齢の効果では 20 代と 40 代後半がわずかに高く、それ以外の年齢階級は直接観戦が低下すること、世代の効果では戦前世代ほど直接観戦が低くなっており、いわゆる新人類世代の 1960 年代生まれが高く、新しい世代にかけて微減傾向にあることが報告されている。

　一方女性では、時代の効果で 2002（平成 14）年と 2004（同 16）年の直接観戦率が高まっているが、その後は微減傾向にある。また年齢の効果では、20 代前半と 30 代後半から 40 代後半までの直接観戦が高く、その後は加齢に伴い減少傾向が確認できる。世代の効果では、1960 年代前半生まれ

*8
こうした実施レベル別の変化をさらに年齢・時代・世代に分離した研究については、山本達三・中村隆「スポーツライフに関する調査 平成 4 ～ 26 年（笹川スポーツ財団）―成人の運動・スポーツ実施レベルへの年齢・時代・世代の影響―」『体育の科学』第 65 巻第 8 号 2015 年 pp.577-585 を参照。

*9
年齢効果（各成員の加齢による変化）によることがわかれば、スポーツ観戦率は加齢に伴って変化するが、社会全体の分布は長期間にわたって安定するといえる。時代効果（成員全体が受ける、流行や景気動向などの時勢による変化）によることがわかれば、スポーツ観戦率は年齢や世代によらずある一定方向に変化する流動的なものであり、ある時点を境に逆の方向に転換する可能性があるといえる。世代効果（時勢や加齢の影響を受けない世代固有の違い）によることがわかれば、スポーツ観戦率は変わりにくいが、世代交代によって社会全体での分布はゆるやかに変化していくといえる。

*10
直接スポーツ観戦率の変化をさらに年齢・時代・世代に分離した研究については、筆者ら（参考文献：2016、2017、2019）の一連の研究発表を参照。

の新人類世代から 1970 年代後半生まれの団塊ジュニア世代が高まっており、その後の新しい世代ほど低くなる傾向が報告されている。

（2）間接スポーツ観戦市場の動向

　わが国の間接スポーツ観戦において、笹川スポーツ財団のスポーツライフに関する調査（2004 ～ 2018 年、隔年の 8 時点）の時系列を見ると、サッカー日本代表戦以外ではプロ野球、J リーグ、大相撲、マラソン、高校野球、ゴルフ、MLB などすべてで低下傾向が確認できる。

　しかし、2019（令和元）年冬から始まったコロナ禍の影響から、東京2020 大会が延期され、2021（同 3）年開催となるも無観客開催となり、競技の多くは自宅などでの間接観戦が主流となった。

　また、2021（令和 3）年の MLB では大谷翔平選手が 46 本塁打、26 盗塁、打率 2 割 5 分 7 厘、投げては 9 勝 2 敗の大活躍をしたことも影響し、BSNHK、AbemaTV、SPOZONE などで MLB の視聴をする日本人もかなりの数にのぼることが取り沙汰されている。こうした、グローバリゼーションや IT 技術の急速な進歩も手伝って、日本にいながら、マスターズで日本人初優勝した松山英樹選手、3 階級制覇後 4 団体統一王者を目指す井上尚弥選手、インディ 500 で 2 勝した佐藤琢磨選手など、世界で活躍する日本選手をテレビ以外の IT メディアでのライブ観戦が可能になってきている。

　間接スポーツ観戦市場の動向に関して、サッカー日本代表、J リーグ、海外プロサッカーリーグなどを中心に年齢・時代・世代効果を見てみると、時代効果は J リーグの場合、2004（平成 16）年以降、継続して急減傾向が認められた。特にサッカー日本代表、海外プロサッカーの場合は、時代効果は急激な増減があり、サッカー日本代表の 2012（同 24）年、2018（同 30）年の増加傾向についてはロンドンオリンピック・ロシア W 杯での日本代表の活躍が影響したことが考えられる。また、海外プロサッカーリーグの場合は、2012（同 24）年以降急減傾向が見られたものの、2016（同 28）年、2018（同 30）年での下げ止まり傾向には放映権契約更新や DAZN の影響が窺える。年齢効果では、J リーグ，サッカー日本代表、海外プロサッカーの間接観戦では、年齢効果が極めて小さいことが明らかになっている。

　なお、このような傾向は過去に報告した J リーグやプロ野球のスタジアム直接観戦の結果とも共通しており、直接・間接観戦のいずれの変動も年齢効果はほぼ観察されず、時代効果や世代効果が支配的である。世代効果では、J リーグ・サッカー日本代表、海外プロサッカーに共通した世代効果として、男性のバブル後世代（1981（昭和 56）～ 1985（同 60）年）からゆとり前期世代（1986（同 61）～ 1990（平成 2）年）に高まりが認められるが、

ゆとり前期世代以降の新しい世代では低下している。女性では、団塊世代（1946（昭和 21）～ 1950（同 25）年）、断層世代（1951（同 26）～ 1960 年（同 35））、新人類世代（1961（同 36）～ 1970（同 45）年）、団塊ジュニア世代（1971（同 46）～ 1980（同 55）年）あたりに高まりが認められ、バブル後世代（1981（同 56）～ 1985（同 60））以降の新しい世代では低下傾向が垣間見える。男女ともに若い世代ほど低下しているという傾向は、スタジアムでの直接観戦の傾向とは対照的である。ちなみに、高校野球、プロ野球、MLB、大相撲、マラソン駅伝、プロゴルフでも新しい世代ほど間接観戦が低下するという傾向が確認されている。

3　スポーツ・スポンサーシップ

> スポーツ組織は「事業費の確保・削減」、スポンサー企業は「ブランドイメージ、ブランドロイヤルティの向上」などを中心とした互いのメリットを享受・供給できる交換関係を結んでいる。

1　スポーツプロダクトを用いたブランドイメージ・ロイヤルティの向上

　スポーツ・スポンサーシップは、「メガスポーツイベントやプロスポーツリーグ、プロクラブを経営するスポーツ組織と、それらに資金や資源を投資または支援する企業との相互交換関係」と定義される。オリンピック等メガスポーツイベントから、J リーグや NPB などの統括組織、市民レベルのスポーツ大会に至るまで、スポーツ組織は「事業費の確保・削減」、スポンサー企業は「ブランドイメージ、ブランドロイヤルティの向上」などを中心とした互いのメリットを享受・供給できる交換関係を結んでいる。

　特にスポーツ組織は、こうしたスポンサー企業の求めるスポンサーメリット（イメージアップ・認知度の向上・コミュニティとの関わり・ホスピタリティ機会・ターゲットマーケティング・ブランドポジショニング・広報の促進など）の多岐にわたる要望を把握した上でパートナーシップを構築していかなければ、安定的に事業費を確保することが困難である。例えば、プロクラブのスポンサーシップのカテゴリ区分には、①胸スポンサー、背中スポンサー、袖スポンサー、パンツスポンサーなどの各契約、②チーム、リーグ・冠大会ロゴマークの使用権、③スタジアム内での広告ボード設置、④スタジ

アム付近での出店ブースの有無、⑤大会要項・大会プログラムでの広告箇所、⑥公式HPでの露出の大きさ・場所・リンク有無、⑦企業のテレビCM、ラジオ、新聞、SNS、YouTubeなどでの露出、⑧クラブ所属の選手をスポンサー企業の商品推奨者（エンドーサー）にするなどがある。

　例えば、大手タイヤ・ゴムメーカーの横浜ゴムは、2018（平成30）年度にサッカープレミアリーグのチェルシーの胸スポンサーになり、その契約金額は6000万ドル（およそ63億円）、楽天はラ・リーガのバルセロナと胸スポンサー契約を結び、契約金額は5,800万ドル（およそ60億円）といわれている。海外のプロサッカーリーグの胸スポンサーになることで、メディアを通じて認知度の向上、ブランドイメージの向上、他ブランドに対するポジショニング向上などを見込んだのである。

　なお、2019（令和元）年のJリーグのクラブ経営情報開示資料によると、J1クラブのスポンサー収入では、ヴィッセル神戸が74億500万円のスポンサー収入を得ており、2位の名古屋グランパスの40億770万円、3位の浦和レッズの38億4,100万円と比べても大差をつけていることが分かる。

2 トップアスリートとのエンドースメント契約

　スポーツメーカーは、トップアスリートを商品推奨者（エンドーサー）とするエンドースメント契約を結んで、自社のブランドイメージやブランドの無形価値（ブランドエクイティ）、ブランドロイヤルティを高める戦略も実施してきている。特にスポーツメーカーの売り上げ1位のナイキは、トップアスリートをエンドーサーに起用し、ストーリー性のある自社のPVやCMに起用することで、企業や商品の認知・興味・関心を高めるとともに、自社のブランドエクイティ（無形のブランド価値）を高めて、ロイヤルティの高いロイヤルカスタマーを多く獲得した結果、2019（令和元）年の売上高を4兆円規模にまで拡大させてきた。

引用文献

1）東京・日本エコノミストセンター『テニスクラブの事業計画（経営手法から収益分析まで）と実例集』1973年

2）株式会社クラブビジネスジャパン：フィットネス業界のデータとトレンド
　　https://business.fitnessclub.jp/list/data

3）社会経済生産性本部『レジャー白書2006』社会経済生産性本部　2006年　pp.105-112

4）　V. Pareto, Cours d'Economie Politique. Tome Premier, *The Economic Journal*, Volume 6, Issue 22, 1896, pp.249-253.

参考文献

M. Clawson, and J. L.Knetsch, *Economics of Outdoor Recreation*, Johns Hopkins Press, 1966.

J. L. Knetsch, *Outdoor Recreation and Water Resources Planning*, American Geophysical Union, 1974.

V. K. Smith, *The estimation and use of models of the demand for outdoor recreation*, Assessing Demand for Outdoor Recreation, Committee on Assessment of Demand for Outdoor Recreation, National Academy of Sciences, 1975, pp.91-123.

U. S. Department of the Interior Bureau of Outdoor Recreation, *Assessing Demand for Outdoor Recreation*, U.S. Government Printing Office, 1976.

A. F. Epperson, *Private and Commercial Recreation*, Venture Pub. Inc., 1986.

山本達三・菊池秀夫・中村隆「スポーツ参加人口の推定と予測―年齢・時代・コウホート効果・人口変動を考慮して―」『スポーツ産業学研究』第 12 巻第 2 号　日本スポーツ産業学会　2002 年　pp.33-46

山本達三・菊池秀夫・中村隆「加齢・時勢・世代の要因からみたスポーツ参加の変動パターン」『スポーツ産業学研究』第 16 巻第 1 号　日本スポーツ産業学会　2006 年　pp.25-42

山本達三・中村隆「スポーツライフに関する調査平成 4 ～ 26 年（笹川スポーツ財団）―成人の運動・スポーツ実施レベルへの年齢・時代・世代の影響―」『体育の科学』第 65 巻第 8 号　2015 年　pp.577-585

「余暇活動参加人口の将来予測」社会経済生産性本部『レジャー白書 2006』pp.105-112.

山本達三・菊池秀夫・坂口俊哉他「プロ野球・J リーグ観戦率変化の年齢・時代・世代効果」『スポーツ産業学研究』第 25 回大会号　日本スポーツ産業学会　2016 年　pp.84-85

山本達三・菊池秀夫・坂口俊哉他「プロ野球観戦頻度割合変化の年齢・時代・世代効果」『スポーツ産業学研究』第 26 回大会号　日本スポーツ産業学会　2017 年　pp.48-49

山本達三・菊池秀夫・坂口俊哉他「エスカレーターモデルからみた J リーグ観戦率変化の年齢・時代・世代効果」『スポーツ産業学研究』第 28 回大会号　日本スポーツ産業学会　2019 年　pp.34-35

山本達三・菊池秀夫・坂口俊哉他「スポーツ間接観戦率の変動メカニズム」『スポーツ産業学研究』第 29 回大会号　日本スポーツ産業学会　2020 年　pp.52-53

井上俊・菊幸一編著『よくわかるスポーツ文化論［改訂版］』ミネルヴァ書房　2020 年　pp.34-35

渡辺保『現代スポーツ産業論―スポーツビジネスの史的展開とマネジメントを中心に―』同友館　2004 年

原田宗彦編著『スポーツ産業論［第 7 版］』杏林書院　2021 年

山田國廣編『ゴルフ場亡国論』新評論　1989 年

東洋経済オンライン：バブル期に乱立「鉄道系スキー場」の栄枯盛衰（2017 年 5 月 22 日）
https://toyokeizai.net/articles/-/172404

関春南『戦後日本のスポーツ政策―その構造と展開―』大修館　1997 年

A. ジンバリスト（田端優訳）『オリンピック経済幻想論～ 2020 年東京五輪で日本が失うもの～』ブックマン社　2016 年

小川勝『オリンピックと商業主義』集英社　2012年

R. Copeland, W. Fishby, R. McCarville, Understanding the sport sponsorship from a corporate perspective, *Journal of Sport Management*. 10(1), 1996, pp.32-48.

J. J. Louviere, D. A. Hensher, J. D. Swat, Stated Choice Methods, *Analysis and Application*, Cambridge University Press, 2000.

R. McCarville, R. Copeland, Understanding sport sponsorship through exchange theory, *Journal of Sport Management*, 8(2), 1994, pp.102-114.

D. Stotlar, A. Choi, S. R. Park, Using Best-Worst Scaling in Sponsorship Selection, *The Case of LG Electronics*, American Society for Sport Management Conference, 2007, pp.219-220.

HALF TIME：NFL の放映権の仕組みとは？影響力や締結している企業について紹介！（2021年2月6日）

https://halftime-media.com/sports-market/nfl-company/

R. Copeland, W. Fishby, R. McCarville, Understanding the sport sponsorship from a corporate perspective, Journal of Sport Management, 10(1), 1996, pp.32-48.

J. J. Louviere, D. A. Hensher, J. D. Swat, Stated Choice Methods, *Analysis and Application*, Cambridge University Press, 2000.

R. McCarville, R. Copeland, Understanding sport sponsorship through exchange theory. *Journal of Sport Management*, 8(2), 1994, pp.102-114.

D. Stotlar, A. Choi, S. R. Park, Using Best-Worst Scaling in Sponsorship Selection, *The Case of LG Electronics*, American Society for Sport Management Conference, 2007, pp.219-220.

学びの確認

（　　）に入る言葉を考えてみよう

① 1960年代〜70年代、テレビメディアが普及したことで、（　　　　　　　　　）の市場が飛躍的に拡大した。その後、オリンピックやメガスポーツイベントの商品化を一層後押ししたきっかけとして、（　　　　　　　　　）オリンピックが商業的成功を収めたことが挙げられる。

②日本のスポーツ産業は伝統的な3領域である（　　　　　　　　）産業、スポーツ施設空間産業、スポーツサービス・（　　　　）産業を中心に拡大してきた。

③（　　　　　　　　　　　）は、「メガスポーツイベントやプロスポーツリーグ、プロクラブを経営するスポーツ組織と、それらに資金や資源を投資または支援する企業との相互交換関係」と定義される。

自転車ブーム再来

びわこ成蹊スポーツ大学／山本　達三

2019（令和元）年冬からのコロナ禍の中で、国民は「するスポーツ」や「みるスポーツ」の自粛を求められました。フィットネスクラブでの感染拡大がニュースで報道され、閉鎖空間でのスポーツ実施は自粛することが求められました。東京オリンピックも無観客試合での実施になり、Jリーグやプロ野球も一時期は無観客試合となりました。

一方で、野外などでの運動やスポーツは感染の心配が少ないことから、登山やオートキャンプなどがブームとなっています。同様にコロナ禍でにわかにブームとなったのがサイクリング（自転車）です。健康志向や脱化石燃料なども自転車ブームの追い風になりました。知り合いの自転車屋に聞くと、ロードバイクやクロスバイクといった、スポーツバイクがよく売れていて、納車にも数日から1週間ほど待ってもらわないと対応できないほどだとのことです。自転車関連産業の株価もうなぎ登りで、自転車用変速機や制御機器などのコンポを製造するシマノも、自転車活況の影響から株価の最高値を更新し、時価総額2.1兆円を超えています。

こうした自転車ブームは、2011（平成23）年3月11日に発生した東日本大震災以降にも見られた現象です。ガソリン不足や、JRの全面運休や電車ダイヤが乱れたことが契機でしたが、やはり健康志向と節約志向の高まりが後押ししてブームとなりました。毎月かかる電車代で1年もすれば自転車購入費も賄え、減量効果もあると自転通勤族が増えました。新型コロナ禍でも、通勤時や通学時の公共交通機関での感染拡大などを恐れて、同様の現象が生まれました。国土交通省が令和2年にまとめた「自転車を巡る現状」によれば、自転車通勤者の500人のうち、4人に1人が新型コロナ流行後に自転車通勤を開始したことが報告されています。さらに購入したロードバイクやクロスバクを用いて、サイクルツーリズムも盛んになってきています。琵琶湖や淡路島を1周する「ビワイチ」や「アワイチ」や「しまなみ海道」を巡るサイクリストが増えてきています。最近では紀伊半島南部を1周するクマイチなどもあるようです。

筆者自身もロードバイク乗りで、年に数回はビワイチするので、ビワイチするサイクリストの増加や特性変化には敏感です。以前は、数十万円から百万円を超えるようなロードバイクに乗るコア層のサイクリストが目立ちましたが、近年はライト層のビワイチサイクリストを多く見かけるようになりました。

こうしたサイクリストの増加を背景に、滋賀県は「滋賀県自転車活用推進計画～ビワイチからひろげる自転車文化～」を策定し、自転車を利用しやすい環境の向上（路側帯の拡張整備や自転車専用道路の整備）、サイクリングによる健康増進・環境学習、ライフステージに合わせた自転車活用の促進、サイクルツーリズムによる観光誘致や地域活性化、「ビワイチ」ブランドの確立などを掲げています。ただし、ヨーロッパの環境先進都市と比べると、日本の自転車環境整備はまだまだ見劣りします。

スウェーデンのストックホルムでは1990年代より自転車環境のインフラ整備が進められ、10年間で自転車利用者が増加し、毎日15万人（通勤者の5人に1人が自転車通勤）が自転車を利用しています。試算によると、市民の健康増進による医療費削減、交通渋滞の緩和、通勤時間の短縮、二酸化炭素排出量削減など、自転車整備のインフラ整備費用の7倍から9倍の社会効果・経済効果があるようです。通勤ルートがわかりやすいサイクリスト用のデジタル道案内アプリもあり、職場やオフィスにはシャワー室も完備されているそうです。官民一体で自転車文化への理解あるスウェーデン、サイクリストの私としては羨ましい限りです。

第12章 メディアとスポーツ

なぜこの章を学ぶのですか？

メディアで伝えられるスポーツは、コンテンツ化されているという事実を知ることによって、スポーツそのものだけが伝えられているのではなく、スポーツを取り巻くさまざまな価値観が内包されていることを理解しておく必要があるからです。

第12章の学びのポイントは何ですか？

スポーツが「制作」されているということを理解し、メディアテクノロジーによってスポーツが得た新たな娯楽性と、反対に、新たに生じてきた問題点について理解することがポイントになります。

考えてみよう

1. メディアを通してスポーツに触れることと、スタジアム等でスポーツに触れることの違いについて考えてみましょう。

2. メディアは私たちにどのような価値観を伝えているのか考えてみましょう。

1 メディアとスポーツの依存関係

　日本の報道機関は、スポーツイベントを主催することによって、スポーツを独占的に宣伝してきた。報道対象とされるスポーツにとっては知名度を得られるという点において、また報道機関にとってはスポーツをコンテンツとして売り出すという点において、互いの利益のために依存してきたのである。

1 メディアの発展とスポーツの現在

　2021（令和 3）年の東京 2020 大会に引き続き、ワールドマスターズ、世界水泳をはじめとする国際的なメガ・イベントが日本で開催される。しかしながら、こうした大規模なスポーツイベントが注目される背景に、大きな権力が影響していることはあまり意識されない。例えば、夏の風物詩ともいわれる甲子園大会は毎年全試合テレビ放映されるのに対し、正月の定番ともいえる高校サッカーの 1 回戦は全国放送ではないことには、放送局や新聞社と競技団体との関係が影響している。そこには、スポーツのもつ「汗と涙の結晶」などといった純粋なストーリーとは全く異なる力が影響し、収益を目的とした「商品」としてスポーツが扱われることにより、今やその本質までもが歪められる事態に陥っているのである。

　ところで、一般的にメディアという語は、新聞社や放送局などの報道機関を指す言葉として限定的に使用されることが多いが、辞書的には、メディアは「中間」や「媒介」といった意味をもつラテン語の「medium」の複数形であり、伝達を「媒介」するものを指している [1]。メディアを人間の感覚の拡張として捉えたマクルーハン（M. McLuhan）は、メディアの内容ではなく、メディアそのものが重要になるため、「メディアはメッセージ」だと述べたのである [2]。

　こうしたメディアとスポーツの関係性について、佐伯年詩雄 [3] は「メディア・エージェントによってメディア商品・製品として編成され、消費・享受されるスポーツ情報」という定義を用い、スポーツをコンテンツとして制作する「送り手」、それらを視聴したり読んだりする視聴読者としての「受け手」、そして、コンテンツそのものである「内容」のそれぞれに注目する。そこで本章では、メディアの発展とスポーツとの関係について歴史的に振り返りながら、スポーツの発展に影響を与えた「光」の部分と、依存関係によって生じてきた「陰」の部分を浮き彫りにしていきたい。

2 スポーツ報道の初期

　日本の新聞におけるスポーツ報道の初出は明確にはなっていないが、明治初期には相撲や競馬に関する記事が比較的多く「雑報」欄に取り上げられていたとされる。その後、ボートなどのいわゆる近代スポーツに関する記事は、大学スポーツを中心に明治 20 年代以降に取り上げられるようになっていく[4]。

　明治期のスポーツに関する新聞報道を研究する伊東明[5] によれば、野球の初出は 1879（明治 12）年の 5 月 30 日とされており、初期には「球投げ」と表記されていたものが、1885（同 18）年には「ベースボール」とされ、その後、1897（同 30）年に「野球」という文字が初出するものの、しばらく「ベースボール」と「野球」が併用される形をとり、1898（同 31）年頃から「野球」として定着していったとされる*1。

　野球という文字が初めて紙面に現れた 1897（明治 30）年は、日本初のスポーツ雑誌である『運動界』が創刊された年であるが、これは「スポーツ情報を編集して雑誌として刊行すれば、それを購入する一定の読者が存在するという判断ができた」ことを意味している[6]。本誌は 1900（同 33）年 3 月の通巻 33 号をもって終刊となるが、その後、1900 年代初期にかけて『体育』、『運動之友』、『運動世界』、『月刊ベースボール』など、スポーツに関する雑誌が次々に刊行されることになる。これらは、青少年に対する体育の奨励といった従来の教育的な論説や解説などのように「堅く」まとめられたものではなく、むしろスポーツ愛好者への「文字通りのスポーツ書」であったことから、雑誌の内容が教育的なものから嗜好的なものへと転換した時期であったといえる[7]。

3 新聞社主催のスポーツイベントと系列関係

　スポーツがコンテンツとして消費されることが一般化したことによって、新聞社はスポーツイベントを主催するようになる。

　1882（明治 15）年に福沢諭吉によって創刊された『時事新報』は、1901（同 34）年 11 月 9 日の午前 6 時から午後 6 時までの 12 時間で上野不忍池畔をひたすら周回し、70 マイル（不忍池 76 周余り、約 112km）以上の歩行を目的とする「十二時間の長距離競走会」の開催告知を掲載しており、これが日本初のメディア・スポーツイベントとされている 図 12-1 。こ

＊1 「野球」に関連する初出記事
「球投げ」:『横浜毎日新聞』1879（明治 12）年 5 月 30 日の記事。「ベースボール」:『東京日日新聞』1885（明治 18）年 11 月 14 日の記事。「野球」:『福陵新聞』1903（明治 36）年 4 月 6 日の記事。

の大会を皮切りに、『大阪毎日新聞』主催の「8 時間 50 マイル長距離走」や『報知』主催の「千住大橋・新大橋間 5 マイル競泳」など、大阪や東京を中心にスポーツイベントが開催されることになる [8]。

図 12-1　日本初の新聞社主催のスポーツイベント

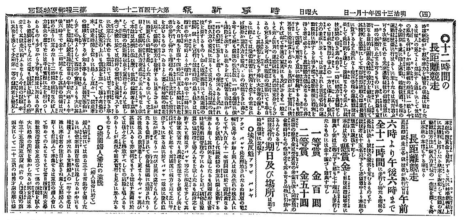

出典：「十二時間の長距離競走」『時事新報』1901 年 10 月 1 日付

その後、1911（明治 44）年の『東京朝日新聞』による「野球害毒論」[*2]の影響を受け [9]、1915（大正 4）年には『大阪朝日新聞』主催の日本で初の全国規模のスポーツイベントである「全国中等学校野球優勝大会」が豊中球場（大阪）で開催されることになる。1924（同 13）年には、現在の甲子園球場（兵庫県）に場所を移し、いわゆる「夏の甲子園」が成立する。一方『大阪毎日新聞』は、同年 1924 年に愛知県の山本球場で「選抜中等学校野球大会」を開催し、翌年から同じく開催地を甲子園球場に移すことによって、「春の選抜」が成立することになる。その後、学制改革によって 1948（昭和 23）年より、「全国高等学校野球選手権大会」と「選抜高等学校野球大会」に大会名称が変更されることになる。つけ加えると、『読売新聞』が大日本東京野球倶楽部（現：読売ジャイアンツ）を設立したのは 1934（同 9）年であり、現在のプロ野球機構の前身となる日本初のプロ野球リーグである「日本職業野球連盟」が設立されるのは 1936（同 11）年のことである。

　「春の選抜」が始まった頃から、新聞社が後援したスポーツイベントが増加することになるが、これは報道機関が情報発信という特権的な力を使うことによって、一部のスポーツを独占的に宣伝することを可能にしたことを意味している。表 12-1 には、一部の新聞社とテレビ局の系列関係が示されているが、例えば、朝日新聞社主催の「夏の甲子園」は、毎年お盆休みを含んだ 8 月の 2 週間ほどの間、ANN 系列を中心に全国で生中継されている。つまり、朝日新聞社や ANN 系列のテレビ局にとっての「夏の甲子園」、また

＊ 2　野球害毒論
1911（明治 44）年 8 月 29 日に『東京朝日新聞』に掲載された「野球と其害毒」の記事から複数の新聞社間で生じた野球に関する批判論争だが、『東京日日新聞』や『読売新聞』などでは、『東京朝日新聞』の記事に反論する立場をとっていたといわれる。

毎日新聞社や JNN 系列のテレビ局にとっての「春の選抜」は、まさにキラー・コンテンツといえる。

表 12-1 新聞社とテレビ局の系列関係

JNN 系	NNN 系	FNN 系	ANN 系	TXN 系
毎日新聞	読売新聞	産経新聞	朝日新聞	日本経済新聞
スポーツニッポン	スポーツ報知	サンケイスポーツ	日刊スポーツ	
TBS テレビ	日本テレビ放送網	フジテレビジョン	テレビ朝日	テレビ東京
毎日放送	読売テレビ放送	関西テレビ放送	朝日放送テレビ	テレビ大阪
北海道放送	札幌テレビ放送	北海道文化放送	北海道テレビ放送	テレビ北海道
CBC テレビ	中京テレビ放送	東海テレビ放送	名古屋テレビ放送	テレビ愛知
RKB 毎日放送	福岡放送	テレビ西日本	九州朝日放送	TVQ 九州放送

出典：日本民間放送連盟のウェブサイトを参考に筆者作成
https://j-ba.or.jp/

4 ラジオ放送の登場と政治利用

　1915（大正 4）年に開始された「夏の甲子園」は、新たな形でスポーツと大衆を結びつけることになる。1927（昭和 2）年 8 月 13 日、国内初のラジオスポーツの放送が開始された。中継は大阪中央放送局の魚谷忠アナウンサーが担当し好評であったとされるが、当時の放送は監督官庁の通信省の検閲が義務づけられていたことから、台本等の事前提出が不可能な実況の認可にあたって、放送席には大阪通信局から派遣された電波遮断機を持った係員に監視されていたという[10]。即時性の高い放送事業がスポーツを伝えられるようになった一方で、監督統制の下に置かれていたこと、また民間放送が戦後まで許可されなかったことなど、現在の放送と比べると内容には大きな制限があったことがうかがえる。その後、野球を皮切りに生中継を開始したラジオスポーツの放送は、相撲や陸上競技などへと拡大させ、1936（同11）年にはベルリンオリンピックを現地から「前畑がんばれ」という言葉とともに伝えることにも成功する[*3]。

　一方で、国際的なスポーツイベントの放送は、「市民の間に特定の政治的価値や思想を広める」ことを可能にしてしまう[11]。例えば、1936（昭和11）年のベルリンオリンピックの開会宣言を行ったドイツの総統であったヒトラー（A. Hitler）は、ナチス政権の政治的イデオロギーを主張し、またその威信を誇示するために自国開催のオリンピックを利用したといわれる。

* 3　ラジオ放送と「前畑がんばれ」[10]
ラジオ放送は 1932（昭和 7）年のロサンゼルスオリンピックでも行われたが、当時行われていたのは、アナウンサーが現地でのメモを参考に放送局から後日擬似的に中継を行う「実感放送」といわれる。そのため、1936（同11）年のベルリンオリンピックは、ラジオによる実況が初めて行われた大会として位置づけられる。その際、水泳女子200m 平泳ぎに出場した前畑秀子に対して、NHK アナウンサーが興奮のあまり「がんばれ」と 20 回以上、「勝った」と 10 回以上連呼した放送として知られている。

168

5　テレビ放映と先端技術

　ラジオスポーツの登場は、現場の臨場感を実況によって即時に伝えることを可能にしたが、テレビスポーツの登場によって、視聴者はあたかもそのスポーツをその場で観ているかのように錯覚させられ、またその場では観ようにも観られない映像を目にすることができるようになった。例えば、正月の風物詩である東京箱根間往復大学駅伝競走（通称、箱根駅伝）は、1987（昭和62）年から生中継されているが、東京から箱根までの往復217.1km（10区間）の全貌を現地で観ることは不可能である。中継には、80台ものカメラが使用され、多数の中継ポイントや移動中継車、さらにヘリコプターから撮影された映像は、中継ポイントやヘリコプターを経由して、各エリアを統括する箱根放送センター、湘南センター、そして東京本社（汐留）に送られ、編集され、配信された映像を私たちは視聴しているのである[12]。

　他にも、サッカーの俯瞰映像や野球のスーパースロー映像、テニスのチャレンジ（ビデオ判定）に使用される Hawk-Eye、さらには VR（Virtual Reality：仮想現実）や AR（Augmented Reality：拡張現実）を使用した技術が次々と導入されることによって、現場の臨場感とは異なる新たな「現実」に触れることが可能になった。こうした新たな技術の導入によってより洗練されたテレビスポーツが、スポーツ文化の発展に寄与していることは確かであるが、その一方で、スポーツそのものを変容させてしまう危険性を含んでいる。

2　スポーツを利用したメディアの戦略

　メディアとスポーツが築いた関係によって、視聴読者は広くスポーツに触れる機会を得た。しかしその一方で、スポーツは次第に「商品化」されていく。キラー・コンテンツと化したスポーツは、メディア「ウケ」するルールに変更され、涙を誘う感動的な物語と結び付けられるが、その背後には巨額化した放映権料が存在しているのである。

1　スポーツを放映する仕組み

　図 12-2 には、広告付き無料放送である民間放送（民放）の仕組みについて示されている。視聴者は、ラジオやテレビの放送局から配信された番組を

無料で視聴しているが、放送局にとっての直接の顧客は視聴者ではなく、商品や企業を宣伝するために出資している企業である。企業は、自社の商品や企業を宣伝するため、番組の合間に Commercial Message（CM）を流す時間を購入しているのである。つまり、一見、放送のみを視聴している私たちは、知らず知らずのうちに企業の制作した CM を目にすることで、企業にとっての潜在的な顧客になっているのである。

　スポーツイベントの開催を例に、もう少し詳しく見ていきたい。 図12-3 には、スポーツイベントを開催するにあたり、競技団体、放送局、広告主、そして視聴者のそれぞれの関係について示されている。

　特に大規模なスポーツイベント（メガ・スポーツイベント）が開催される場合、「放送局」が「競技団体」からそれらを放送する権利を購入する費用（放映権料）が高額になる。これは、規模の拡大に伴って運営資金が必要になることを意味しているが、一方で、大会そのものを放送する価値（メディア・バリュー）が高まることも影響している（矢印 A）。放映権料が高額になれば、

図12-2　民間放送のビジネスモデル

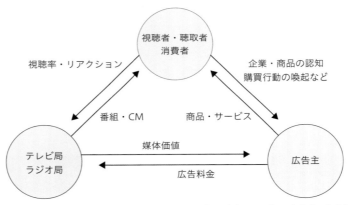

出典：日本民間放送連盟ウェブサイト「広告付き無料放送という民放のビジネスモデル」を参考に筆者作成
https://j-ba.or.jp/category/minpo/jba101969

＊4　日本放送協会の放送
受信料契約を収益の柱としている日本放送協会（NHK）を「放送局」と想定した場合については、この限りではない。

図12-3　放映権料をめぐるエージェントの関係[4]

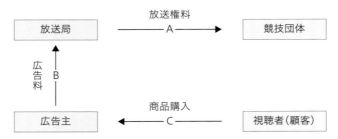

出典：高橋豪仁「メガ・イベントの諸問題」菊幸一・清水諭・仲澤眞・松村和則編著『現代スポーツのパースペクティブ』大修館書店　2006年を参考に筆者作成

自ずと放送局が番組制作に必要となる資金も高額になるため、広告主である企業は、より高額な広告費を放送局に支払う必要がある（矢印B）。広告主にとっては、スポーツイベントの視聴者が商品を購入する顧客になることを想定しつつ、自社あるいは商品のCMを制作することになる（矢印C）。視聴者は、こうしたスポーツイベント放送の仕組みの中で、スポーツを消費する視聴者であると同時に、広告主が想定する顧客として存在している。

2 放映権料の高騰がもたらす影響

　オリンピックのテレビ中継は、国際オリンピック委員会（International Olympic Committee：IOC）直属の放送機関であるOlympic Broadcasting Services（OBS）が国際映像の制作を行い、放映権を購入した各国や地域のメディア・コングロマリット（メディア複合企業体）などから放送局各社へと配信されている。例えば、アメリカではNational Broadcasting Company（NBC）、また日本ではジャパンコンソーシアム[*5]が放映権[*6]を購入し、各局へと番組を配信する仕組みとなっている 図12-4。

　前述のように、最新鋭の技術を用いたテレビスポーツは、必ずしもスポーツにポジティブな影響ばかりを与えているとはいえず、放映権料の高騰がスポーツそのものに与えるネガティブな影響も存在する。 表12-2 には、過去のオリンピックにおける放映権料が示されている。

　初めてオリンピックがテレビ放映された1960（昭和35）年のローマ大会から2018（平成30）年までの期間で、放映権料は夏季大会において約2,000倍の28億ドル、冬季大会においては約3万倍の14億ドルにまで膨れ上がっている。放送開始当初から右肩上がりに高騰を続けている放映権料であるが、1984（昭和59）年のロサンゼルス大会がその後に与えた影響は大きい（冬季サラエボ大会、およびアルベールビル大会では一時的に減少している）。当時、国際オリンピック委員会の会長であったサマランチ（J. A. Samaranch）は、企業が公式に国際オリンピック委員会とスポンサー契約を結ぶThe Olympic Partners（TOP）プログラムという仕組みによって、「商業五輪」という形を成立させたといわれる。一業種一社に限定され、独占的なスポンサー契約を結ぶことを条件に高額な広告費を取得できるTOPの仕組みは、放映権料と合わせて国際オリンピック委員会の収入の約90%を占める。

＊5　ジャパンコンソーシアム[13]
NHKと民間放送連盟によって構成された組織で、国際オリンピック委員会、大会組織委員会、およびOBSと放映権契約や国際中継に関する交渉窓口としての役割を担う。OBSから受けた中継から日本向けの競技中継を制作し、NHKおよび在京民放へと伝送する。

＊6　放映権の長期契約
2000年以降のオリンピック大会における放映権は、複数大会分が一括して長期契約されることになる。例えば、1995年にNBCが2008年までの放映権契約をIOCと結んだ時点では、開催地は未定であったとされる。

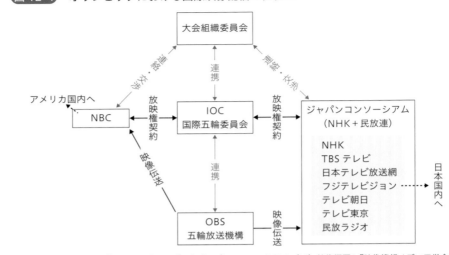

図 12-4 オリンピックにおける国際映像配信の仕組み

出典：北原伸之・橋本茂「ロンドンオリンピックジャパンコンソーシアム（JC）技術概要」『映像情報メディア学会誌』第 66 巻第 12 号　映像情報メディア学会　2012 年を参考に筆者作成

表 12-2　オリンピックにおけるテレビ放映権料の推移

	夏季大会		冬季大会	
年	開催都市	放映権料（米ドル）	開催都市	放映権料（米ドル）
1960	ローマ（イタリア）	1,200,000	スコーバレー（アメリカ）	50,000
1964	東京（日本）	1,600,000	インスブルック（オーストリア）	900,000
1968	メキシコシティ（メキシコ）	9,800,000	グルノーブル（フランス）	2,600,000
1972	ミュンヘン（西ドイツ）	18,000,000	札幌（日本）	8,500,000
1976	モントリオール（カナダ）	35,000,000	インスブルック（オーストリア）	12,000,000
1980	モスクワ（ロシア）	88,000,000	レイクプラシッド（アメリカ）	21,000,000
1984	ロサンゼルス（アメリカ）	287,000,000	サラエボ（ユーゴスラビア）	103,000,000
1988	ソウル（韓国）	403,000,000	カルガリー（カナダ）	325,000,000
1992	バルセロナ（スペイン）	636,000,000	アルベールビル（フランス）	292,000,000
1994			リレハンメル（ノルウェー）	353,000,000
1996	アトランタ（アメリカ）	898,000,000		
1998			長野（日本）	514,000,000
2000	シドニー（オーストラリア）	1,332,000,000		
2002			ソルトレイクシティ（アメリカ）	738,000,000
2004	アテネ（ギリシャ）	1,494,000,000		
2006			トリノ（イタリア）	831,000,000
2008	北京（中国）	1,739,000,000		
2010			バンクーバー（カナダ）	1,280,000,000
2012	ロンドン（イギリス）	2,569,000,000		
2014			ソチ（ロシア）	1,289,000,000
2016	リオデジャネイロ（ブラジル）	2,868,000,000		
2018			ピョンチャン（韓国）	1,436,000,000
2021	東京（日本）			

出典：International Olympic Committee: Olympic Marketing Fact File 2020 Edition を参考に筆者作成
https://stillmed.olympic.org/media/Document%20Library/OlympicOrg/Documents/IOC-Marketing-and-Broadcasting-General-Files/Olympic-Marketing-Fact-File.pdf

　ところで、日本においてオリンピックや FIFA ワールドカップなどが、深夜に放送されることは珍しくない。これにも、前述の放映権料と放送局の関係が影響している。表 12-3 には、2004（平成 16）年から 2016（同 28）年までの競泳男子自由形の 50m、100m、および 200m の決勝に関する現地における競技時間、およびアメリカ（ロサンゼルス・ニューヨーク）ならびに日本における放映時間について、まとめられている。例えば、北京大会の決勝はいずれも現地時間の午前中に実施されており、またリオデジャネイロ大会の決勝は 22 時以降に実施されている。競泳は、アメリカにおいて人気種目の一つであり、巨額の放映権料を支払うアメリカの放送局にとっては、prime time（プライムタイム）[7] を中心に視聴者を集めやすい時間帯での放送が意識されている大会も少なくない。そのため、選手たちにとってもコンディション調整が困難な時間帯に設定されることになる。

＊7　Prime time
テレビ業界における視聴率を見込める時間帯のことを指す。国や地域によって、具体的な時間や名称は異なるが、例えば、アメリカでは月曜日から土曜日の 20 時 か ら 23 時、日曜日の 19 時から 23 時とされている。一方で、日本においては、ゴールデンタイムと呼ばれ、19 時から 23 時とされている。

表 12-3　2004 ～ 2016 年のオリンピック競技時間と放送時間

2004 年 男子水泳自由形	競技開始時間	放送開始時間		
	アテネ	ロサンゼルス	ニューヨーク	日本
50m 決勝	8/20　20：05	8/20　10：05	8/20　13：05	8/21　02：05
100m 決勝	8/18　20：17	8/18　10：17	8/18　13：17	8/19　02：17
200m 決勝	8/16　19：43	8/16　09：43	8/16　12：43	8/17　01：43
2008 年 男子水泳自由形	競技開始時間	放送開始時間		
	北京	ロサンゼルス	ニューヨーク	日本
50m 決勝	8/16　10：36	8/15　19：36	8/15　22：36	8/16　11：36
100m 決勝	8/14　10：46	8/13　19：46	8/13　22：46	8/14　11：46
200m 決勝	8/12　10：13	8/11　19：13	8/11　22：13	8/12　11：13
2012 年 男子水泳自由形	競技開始時間	放送開始時間		
	ロンドン	ロサンゼルス	ニューヨーク	日本
50m 決勝	8/03　20：09	8/03　12：09	8/03　15：09	8/04　04：09
100m 決勝	8/01　20：17	8/01　12：17	8/01　15：17	8/02　04：17
200m 決勝	7/30　19：43	7/30　11：43	7/30　14：43	7/31　03：43
2016 年 男子水泳自由形	競技開始時間	放送開始時間		
	リオデジャネイロ	ロサンゼルス	ニューヨーク	日本
50m 決勝	8/12　22：44	8/12　18：03	8/12　21：44	8/13　10：44
100m 決勝	8/10　23：03	8/10　19：03	8/10　22：44	8/11　11：03
200m 決勝	8/08　22：21	8/08　18：21	8/08　21：21	8/09　10：21

出典：Japanese Olympic Committee のウェブサイトを参考に筆者作成
　　　https://www.joc.or.jp/english/

　また、その他の競技にも目を向けてみると、例えば、バレーボールに関しては、2000（平成 12）年のシドニー大会以降、サーブ権制からラリーポイント制に変更されており、国際バレーボール連盟は、「ラリーポイントシス

テムの導入によって、5セットの試合にかかる所要時間を90分から110分に制限できる」と説明している[15)16)]。同様に、陸上競技のフライング厳格化、水泳のバサロ泳法の禁止、カラー柔道着の導入やビーチバレーボール女子の服装規程など、オリンピックに限定しなければ、アメリカプロスポーツのNBA（National Basketball Association）やNFL（National Football League）のクォーター制の導入、さらにアメリカ最大のスポーツイベントであるスーパーボウルのハーフタイムショーの導入など、そのほとんどがテレビ映えや放送時間が関係している。つまり、発達した放送技術によって多くの視聴者を獲得したスポーツは、メディア・バリューの高まりという影響を強く受け、ルールの変更を迫られてしまっているのである。

3 メディアに描かれるスポーツのストーリー

　2000（平成12）年のシドニーオリンピックにおける新聞報道を分析した飯田貴子は、強くたくましく「男らしい身体」と、しなやかで「女らしい身体」が強調される伝統的なスポーツ観によって競技種目が取り上げられることを指摘し、特に新体操やシンクロナイズドスイミング（現：アーティスティックスイミング）やビーチバレーボールの女性選手は、「男性の眼差し」によって「見られる性」の対象となることで写真が占める割合が多いことを明らかにしている[17)]。また、結婚後に競技を継続する女性選手が少ないことから、「家事や育児との両立」などの伝統的かつ固定化された女性の役割が強調され、競技そのものが矮小化されてしまっていることが指摘されている。こうした一連の報道は、スポーツにおいて男性が優位であるという価値観を広めることによって、性の支配的なイデオロギーを強化するという。

　さらに、テレビに描かれるスポーツに着目した阿部潔は、それらを「臨場感と緊張感」をもたらす「実況中継」と、「物語性に起因する感動」をもたらす「ドキュメンタリー」に区別している[18)]。特にドキュメンタリーについては、勝者よりも敗者が取り上げられることが少なくなく、そこでは、「栄光→挫折→努力→再起」という一連の物語性が感動を喚起させるという。オリンピックなどの国際的なスポーツイベントの際には、私たちの一員であるという意識[*8]が海外で戦う選手たちに重ね合わされ、さまざまな苦難に直面しながらもそれを乗り越えていく過程に心が動かされるというのである。

　一方、国内のスポーツイベントである「夏の甲子園」のテレビ中継を分析した清水諭は、甲子園野球の「物語」と「神話」について以下のように説明する。

＊8　「想像の共同体」アンダーソン（B. Anderson）は、同じ国内で新聞を読むという「儀式」を取り上げ、同じ言語で書かれた新聞が国内中で読まれていることを知ることによって、自身がその一部であるという心の中で描かれた「国民」における共同体意識について、「想像の共同体」と呼んだ[19)]。

　「地元での盛り上がり」と「乙女」に守られ、「全員一丸」、他校との「友情」を保ちつつ、「気迫、精神力」で「勝敗にかかわらず、あきらめないで努力すること」、そして、「記録」を追い求めること。このような言説がまさに「青春」や「若者らしさ」の「物語」であり、それが歴史的に繰り返されることで、甲子園野球の「神話」となるのだ [20]。

　こうした「神話」は、全国高校サッカー選手権大会にも見られる構造であると指摘されており、現代における学生スポーツ全般の物語構造であると理解できる。つまり、こうしたスポーツは、「青春」、「若者らしさ」、「ひたむき」、あるいは「純真」などのイメージと結びつけられて物語化され、今もなお、伝えられ続けているのである。

　このように、国内外のスポーツイベントを問わず、制作者によって「物語化」されたスポーツは、歴史的に繰り返されることによって「神話化」し、また、競技者たちが直面するさまざまな苦難と私たちの意識が重ね合わされることで、私たちは心が動かされるのである。

4　先端技術とスポーツのこれから

　現代社会は、情報発信が一方向であったマスメディアの時代から、双方向に情報発信が可能な時代へと移行してきた。これまで情報の受け手に限定されていた多くの視聴読者たちは、ブログ（weblog）やソーシャルネットワークサービス（SNS）を使用するようになったことで、不特定多数のユーザー同士で情報をやりとりすることが可能となり、情報の送り手へと変化してきたのである。また、画像や動画を共有することが可能になったことで、メディア・バリューは情報を得るユーザーに委ねられることになり、ユーザー自身が日常的に目にしないゴシップやスキャンダルなど、新奇な情報がコンテンツとしての価値を高めることになった。そのため、ユーザーによる主観的な評価によってそれらは簡単に拡散されるが、一方で、情報拡散による新たな問題も生じている。近年よく使用される言葉として、「デマ」は「意図を持って発信された正しくない情報」、「流言」は「自然発生的に発生した正しくない情報」[21]、またフェイクニュース（fake news）は「ウェブ上に書かれた虚偽、捏造、また誤解を招く報道」と定義 [22] されているが、こうしたインターネット上に拡散された情報については、特にその実態把握の難しさから、「メディアが多様化した現代社会では、どのような情報が正しいのか、正しくないのかを見極めるのは、最終的には自分自身の判断力となる」と指摘されている [23]。

175

＊9 「アスリートへの写真・動画による性的ハラスメント」[24] 大会会場などにおける盗撮や性的な目的によって撮影されたアスリートの写真や動画が、SNS や website などに投稿・掲載されることによって、アスリートの名誉を毀損する行為であると位置づけられている。本件は、未成年の学生アスリートなどにも被害が及んでいることから、JOC や日本スポーツ協会だけでなく、全国高等学校体育連盟や日本中学校体育連盟などとも協力し、スポーツ界全体の問題として取り組むとされている。

＊10　Pay Per View 1 番組ごとに視聴者が視聴料金を支払い、視聴する仕組みであり、有料放送の一つとして捉えられる。例えば、2020 年にイングランドのプレミアリーグでは、1 試合の価格は 14.95 ポンド（約 2,000 円）とし、サポーター連盟やファンたちから抗議が実施されたと報告されている[25]。

また、「アスリートへの写真・動画による性的ハラスメント」[＊9] についても、前述した「見られる性」という価値観が強化されていることに加え、写真や動画を含むさまざまな情報を誰もが配信できるようになったことによって生じてきた問題であり、これまで以上にオンラインメディアにおけるスポーツにも注意を払う必要があるだろう。

本章では、スポーツとメディアにおける発展の過程と相互依存関係によって生じてきた問題について検討してきたが、取り上げたコンテンツはほんの一部である。章末で述べた SNS などに加え、マンガやアニメ、映画、CM など、スポーツをコンテンツとして扱うメディアはさまざま存在するため、今後も目が離せない。最新鋭の技術を駆使して制作された、より洗練されたスポーツを観ることができるようになったことは、一方で、スポーツの専門チャンネル化やペイパービュー（Pay Per View）方式[＊10] を推し進めることになる。また、従来の光回線に加えて、2020（令和 2）年から 5G（第 5 世代移動通信システム）が導入され、高速かつ大容量の通信が可能になるため、高精細の動画配信および視聴が可能になった。2008（平成 20）年の北京大会以降、テレビ放映のない競技種目のライブストリーミングをはじめ、NHK の特設ページや民放の「オリンピック公式競技動画配信サイト（Gorin. jp）」などにおける動画配信数および再生回数は劇的に向上している状況にある[26]。加えて、スマートフォンの個人所有率は 60％ を超えていることから、まさに「いつでも、どこでも」スポーツを楽しむ環境が整いつつある一方で、インターネット回線への接続やスマートフォンのような高性能な通信機器の所有が前提となり、スポーツコンテンツの有料化と同様、経済的格差という新たな問題を生むことにもつながる。

スポーツの本来の意味は、「気晴らし」であり、「遊び」であり、誰もが楽しめる「娯楽」のはずである。たかがスポーツ、されどスポーツなのである。

引用文献

1 ）見田宗介・栗原彬・田中義久編『社会学事典』弘文堂　1988 年　p.866
2 ）M. マクルーハン（栗原裕・河本仲聖訳）『メディア論』みすず書房　1996 年 pp.7-8
3 ）佐伯年詩雄「メディア・スポーツ論序説：メディア・スポーツの構造と機能―問題の所在と分析の視点のために」『現代スポーツを読む―スポーツ考現学の試み―』世界思想社　2006 年　p.258
4 ）寶學淳郎「スポーツとメディア：その歴史・社会的理解」橋本純一編『現代メディアスポーツ論』世界思想社　2002 年　p.7
5 ）伊東明「体育・スポーツ資料集　明治時代の新聞記事　野球編Ⅰ」『上智大学体育』第 9 巻　上智大学体育学会　1976 年　pp.9-67
6 ）松浪稔「日本におけるメディア・スポーツ・イベントの形成過程に関する研究：1901（明治 34）

　　　年　時事新報社主催『十二時間の長距離競走』に着目して」『スポーツ史研究』第 20 巻　スポーツ
　　　史学会　2007 年　pp.51-65

　7）木下秀明『スポーツの近代日本史』杏林新書　1970 年　pp.78-79

　8）岸野雄三・成田十次郎・大場一義他編『近代体育スポーツ年表』大修館書店　1999 年

　9）木村吉次「いわゆる『野球害毒論』の一考察」『中京体育学論叢』第 3 巻　中京大学学術研究会
　　　1962 年　pp.103-123

10）橋本一夫『日本スポーツ放送史』大修館書店　1992 年　pp.19-21

11）P. ドネリー・J. コークリー（前田和司他共編訳）『現代スポーツの社会学―課題と共生への道のり―』
　　　南窓社　2013 年　p.232

12）日本テレビホールディングスウェブサイト「技術者たちの箱根駅伝」
　　　https://www.ntv.co.jp/jinji/technology/hakone.html

13）北原伸之・橋本茂「ロンドンオリンピックジャパンコンソーシアム（JC）技術概要」『映像情報メディ
　　　ア学会誌』第 66 巻第 12 号　一般社団法人映像情報メディア学会　2012 年　pp.1016-1022

14）曽根俊郎「いつまで続くか　スポーツ放映権市場の巨大化」NHK 放送文化研究所『NHK 放送文化
　　　研究所年報』第 47 集　NHK 出版　2002 年　pp.1-52

15）The International Volleyball Federation: VOLLEYBALL: The Olympic Sport
　　　http://www.fivb.org/TheGame/TheGame_OlympicGames.htm

16）The International Volleyball Federation: The Game Volleyball Rules
　　　http://www.fivb.org/thegame/thegame_volleyballrules.htm

17）飯田貴子「第 4 章　メディアスポーツとフェミニズム」橋本純一編『現代メディアスポーツ論』世
　　　界思想社　2002 年　pp.71-90

18）阿部潔『スポーツの魅惑とメディアの誘惑：身体／国家のカルチュラル・スタディーズ』世界思想
　　　社　2008 年　p.85

19）B. アンダーソン（白石さや・白石隆訳）『増補　想像の共同体―ナショナリズムの起源と流行―』
　　　NTT 出版　1997 年

20）清水諭『甲子園野球のアルケオロジー―スポーツの「物語」・メディア・身体文化―』新評論
　　　1998 年　pp.50-51

21）鳥海不二夫・榊剛史「第 15 章　デマ・流言と炎上：その拡散と収束」遠藤薫編著『ソーシャルメディ
　　　アと"世論"形成―間メディアが世界を揺るがす―』東京電機大学出版局　2016 年　p.224

22）Oxford English Dictionary：New words list October 2019 "fake news"
　　　https://public.oed.com/updates/new-words-list-october-2019/

23）前掲書 20）

24）日本オリンピック委員会ウェブサイト「アスリートへの写真・動画による性的ハラスメント防止の
　　　取り組みについて」
　　　https://www.joc.or.jp/about/savesport/

25）ロイター「サッカー＝プレミアリーグ、ファン反発で PPV 方式を破棄―報道」（2020 年 11 月 6 日
　　　付）
　　　https://jp.reuters.com/article/soccer-premier-leagues-ppv-idJPKBN27M0I5

26）笹川スポーツ財団ウェブサイト「インターネットは、オリンピック放送を変える!?」
　　　https://www.ssf.or.jp/ssf_eyes/history/olympic_legacy/36.html

┌学びの確認━━━

（　　）に入る言葉を考えてみよう

①メディアそのものに重要性があると指摘したマクルーハンは、その意味から「メディアは（　　　　　　　）」だと述べた。

②明治初期の新聞におけるスポーツに関する記事は（　　　　　）や（　　　　　）が多く取り上げられていた。

③日本初のスポーツ雑誌は、1897（明治30）年に創刊された（　　　　　　　）であり、日本初の新聞社主催のスポーツイベントは（　　　　　　　）主催の（　　　　　　　　　　）である。

④「夏の甲子園」を1915（大正4）年に開催したのは（　　　　　　　　）で、「春の選抜」を1924（同13）年に開催したのは（　　　　　　　　）である。

⑤1936（昭和11）年のベルリンオリンピックはラジオで中継され、アナウンサーの「（　　　　　　　　）」という言葉が話題となった。

⑥無料で視聴可能な民間放送は、スポンサー企業が（　　　　　）を流す時間に出資していることで成り立っている。

⑦国際オリンピック委員会と公式にスポンサー契約を結ぶ仕組みは（　　　　　）と呼ばれ、（　　　　　　　）に限定されており、またオリンピックの放送時間や競技のルール変更などは、（　　　　　　　　　）が影響を与えている。

⑧ジャパンコンソーシアムとは、（　　　　　　）と（　　　　　　　）によって組織されている。

⑨番組ごとに有料で視聴する方式を（　　　　　　　　）という。

⑩メディアはスポーツを（　　　　　）として描き、歴史的に繰り返されることによってそれらは（　　　　　）になる。こうしたメディアが伝えるスポーツは私たちに固定化した（　　　　　）を広め、（　　　　　　　　）を強化する。そのため、メディアの情報を鵜呑みにせず、批判的に解釈し、正しく扱うことができるような能力や態度を指す（　　　　　　　　　　）が重要となる。

178

メディアを読み解く力

久留米大学／大橋 充典

メディアの読み解きに関する取り組み

　カナダのオンタリオ州では、テレビ時代における商業主義批判から、メディア・メッセージの読み解きの重要性を意識させる取り組みとして、公教育にメディア・リテラシー※教育を取り入れています。具体的には、小学校1年生から中学校2年生に該当する初等教育の「言語（Language）」、そして、中学校3年生から高校1年生までの「英語（English）」の中で、メディアについて学ぶことが義務づけられています。初等教育段階では、「口頭と映像によるコミュニケーション」のパートにおいて、生徒たちが「多様な形態のメディアに触れ、分析し、話し合い、それを自分の経験に照らし合わせて考える」力を身につけることを狙いとしたカリキュラムが組まれており、活字と同じように映像を理解することに力を入れているといいます。また、中等教育段階になると、「メディア研究」が取り入れられるようになり、内容もより具体的なものとなります。そこでは、情報伝達を目的としたメディア・コンテンツと販売促進を目的としたメディア・コンテンツの制作や、映画の公開と原作本の発行の時期が重なる理由について考えることが課題とされています。

　このように、メディアから伝えられるコンテンツについて、積極的かつ批判的に読み解くための能力を養成するための取り組みが、1980年代後半にはすでに州レベルで始められていたことを考えると、かなり先進的なものだったといえます。日本においても1990年代頃から、総務省や文部科学省からメディアに関する教育の重要性が示されるようになりましたが、その多くはICT教育を中心とした情報端末の操作等に焦点が当てられてしまった結果、情報の読み解き能力の育成については課題が残されていると言わざるを得ません。特に、スポーツに関する情報は、ゴシップやスキャンダル等と結びつけられやすく、拡散された情報が人々の目に触れやすいという特徴があります。

　先ほど取り上げたオンタリオ州では、隣国であるアメリカから流入してくるテレビ番組の悪影響を懸念していたことが、メディア・リテラシーをカリキュラムに取り入れたことに大きく影響している訳ですが、オンラインメディアが情報収集の中心となった現代においてはどうでしょうか。特にオンラインメディアにおける情報は、既存の報道機関からの情報も併存しているため、情報が重層的かつ複雑になり、これまでのように情報の信ぴょう性を測ることは難しいといえます。こうした状況は、欧米だけに限ったことではなく、全世界共通の問題です。オンラインメディアの情報が、突如としてウェブサイトから姿を消すことも少なくありませんし、情報を目にした時点でその情報の扱い方について正しく判断できなければ、誤情報を拡散する当事者にもなりかねないといえます。

　何が真実なのかを追求し続けることには無理があります。重要なことは、どのような情報に対しても、絶対的な信頼性をもつのではなく、情報を受ける視聴読者自身が積極的にその情報を読み解こうとする姿勢をもつことです。むしろ今の時代は、情報は受けるものではなく、取りに行く必要があるものなのかもしれません。

※：文中、オンタリオ州の例で示した小学1年生から高校1年生は、実際には1年生から10年生と表記されており、また11年生および12年生において、「メディア研究」は選択科目とされている。

参考文献
菅谷明子『メディア・リテラシー―世界の現場から―』岩波書店　2000年

スポーツツーリズム

なぜこの章を学ぶのですか？

　日本ではプロ野球やJリーグなどの観戦型スポーツが人気を集めています。また、スキーや登山などの参加型スポーツに必要な自然資源も豊富です。そういった日本のスポーツ資源を活用するスポーツツーリズムは、観光立国の実現に大きく寄与することが期待されています。

第13章の学びのポイントは何ですか？

　スポーツを「する」「みる」「ささえる」という3つの観点から、スポーツツーリズムの推進策、事例、及び地方創生効果を理解します。

＼ 考えてみよう ／

① スポーツをするため、あるいはスポーツをみるために遠出して、大会に参加したり、観戦や応援をしたりしたことはありますか？　その時の状況を思い出してみましょう。

② これまでの自分のスポーツ経験を旅行業、宿泊業、イベント企画などのツーリズム産業でどのように生かせますか？　考えてみましょう。

1 スポーツツーリズムとは何か

　スポーツとツーリズムが結合したスポーツツーリズムはさまざまな観光旅行スタイルの一つである。日本の豊富な自然と人文観光資源を活用するスポーツツーリズムはその目的から、「する」スポーツツーリズム、「みる」スポーツツーリズム、「ささえる」スポーツツーリズムに分けられる。

1 スポーツツーリズムの背景

（1）スポーツとツーリズムの統合

　東京2020オリンピックにおいて、日本が獲得したメダル数は過去最多を大幅に更新した。競技としてのスポーツという面から見ると東京2020オリンピック、そして東京2020パラリンピックは成功したといえるが、東京2020大会を契機にスポーツツーリズムを拡大する狙いは新型コロナウイルス感染拡大の影響で不本意な結果に終わった。

　入国制限と無観客開催によって、観戦客と訪日外国人観光客による消費創出は想定を大幅に下回り、スポーツを媒介にしたホストタウンにおける国際交流活動などもほとんど見送られた。こうしたスポーツとツーリズムの結合による効果を理解するため、まずはツーリズムに係る基礎的な用語や概念について説明していく。

　国連の世界観光機関（World Tourism Organization：WTO）によると、「ツーリズムとは、継続して1年を超えない範囲で、レジャーやビジネスあるいはその他の目的で、日常の生活圏の外に旅行したり、また滞在したりする人々の活動を示し、訪問地で報酬を得る活動を行うことと関連しない諸活動」[1]と定義される。そのツーリズムの訳語として当てられたのが「観光」である。簡単にいえば、「楽しみのための旅行」だと理解できる。

　スポーツは競技としての一面もありながら、ツーリズムと同じレジャー活動でもある。スポーツは食事、ショッピング、観光スポット巡りなどの観光行動と同じ、旅先で楽しめる活動の一つなのだ。実は、スポーツを楽しむための旅行というものは、古代ギリシャでオリンピックが行われていた頃から存在する歴史の長い旅行形態である。

（2）日本のスポーツツーリズム資源

　海に囲まれた日本は山岳、海洋、河川など豊富な自然観光資源を有してい

る。さらに、史跡、建物、祭事、伝統など有形無形の人文観光資源も豊かである。スポーツツーリズムの観点から見ると、海洋と河川ではシーカヤックやリバーラフティングなどのウォータースポーツを行うことができる。山岳や森林は、山登りやトレイルランニングに向いている。冬に降る雪もスノースポーツにとっては欠かせない自然観光資源である。

　一方、スポーツツーリズムの対象として活用できる人文観光資源には、伝統スポーツ、プロスポーツ、スポーツ施設などが含まれる。日本固有の伝統スポーツ、とりわけ武道や相撲は日本人の精神と伝統文化と深いつながりがあり、特に外国人観光客には興味深いコンテンツである。プロ野球とＪリーグなどのプロスポーツは近年、従来のファン層だけでなくより幅広い世代に楽しまれるエンターテインメントとして進化している。スポーツ施設は「観戦」という本来の目的にとらわれないさまざまな用途（例えば、スタジアム見学、イベント開催、商業施設の併設など）を備え、試合日以外にもスタジアムを楽しめるようになっている。

スポーツツーリズムの対象として活用される自然観光資源の例
左：山岳：登山（筆者撮影：2018 年 7 月）
右：氷雪：スノースポーツ（筆者撮影：2016 年 1 月）

スポーツツーリズムの対象として活用される人文観光資源の例
左：プロスポーツ：プロ野球（筆者撮影：2019 年 4 月）
右：スポーツ施設：東京ドームに併設された野球殿堂博物館（筆者撮影：2015 年 3 月）

2　スポーツツーリズムの定義と種類

スポーツツーリズムとは、「スポーツやスポーツイベントへの参加・観戦・応援を目的として旅行し、少なくとも24時間以上その目的地に滞在すること」[2]とされ、スポーツを主な目的とした旅行を意味している。その目的から、大きく3つの種類に分けられる。

（1）「する」スポーツツーリズム

スポーツをするために旅行することは「する」スポーツツーリズムと呼ばれる。主なアクティビティとしては、ランニング、サイクリング、ゴルフ、マリンスポーツ（ダイビングなど）、ウィンタースポーツ（スキーやスノーボードなど）、登山、スポーツ合宿などが挙げられる。例えば、ハワイに行ってホノルルマラソンに参加することは多くの日本人ランナーの憧れである。沖縄に旅行してマリンスポーツを楽しむことやニセコのパウダースノーを満喫するために北海道に行くことも、「する」スポーツツーリズムの例である。

スポーツをする人にとって、スポーツツーリズムの魅力は自己実現と旅先での観光体験にある。マラソンを完走する達成感や自己記録を更新する喜びは、自己実現に結び付く。さらに、スポーツへの参加を通してその土地の自然や文化に触れ、人々との交流を楽しむのも、有意義な観光体験である。

（2）「みる」スポーツツーリズム

スポーツをみるために旅行することは、「みる」スポーツツーリズムと呼ばれる。スポーツの試合開催地に旅行して、そこで試合を観る、つまり観戦することが目的である。プロスポーツの試合、オリンピック、ワールドカップの試合などが主な対象として挙げられる。スポーツの種目から考えると、陸上競技、水泳、野球、サッカー、テニスなど無限な可能性があり、興味関心の数だけ存在すると言っても過言ではない。例えば、野球ファンなら、メジャーリーグで活躍している大谷翔平選手のプレーを観るためにアメリカに行きたいと思うこともあるだろう。あるいはテニスファンなら、一度はテニスの世界四大大会を生観戦したいと願う人も多いのではないだろうか。

スポーツを観る人にとって、スポーツツーリズムの魅力はそのスポーツならではの競技性と物語性に加え、現地で観戦・応援することでしか感じられない臨場感にある。また、スポーツ観戦の前後や合間での観光やファン同士の交流も魅力である。

（3）「ささえる」スポーツツーリズム

　スポーツを支えるために旅行することは「ささえる」スポーツツーリズムと呼ばれる。いかなるスポーツにおいても、スポーツ施設や環境の整備、スポーツイベントの運営やサポートを行うマネジメント、スタッフ、ボランティアなくしては成り立たない。例えば、東京マラソンでは1万人以上のボランティアがランナーをサポートする。そのボランティアの約5％が関東以外の地域から東京に旅行してボランティアに参加したということが明らかになっている[3]。

　スポーツを支える人にとって、スポーツツーリズムの魅力は社会貢献や能力向上といった本来のボランティア活動のやりがいを感じつつ、観光を楽しんだり選手と感動や興奮を共有したりすることができる点にある。

2　国家戦略としてのスポーツツーリズム

　スポーツツーリズムを推進するため、観光庁とスポーツ庁が主導してさまざまな施策や取り組みを打ち出している。例えば、登山や武道などは訪日外国人観光客に人気がある観光コンテンツである。地方創生の原動力として、スポーツツーリズムは経済効果・社会効果・地域ブランディング効果をもたらすことが期待される。

1　スポーツツーリズムの推進

（1）「スポーツツーリズム推進基本方針」の策定

　日本におけるスポーツツーリズム推進の始まりは、観光立国をめざす観光庁が中心となって策定した「スポーツツーリズム推進基本方針」である。2009（平成21）年12月、観光立国の実現に取り組むため、「観光立国推進本部」が立ち上げられた。そして翌年、スポーツと観光団体、スポーツと旅行関連企業、メディア及び文部科学省など関係省庁が一同に会する「スポーツツーリズム推進連絡会議」が誕生し、議論と調査を重ねた末、2011（平成23）年6月に「スポーツツーリズム推進基本方針」が取りまとめられた。

　この基本方針に則り、次のような事項がスポーツツーリズムの推進に向けた基本的方向として掲げられている。

● 魅せるスポーツコンテンツづくりとスポーツ観光まちづくり
● 国際競技大会の積極的な招致・開催
● 旅行商品化と情報発信の推進

- スポーツツーリズム人材の育成・活用
- オールジャパンのスポーツツーリズム推進連携組織（日本スポーツツーリズム推進機構）の創設

（2）スポーツ庁の成立

　スポーツに関する施策を総合的に推進するため、2015（平成 27）年 10月にはスポーツ庁が設置された。スポーツ庁は、「スポーツを通じて幸福で豊かな生活を営むことはすべての人々の権利」という「スポーツ基本法」に掲げられた理念の下、スポーツを通じた健康増進や競技力の向上、スポーツによる地域・経済の活性化などの取り組みを進めている。

　スポーツ庁によるスポーツツーリズムの推進方策には主にスポーツツーリズムの需要拡大に向けた促進強化事業、調査・発信事業、及び官民連携プロモーション事業などがある。近年は特にスポーツを目的とした訪日外国人観光客の誘致と武道ツーリズムの推進方針の策定が急務とされている。

（3）スポーツ・文化・観光の連携

　スポーツツーリズムはスポーツと観光の結合である。スポーツが観光の目的の一つであるのと同様に、さまざまな文化芸術資源も観光のコンテンツとして活用されている。2016（平成 28）年以降、文部科学省の外局であるスポーツ庁と文化庁は国土交通省の外局である観光庁と連携し、スポーツ・文化・観光の相乗効果により観光の魅力度を向上させることを目的とした施策を展開している。

　その連携から誕生したのが「スポーツ文化ツーリズムアワード」である。この賞は、スポーツと文化資源のいずれか、または両方と、観光が結び付いた取り組みのうち、①国内外の旅行者の増加、②長期滞在を促す仕組み、③地域への経済波及効果、④地域の活力の着実な増加につながったものを表彰するものである。

2 訪日外国人向けコンテンツとしてのスポーツ

　訪日外国人にとって魅力のあるスポーツコンテンツは具体的にどのようなものがあるのか。スポーツ庁の「スポーツツーリズムに関する海外マーケティング調査」から、訪日外国人が日本で体験したいスポーツの項目を見てみよう。 表 13-1 は国・地域別に各スポーツ項目（全体で上位 3 つまで）に興味を示した人数の割合をまとめたものである。

表 13-1 訪日外国人が日本で体験したいスポーツ

	「する」スポーツ			「みる」スポーツ		
	登山	ウォーキング	スノースポーツ	武道	大相撲	野球
中国	37%	25%	26%	51%	42%	18%
韓国	34%	32%	22%	17%	17%	42%
台湾	37%	32%	48%	17%	21%	43%
香港	44%	28%	34%	35%	30%	19%
アメリカ	29%	37%	17%	37%	27%	29%
タイ	27%	30%	42%	37%	33%	20%
オーストラリア	31%	41%	29%	29%	30%	17%
全体	34%	32%	31%	32%	29%	27%

注：調査人数：各国・地域で男女各 150 人、合計 2100 人。
出典：スポーツ庁「スポーツツーリズムに関する海外マーケティング調査報告書」2018 年より抜粋の上、表作成

（1）訪日外国人が体験したい「する」スポーツツーリズム

　富士山の頂上でご来光を仰ぐコースをはじめ、1 位の「登山」は香港、中国、台湾など中華圏を中心に人気を博す。日本には山岳地帯が多いことや、大都市から近い山々でも四季折々の風景を楽しめることなどが理由として考えられる。2 位の「ウォーキング」はオーストラリアで 41％、アメリカで 37％と高い関心が寄せられている。自然散策以外にも、寺社巡りや街道・宿場町における街歩きなどが日本文化を垣間見る機会として欧米人に人気があることに起因する。3 位の「スノースポーツ」は台湾で 48％、タイで 42％と関心度が高い。降雪のない南国に住む人々は、日本の上質なパウダースノーに心惹かれるようだ。

（2）訪日外国人が体験したい「みる」スポーツツーリズム

　1 位の「武道」は日本人の精神と深いつながりがあると考えられており、中国で 51％、アメリカとタイで 37％と高い支持を得ている。訪日外国人にとって柔道、空手、剣道などの練習・試合は興味深い観光コンテンツなのだ。続いて、日本の国技であり伝統文化であるとも言える 2 位の「大相撲」には、中国で 42％、タイで 33％と高い数値が示された。日本でしか見られないという希少性が主な要因であろう。両国国技館などで行われる大相撲のほか、相撲部屋の朝稽古見学も好評だ。3 位の「野球」は台湾で 43％、韓国で 42％と関心が高い。これには、日本のプロ野球で活躍する台湾と韓国出身選手が多いことといった背景があるだろう。

3　スポーツツーリズムによる地方創生

　スポーツツーリズムを通じた地方創生について考える際にはまず、地方がどのような課題を抱えているかを知らなければならない。端的にいえば、日本の地方に共通する課題は、「人口減少」「高齢化」「過疎化」である。東京一極集中が急速に進むにつれて、これらの課題は一層深刻化している。そうした傾向に歯止めをかけるための柱として、観光が注目されるようになった。では、新たな観光の形であるスポーツツーリズムは、どのように貢献することができるだろうか。経済効果、社会効果、地域ブランディング効果という3つの角度から考えてみよう。

（1）スポーツツーリズムの経済効果

　広い意味での「観光」として捉えると、スポーツツーリズムには所得創出や雇用創出などの経済効果が期待できる。スポーツを「する」「みる」「ささえる」ために来訪した人たちの行動（宿泊、飲食、観光、娯楽、買い物など）に伴って消費されたお金が地域の所得につながる。地域に落ちたお金はさらなる波及効果をもたらし、ひいては観光やスポーツに関連した産業の雇用創出と活性化につながる。

（2）スポーツツーリズムの社会効果

　スポーツツーリズムの社会効果は、スポーツを通じて地域社会の課題を解決しようとする取り組み及びその成果を指す。例えば、高齢化社会におけるスポーツ振興を通じた健康増進やスポーツ人口の拡大。グローバル社会におけるスポーツ交流を通じた相互理解の促進や国際意識の向上。過疎化社会におけるスポーツボランティア活動を通じた地域コミュニティの形成と地域一体感の醸成。ひいてはスポーツによる持続的な地域づくりが期待できる。

（3）スポーツツーリズムの地域ブランディング効果

　地域の「ブランド」とは、ある地域をほかの地域と差別化して価値を生み出すために付与されるイメージの総体である。そして「ブランディング」とは、地域の商品やサービスがある種のブランドとして広く認知させることで地域自体の価値を高めていくプロセスである。例えば、スペインのバルセロナは 1992 年のオリンピック開催を契機として戦略的に都市計画を推進し、「地中海の観光都市」というブランドを世界に発信することに成功した。日本の地方においても、スポーツを活用した地域ブランディングの例が見られ

る。例えば、能代工業高校のバスケットボールでの活躍が有名な秋田県能代市は、「バスケの街」というテーマに即した街づくりに取り組んでいる。

3 スポーツツーリズムの現状と将来

スポーツイベントとプロスポーツにおける事例から見ると、スポーツツーリズムがもたらすポジティブな効果は明らかであるが、そのネガティブな影響も無視できない。これからのスポーツツーリズムは SDGs という観点から見直すことにより、持続可能な仕組みづくりが求められる。

1 スポーツツーリズムの事例

個人競技とは異なり、プロスポーツを含むスポーツイベントは公での多人数での開催を前提としており、競技者だけでなく観客にも広く開かれた行事を指す。スポーツイベントは競技性（プロ・エリート限定 vs. 一般市民参加）、種目（総合 vs. 単一）、規模（国際レベルの大規模イベント vs. 地域レベルの小規模イベント）によって分類できる。本節では、経済効果がより大きいとされる大規模スポーツイベントとプロスポーツに焦点を当て、その特徴と現状を整理する。

（1）大規模スポーツイベント

① オリンピック

オリンピックは世界で最も認知度が高いスポーツイベントであろう。アスリートにとって世界最高峰の舞台であるのと同時に、主催国の観光産業とスポーツに携わるグローバル企業にとっても大きなビジネスチャンスとなる。

観光の起爆剤として期待された東京 2020 大会に向けて、政府は 2020（令和 2）年に訪日外国人を 4,000 万人とする目標を掲げていたが、新型コロナウイルス感染拡大の影響で大幅に目標を下回る結果になった。

その一方で、好例とされているのが 2012 年のロンドン大会を最大限に活用することに成功したイギリスである。世界中がイギリスに注目するロンドン大会を千載一遇のチャンスとして活用し、観光プロモーションキャンペーンを展開した結果、訪英外国人は 2012 年の 3,000 万人から 2019 年の 3,900 万人にまで増加した。オリンピック当時に設定した訪英外国人 4,000 万人の目標は 2020 年にほぼ達成された。

②　ワールドカップ

　ワールドカップはオリンピックと同じく、アスリートにとって世界最高峰の舞台である。一方、総合種目開催型のオリンピックと異なるのは、特定の種目ごとに開催されるスポーツイベントであるという点だ。例えば、4年に1度に開催される FIFA ワールドカップは各国の代表チームによるサッカーの世界大会である。サッカーファンにとっても特別なイベントであり、開催地域外から大勢の観戦者が集まる。

　2019（令和元）年に日本で開催されたラグビーワールドカップを例にとっても、その経済効果と社会効果は明らかである。大会開催期間中（同年9月〜10月）には、出場国からの訪日外国人数が2018（平成30）年同時期と比して29.4％も伸びた[4]。さらに、開催期間中における訪日外国人のうち、観戦を目的とした観光客の旅行支出はそれ以外の人々の2.4倍であった[5]。また、国民のラグビーに対する関心の向上、応援することによる一体感の醸成といった観点からは、大会開催の成功が国の誇りを高める原動力となったともいえる。

③　市民マラソン大会

　マラソン大会には、エリートランナーが競争するエリート競技としての面と、一般市民ランナーが参加する自己チャレンジとしての面の2つがある。かつての日本では、エリート競技としてのマラソン大会しか都会の街中で開催できなかったが、2007（平成19）年に初めて東京マラソンの開催に成功したことにより、エリート選手と一般市民がともに参加できる都市型市民マラソン大会が急激に増えることとなった。

　市民マラソン大会の広がりに伴い、大会開催の目的は単なるスポーツ振興と健康増進から、交流人口の拡大及び地域経済の活性化も含むようになった。市民マラソン大会によるスポーツツーリズムへの貢献は以下の3つの観点から理解できる。まず、マラソンコースに観光名所を含めるとともに、コース沿道で地域の名産物をエネルギー補給としてランナーに提供することによって、地域の観光PR効果を高める。第2に、県外・海外から参加者を誘致することによって、交流人口の拡大をめざす。第3に、マラソンの前日に受付の実施を兼ねた付属イベント（エキスポ）を開催することによって、参加者の宿泊を促進する。沿道の自治体や協賛企業にも出展してもらえば、地域のPRにもつながるだろう。

（2）プロスポーツ

　プロスポーツとはプロフェショナルスポーツの略称である。つまり、職業として報酬を得ることを目的とするスポーツを指す。日本では野球、サッ

カー、バスケットボール、ゴルフなどのプロスポーツが人気を博しており、その試合はスポーツイベントとしても捉えられる。

プロスポーツによるスポーツツーリズムについては、2つのポイントを挙げることができる。第1に、旅行会社が企画・販売する「プロスポーツ観戦ツアー」について考えてみよう。こうしたツアーに参加すれば、チケットの確保、会場へのアクセスが良い宿泊施設の予約、さらには会場までのJRや飛行機などの移動手段までもが確約される。これによって、旅行者の負担が軽減され、海外でのイベントであっても気軽に観戦することが可能となる。

第2に、プロスポーツと地域の関係性について考えてみよう。地域に密着しているプロスポーツは、その地域とWin-Winの関係を構築できる。例えば、Jリーグのチームにはホームとする地域の名称が必ず入っている。スポーツを通してホームである地域に貢献する活動を続けることで、地域に根差し、市民から愛されるチームになる。チームのサポーターやスポンサー企業が地域に定着し、人口減少や過疎化に歯止めをかける効果も期待される。プロスポーツチームを持つことは、地域ブランディングの有効な手段であるとも考えられている。

2 スポーツツーリズムの課題と将来

（1）スポーツツーリズムの課題

スポーツツーリズムの経済・社会効果が期待される一方、スポーツツーリズムが地域にもたらす負の影響も無視できない。スポーツイベント開催期間中の観光客増加による混雑と物価の高騰、テロへの不安などから通常の観光客がその時期を避ける恐れ（押しのけ効果）が挙げられる。また、異文化に触れると、人は習慣や考え方の違いに動揺するものだ。いわゆるカルチャーショックだが、このために相互理解が容易に進まない可能性もある。

（2）これからのスポーツツーリズム

前述のように、スポーツツーリズムは正の効果も負の効果ももたらしうる。負の影響をどのように解決するかという議論も含めて、持続可能な形でスポーツツーリズムを発展させる必要がある。そこで、国連が2015（平成27）年に打ち出した「持続可能な開発目標（SDGs）」に着目し、持続可能なスポーツツーリズム開発について考えよう。

SDGsとは、17の分野別目標で構成される持続可能な開発のための国際社会共通の目標である。スポーツツーリズムがSDGsの目標達成に向けた

ツールとして活用可能である一方、スポーツイベントが開催されることによってもたらされるマイナスの側面を SDGs の観点から見直すことにより、スポーツツーリズムの持続可能性に寄与していく。

　例えば東京 2020 大会では、持続可能な大会の運営に向けて「気候変動」「資源管理」「生物多様性」「公正な事業慣行」「パートナーシップ」といった 5 つのコンセプトを定め、具体的な取り組みを進めていた。オリンピック・パラリンピックは一つの例であるが、今後の日本においても持続可能なスポーツツーリズムの仕組みづくりを通した SDGs への寄与を期待したい。

引用文献

１）佐竹真一「ツーリズムと観光の定義―その語源的考察、および、初期の使用例から得られる教訓―」『大阪観光大学紀要』第 10 号　大阪観光大学　2010 年　p.92

２）野川春夫・山口泰雄「国内スポーツ・ツーリズムに関する研究―冬季スポーツイベントを事例として」『鹿屋体育大学学術研究紀要』第 11 号　鹿屋体育大学　2004 年　p.105

３）東京マラソン財団「東京マラソン 2019 メディアガイド」2019 年
　　https://www.marathon.tokyo/media/press-release/pdf/TMMG2019_Web_72dpi.pdf

４）日本政府観光局（JNTO）「ラグビーワールドカップ 2019 日本大会出場国からの訪日外客数」2019 年
　　https://www.jnto.go.jp/jpn/news/press_releases/pdf/191120_monthly.pdf

５）観光庁「ラグビーワールドカップ 2019 日本大会の観戦有無別訪日外国人旅行者の消費動向」2019 年
　　https://www.mlit.go.jp/kankocho/content/001320917.pdf

参考文献

大橋昭一・橋本和也・遠藤英樹他編『観光学ガイドブック―新しい知的領野への旅立ち―』ナカニシヤ出版　2014 年

日本スポーツツーリズム推進機構編『スポーツツーリズム・ハンドブック』学芸出版社　2015 年

原田宗彦『スポーツ地域マネジメント』学芸出版社　2020 年

スポーツ庁「スポーツツーリズムに関する海外マーケティング調査報告書」2018 年
　　https://www.mext.go.jp/sports/content/20200330-spt_stiiki-000005408-12.pdf

（　　）に入る言葉を考えてみよう

①スポーツツーリズムとは、「スポーツやスポーツイベントへの（　　　　　　）・

（　　　　　　）・（　　　　　　）を目的として旅行し、少なくとも 24 時間以上その目

的地に滞在すること」とされ、（　　　　　　　）を主な目的とした旅行を意味して

いる。

②スポーツをする人にとって、スポーツツーリズムの魅力は（　　　　　　）と旅先

での（　　　　　）体験にある。

③スポーツをみる人にとって、スポーツツーリズムの魅力はそのスポーツならではの

（　　　　　）と（　　　　　　）に加え、現地で観戦・応援することでしか感じら

れない（　　　　　）にある。

④スポーツツーリズムによる地方創生効果について考える際には、（　　　　　）効果、

（　　　　　）効果、（　　　　　　　）効果という 3 つの角度から考察できる。

⑤スポーツツーリズムを推進するため、（　　　　　）庁と（　　　　　）庁が主

導してさまざまな施策や取り組みを打ち出している。

⑥市民マラソン大会の広がりに伴い、大会開催の目的は単なる（　　　　　）振興

と健康増進から、（　　　　　）の拡大及び（　　　　　）の活性化も含むよ

うになった。

⑦スポーツツーリズムが地域にもたらす負の影響としては、スポーツイベント開催期

間中の観光客増加による（　　　　　）と、（　　　　　）の高騰などが挙げられる。

コロナ禍でも立ち止まらない！　マラソン×地域活性化

長崎国際大学／陳　慶光

▎スポーツツーリズムによる地域活性化

　長崎国際大学国際観光学科陳ゼミは「スポーツツーリズムによる地域活性化」をテーマとし、マラソン大会でのフィールドワークを通じてその地域活性化効果を調査することを目的とします。コロナ禍でリアル大会へ調査に行けない中で、学生が小規模のマラソン大会を自ら作ることで、スポーツツーリズムによる地域活性化効果を体感してもらいたいと考えています。

▎学生自ら企画・運営・走る

　小規模のマラソン大会を開催することに向けて、ゼミ生は企画運営班とランナー班に分けて準備を進めました。長崎県波佐見町にて10キロコースを考案し、エイドステーションの運営、コースの安全確認、動画の撮影、完走賞の準備など手分けして、無事全員完走できました。

　長崎出身の学生が多いとはいえ、波佐見を初めて訪れた学生がほとんどの中、「波佐見は波佐見焼があるということしか知らなかったけど、今回の活動で自分自身も波佐見の魅力を感じることができました」とのコメントからスポーツツーリズムの地域ブランディング効果を実感できたようです。

　また波佐見出身の学生の「地元なので知って

いることだらけだと思っていましたが、波佐見町のいろんな場所を巡り、新しく知ったこともたくさんありました」とのコメントから、地域の再認識のきっかけともなったようです。

▎オンラインマラソンとの結合

　波佐見町で開催した経験をもとにパワーアップして、2021年後期は近隣の川棚町の海沿いでハーフマラソンを開催する予定です。地元の川棚まんじゅうや小串トマトをおもてなしとしてランナーに提供してはどうか？　ゼミ生同士で熱い議論が交わされていました。さらにランナーはスマホアプリを使って、川棚で走ると同時に富士山マラソンのオンラインバージョンを走れます。コロナ禍で盛んに開催されるようになったオンラインマラソンの今後の発展についても考察できそうです。

第1章　スポーツ文化の発展

①ルールに基づいて身体的能力を競い合う遊び、身体活動、知的な戦略能力を競い合う遊び

②語源的解釈、近代的解釈

③遊戯、闘争、はげしい肉体活動、はげしい肉体活動

④遊戯性、組織性、競争性、身体性

⑤ヨーロッパみんなのスポーツ憲章

⑥エスニック・スポーツ、国際スポーツ

⑦文化共生

第2章　スポーツの誕生

①先史、労働、遊び、儀礼

②オリンピア、オリンピア、四大競技祭

③エケケイリア

④観る、キルクス、コロッセウム

第3章　近代スポーツの世界への広がり

①ラグビー、アスレティシズム、植民地支配

②調整ルール、固定ルール

③トゥルネン、ヤーン、トゥルネン＝スポーツ抗争、競争主義、記録主義の緩和

④勝利至上主義、社交の精神、ビッグ・フォー、混血

第4章　日本におけるスポーツの発展

①スポーツ、翻訳的適応、武士的、脱構築、精神

②スポーツ人類学、エスニック・スポーツ、民族スポーツ、土着化

③国際、リンガフランカ、世界の共通語、自由、平和、インテグリティ

第5章　武道とスポーツ

①柔道、剣道、相撲、空手道、少林寺拳法、銃剣道

②嘉納治五郎

③教育的なシステム、イデオロギー

④非軍事化、民主化

⑤柔道、空手道、剣道

第6章　オリンピックとスポーツ

①（ピエール・ド・）クーベルタン、パブリックスクール、1896、アテネ

②オリンピック憲章、オリンピズム、オリンピック・ムーブメント

③嘉納治五郎、1912、ストックホルム

④ 1984、ロサンゼルス、TOP（The Olympic Partners）

⑤レガシー、国内オリンピック委員会（NOC）

第7章　身体とスポーツ

①身体観

②身体論

③身体文化

④身体技法

⑤身体能力

第8章　アダプテッド・スポーツ

①ルール、用具、新たに考案、ルール、用具、困難

②国民のスポーツ権、障害者スポーツの推進

③パラプレジア、パラレル

④ハイパフォーマンススポーツセンター、パラリンピアンズ協会、総合型地域スポーツクラブ、特別支援学級

第9章　ジェンダーとスポーツ

①社会的性役割、身体把握、セックス

② Lesbian、Gay、Bisexual、Transgender

③文化、慣習、規範、カリキュラム、勝利至上主義、マネージャー

第10章　生涯スポーツ社会の実現

①大衆化

②生涯スポーツ

③体育指導委員、スポーツ推進委員

④コミュニティスポーツ

⑤地域スポーツクラブ

⑥総合型地域スポーツクラブ

⑦生涯スポーツ

⑧主体

⑨多種目、多世代、多志向

⑩クラブマネジャー

第11章　経済とスポーツ

①みるスポーツ、1984年ロサンゼルス

②スポーツ用品産業、情報産業

③スポーツ・スポンサーシップ

第12章　メディアとスポーツ

①メッセージ

②相撲、競馬

③運動界、時事新報、十二時間の長距離競走大会

④大阪朝日新聞、大阪毎日新聞

⑤前畑がんばれ

⑥CM

⑦TOP、一業種一社、放映権料の高騰

⑧NHK、民放連

⑨Pay Per View

⑩物語、神話、価値観、イデオロギー、メディア・リテラシー

第13章スポーツツーリズム

①参加、観戦、応援、スポーツ

②自己実現、観光

③競技性、物語性、臨場感

④経済、社会、地域ブランディング

⑤観光、スポーツ

⑥スポーツ、交流人口、地域経済

⑦混雑、物価

索 引

数字・欧文

1936 年ベルリン大会 …………………… 86
1972 年ミュンヘン大会 ………………… 88
1976 年モントリオール大会 …………… 88
1980 年モスクワ大会 …………………… 87
1984 年ロサンゼルス大会 ……………… 88
2002 年ソルトレイクシティ大会 ……… 89
CM ……………………………………… 170
DSDs …………………………………… 125
HPSC …………………………………… 116
IF ………………………………………… 82
IOC ……………………………………… 80
IPC ……………………………… 90、114
JPC ……………………………………… 112
JPSA …………………………………… 112
LGBT …………………………………… 124
NOC ……………………………………… 81
PAJ ……………………………………… 116
SDGs …………………………………… 125
SOGI …………………………………… 124

あ行

アーノルド ……………………………… 40
アスレティシズム ……………………… 40
アダプテッド・スポーツ ……………… 109
アメリカンフットボール ……………… 50
アンチ・ドーピング活動 ……………… 82
インクルージョン ……………………… 111
インテグリティ ………………………… 63
インテグレーション …………………… 111
駅伝 ……………………………………… 59
エケケイリア …………………………… 31
エンドースメント契約 ………………… 160

応援団 …………………………………… 57
オリンピズム …………………………… 83
オリンピック …………………………… 188
オリンピック・アジェンダ 2020 ……… 90
オリンピック・シンボル ……………… 84
オリンピック・ムーブメント ………… 82
オリンピック・モットー ……………… 91
オリンピック休戦 ……………………… 85
オリンピック憲章 ……………………… 82
オリンピック資産 ……………………… 84

か行

学校教育 ………………………………… 127
嘉納治五郎 …………………… 20、85
カレッジスポーツ ……………………… 48
カロカガティア ………………………… 28
騎士 ……………………………………… 34
競争主義・記録主義の緩和 …………… 46
競走性 …………………………………… 15
キルクス ………………………………… 33
近代オリンピック ……………………… 79
クーベルタン …………………………… 79
グットマン …………………… 14、114
クラブマネジャー ……………………… 145
クリスチャン・ジェントルマン ……… 40
公益財団法人日本パラスポーツ協会 … 112
国際オリンピック委員会 ……………… 80
国際競技連盟 …………………………… 82
国際共通語 ……………………………… 62
国際パラリンピック委員会 …… 90、114
国内オリンピック委員会 ……………… 81
国民のスポーツ権 ……………………… 112
古代オリンピック …………… 28、79
コロッセウム …………………………… 33

さ行

ささえるスポーツ ……………………… 21
サッカー ………………………………… 49
3大スポーツ …………………………… 50
ジェンダー ……………………………… 123
ジェンダー規範 ………………………… 126
ジェントルマン ………………………… 39
市民マラソン …………………………… 189
社会教育法 ……………………………… 139
十二時間の長距離走会 ………………… 166
障害者スポーツ ………………………… 109
生涯スポーツの充実 …………………… 141
障害の社会モデル ……………………… 110
女子マネージャー ……………………… 126
しるスポーツ …………………………… 21
ジレ ……………………………………… 13
人種差別 ………………………………… 49
身体 ……………………………………… 97
身体観 …………………………………… 98
身体技法 ………………………………… 101
身体性 …………………………………… 15
身体能力 ………………………………… 103
身体文化 ………………………………… 100
身体論 …………………………………… 98
スポーツ ………………………………… 11
スポーツ・スポンサーシップ ………… 159
スポーツイベント ……………………… 166
スポーツ基本計画 ……………………… 143
スポーツ基本法 ………… 63、112、143
スポーツ教育 …………………………… 101
スポーツサービス・情報産業 ………… 154
スポーツ市場 …………………………… 154
スポーツ施設空間産業 ………………… 153
スポーツ振興基本計画 ………………… 143
スポーツ振興法 ………………………… 142
スポーツ団体ガバナンスコード ……… 131
スポーツ庁 ……………………………… 185

スポーツツーリズム推進基本方針 …… 184
スポーツの近代的解釈 ………………… 13
スポーツの語源的解釈 ………………… 13
スポーツの大衆化 ……………………… 139
スポーツユートピア …………………… 63
スポーツ用品産業 ……………………… 152
するスポーツ ………………… 155、183
聖職者 …………………………………… 35
聖なる休戦 ……………………………… 31
性分化疾患 ……………………………… 125
セクシャリティ ………………………… 124
セックス ………………………………… 124
全国障害者スポーツ大会 ……………… 113
総合型地域スポーツクラブ …… 117、144
組織性 …………………………………… 15

た行

体育指導委員 …………………………… 140
タイラー ………………………………… 16
地域スポーツクラブ連合育成事業 …… 141
地域ブランディング効果 ……………… 187
ツーリズム ……………………………… 181
東京2020大会
……… 81、85、90、117、151、181、188
トゥルネン ……………………………… 44
トゥルネン＝スポーツ抗争 …………… 45
ドーピング ……………………………… 103
特別支援学校 …………………………… 117
土着化 …………………………………… 60

な行

夏の甲子園 ……………………………… 167
日本パラリンピアンズ協会 …………… 116
日本パラリンピック委員会 …………… 112

は行

ハイパーパフォーマンススポーツセンター
　……………………………………… 116
バスケットボール ………………………… 51
パブリック・スクール ………39、41、79
パリ・アスレチック会議 ……………… 80
春の選抜 …………………………………… 167
ビッグ・フォー …………………………… 48
フィットネス産業 ……………………… 153
フェイクニュース ……………………… 175
フェミニズム …………………………… 123
部活動……………………………………… 128
フットボール……………………………… 51
フットボール・アソシエーション……… 43
武道 ………………………………………… 69
武道のスポーツ化 ……………………… 70
プロスポーツ…………………………… 189
文化 ………………………………………… 16
ペイパービュー ………………………… 176
ベースボール……………………………… 50
ヘライア祭………………………………… 31
放映権料 ………………………………… 171
ポジティブ・アクション ……………… 130

ま行

マクルハーン …………………………… 165
マッキントッシュ ……………………… 12
三鷹方式 ………………………………… 140
みるスポーツ…………… 20、157、183
民間放送 ………………………………… 169
ムラート ………………………………… 49
メディア・バリュー…………………… 170
メンバーチェンジ……………………… 47

や行

ヤーン……………………………………… 45
遊戯性……………………………………… 15
ヨーロッパみんなのスポーツ憲章……… 18

ら行

ラグビー …………………………………… 43
ラグビー・ユニオン……………………… 44
リーフェンシュルタール ……………… 86
リンガフランカ ………………………… 62
レガシー ………………………………… 90

わ行

ワールドカップ ………………………… 189

スポーツ文化論

2022 年 4 月 10 日　初版第 1 刷発行

編　著　者　　髙橋徹
発　行　者　　竹鼻均之
発　行　所　　株式会社みらい
　　　　　　　　〒500-8137　岐阜市東興町40 第 5 澤田ビル
　　　　　　　　TEL 058-247-1227（代）
　　　　　　　　FAX 058-247-1218
　　　　　　　　http://www.mirai-inc.jp/
装丁・本文デザイン　　小久保しずか
印刷・製本　　株式会社　太洋社

ISBN978-4-86015-565-0　C3075　Printed in Japan
乱丁本・落丁本はお取り替え致します。